中国民族地区

发展问题调研报告（Ⅱ）

阎占定　姚上海　张　爕　等著

ZHONGGUO MINZU DIQU
FAZHAN WENTI DIAOYANBAOGAO（Ⅱ）

中国出版集团
世界图书出版公司
广州・上海・西安・北京

图书在版编目（CIP）数据

中国民族地区发展问题调研报告．II，2010～2011年/阎占定，姚上海，张燚等著．--广州：世界图书出版广东有限公司，2012.4

ISBN 978-7-5100-4555-4

Ⅰ．①中… Ⅱ．①阎… ②姚… ③张… Ⅲ．①民族地区—区域经济发展—研究报告—中国—文集②民族地区—社会发展—研究报告—中国—文集 Ⅳ．①F127.8-53

中国版本图书馆CIP数据核字(2012)第070049号

中国民族地区发展问题调研报告（II）

策划编辑 杨力军
责任编辑 杨力军
封面设计 陈 璐
投稿邮箱 stxscb@163.com
出版发行 世界图书出版广东有限公司
地　　址 广州市新港西路大江冲25号
电　　话 020-84459702
印　　刷 武汉三新大洋数字出版技术有限公司
规　　格 787mm×1092mm 1/16
印　　张 18.25
字　　数 350千
版　　次 2013年1月第2版第1次印刷
ISBN 978-7-5100-4555-4/C·0013
定　　价 49.00元

直面民族地区发展问题
探析民族地区发展方略

序　言

我国是由56个民族共同缔造的统一的多民族国家，民族地区的发展与繁荣事关国家统一、民族团结和社会主义现代化建设事业的顺利进行。改革开放以来，在国家政策的扶持下，民族地区经济社会发展取得了长足进步。但是，由于历史因素、自然条件、发展基础、自身发展能力等方面的限制，民族地区目前仍然面临着许多困难与问题，与沿海发达地区存在着较大差距，且这种差距有日益扩大的趋势。民族地区的发展问题，已成为当前民族问题的突出表现。面对这种状况，若不及时调整政策，采取有效措施加以解决，极易引发少数民族群众的不满情绪，造成族际关系的紧张，影响我国的民族团结和社会稳定。党和政府高度关注当前我国民族地区的发展问题，积极扶持民族地区的发展一直以来都是党和政府的中心任务。新世纪新阶段的民族工作必须把各民族共同团结奋斗、共同繁荣发展作为主题。通过发展，使民族地区的面貌更快地得到改变，让改革发展的成果更好地惠及各族群众，逐步缩小发展差距，实现区域协调发展，最终实现全国各族人民共同富裕。因此研究民族地区的经济社会发展问题，探讨民族地区发展的特点、存在的问题，并提出相应对策，促进少数民族地区又好又快地发展，应当成为当前我国学术界的主要任务之一。

中南民族大学马克思主义学院自2007年以来，每年暑期组织部分师生到民族地区进行社会调查，并把部分成果编辑出版为系列报告，这部《中国民族地区发展问题调研报告（II）》，就是我们近两年调研的部分成果。该书具有两个主要特点：一是调查范围的扩展，本书的调研报告不仅涵盖了西部和东部民族地区，还囊括了城市民族问题和大学民族问题；二是专项性集中研究，本书的调研报告对民族地区的经济与社会发展进行了系统调查，比如农民工问题。

该书遴选的10篇调查报告主要内容如下：

《城市少数民族农民工经济权益保护状况调查与政策建议》。作者以武汉市为研究对象，分别从城市少数民族农民工群体的基本特征、就业现状以及对公共服务的需求等方面，对现阶段城市少数民族农民工经济权益保护的现状进行了调查，指出城乡分割的二元结构、劳动用工制度的不完善以及劳动培训制度建设的滞后，是制约城市少数民族农民工经济权益保护的主要因素。作者认为，要完善城市少数民族农民工经济权益保护的机制，就必须改革现行以户籍管理制度为核心的城乡二元管理体制，为少数民族农民工经济权益保护创造体制条件；建立城乡一体的劳务用工及工资支付制度，为少数民族农民工经济权益保护提供政策支撑；健全城乡统一的社会保障制度，为少数民族农民工经济权益保护建立风险化解机制；创新农民工劳动技能培训机制和运行模式，为少数民族农民工经济权益保护提供长久动力。

《东部民族地区返乡农民工创业现状调查及扶持政策研究》。作者以广东省韶关市乳源瑶族自治县为例，对返乡创业农民工的现状与特点、作用与意义进行探讨，指出资金筹措困难、政府公共服务乏力、正规金融机构支持力度不够等是农民工返乡创业所面临的难题。乳源瑶族自治县为了扶持返乡农民工的创业，主要采取了以下措施：建立支持返乡农民工创业的组织领导体系，广泛宣传、深入动员，大力营造扶持返乡农民工创业的发展氛围；完善返乡农民工创业扶持政策体系，强化服务意识、优化创业环境，引导返乡农民工创业发展走入良性循环通道；设立定点创业培训机构、建立创业培训基地、落实创业培训补贴政策，健全返乡农民工创业培训体系；改善行政管理，强化部门职责，构建创业服务体系。

《后危机时代返乡农民工创业现状及帮扶政策研究》。作者以广西壮族自治区南宁市那马镇为调查对象，从自然环境、社会经济发展情况、人口情况等方面对那马镇的概况进行了简介，进而从性别年龄分布、受教育状况、从事行业以及收入等方面对返乡农民工的基本情况进行了调研，指出现阶段所存在的主要问题包括：返乡农民工就业创业政策缺乏连续性、创业帮扶政策对返乡农民工宣传不到位、返乡农民工创业融资困难、返乡农民工创业帮扶渠道单一、返乡农民工创业帮扶工作评估与监管缺位等。要解决这些问题，政府就必须建立帮扶返乡农民工的长久机制、加大对返乡农民工创业优惠政策的宣传力度、依托地方优势、完善农民工帮扶工作的监督机制及责任追究机制、整合多种社会力量支持农民工返乡创业等。

《民族地区农村人才队伍建设调查研究》。作者以湖北省恩施土家族苗族自治州为例，指出加强民族地区农村人才队伍建设，是贯彻落实科学发展观的内在要求，是适应我国人才强国战略、尽快改变农民整体科技文化素质低下状况的现实需要，是经济社会发展规律的基本要求，是建设社会主义和谐文化的客观要求，有助于增强我国的国际竞争能力，有助于加强党的领导、巩固党的执政地位。同时，作者指出恩施州地区在人才队伍建设中所存在的一些问题，如总量不足、相关机制不科学以及缺乏稳定性等，提出进一步加强人才队伍建设的对策，主要包括健全农业实用人才培养体系，进一步加大教育培训力度；强化服务管理，充分发挥农业实用人才的就业创新能力和辐射带动作用；落实工作责任，进一步加强对实用人才队伍建设工作的组织领导。

《关于中西部民族地区农村发展特色经济的调查报告》。作者以党的新农村建设理论为指导，从研究影响经济增长和农村经济发展的要素出发，以研究农村经济增长方式转变为主线，结合民族地区发展高山特色经济的现状，通过对长阳、巴东两县的高山蔬菜产业、茶叶和林果产业的特色经济发展情况进行实地调查，对民族地区发展特色经济的成绩、经验和问题进行研究，通过走访、问卷、座谈等方式研究民族地区特色经济发展情况，在后期通过撰写调查报告和研究论文等方式研究特色经济发展，为民族地区发展特色经济出谋划策。作者指出，中西部民族地区农村要发展特色经济，就必须充分利用自然资源优势，解决瓶颈问题；科学发展，提高经营者的管理水平；加大资金投入，建立完善财政、金融和保险体系；必须转变以往粗放的生产经营方式，走集约化的农村经济发展道路。

《关于新时期农民专业合作经济组织发展状况的调查》。作者以为湖北省巴东、长阳与河南省三县为对象，指出农民专业合作经济组织是在社会主义市场经济的大潮中兴起和发展起来的，其力量的壮大一方面代表着农业生产产业化、规模化的进步，另一方面也为广大农户提供了一个新的政治、经济利益表达途径。农民专业合作经济组织在发展中存在着一系列的问题，例如政府的支持尚不到位、合作社吸引社会投资的渠道太少、自身的管理机制不健全、生产规模太小及组织不规范等，而解决这些问题的对策包括以下几个方面：一是加快完善相关法律、法规，明确和规范农民专业合作经济组织的法人地位；二是加大对农民专业合作经济组织的扶持力度，落实各项扶持政策；三是加强农民专业合作经济组织的组织、制度建设。

《湖北省民族地区红色资源开发利用研究》。作者以湖北省恩施土家族苗族自治州为调查对象，指出红色资源既是独具特色的优质教育资源，也是重要的社会资源，是增强凝聚力和向心力的力量源泉，是衔接历史与现实的桥梁，是沟通先人与今人情感的脉流，具有多方面的现实功能。通过对恩施州红色资源现状的实地考察，结合对当地相关人员的调查问卷，作者指出，湖北省民族地区红色资源开发利用应是一个系统工程，必须以科学发展观为指导，借鉴"点轴开发理论"、"区域合作理论"和"可持续发展理论"等理论成果，遵循"经济、社会和生态效益相统一原则"、"资源开发与其生长、更新相适应原则"、"因地制宜原则"、"物质性红色资源与精神性红色资源并重原则"，整体分析，系统控制，把红色资源开发利用与湖北省民族地区经济社会发展结合起来，做到"综合开发利用"、"立体开发利用"、"协同开发利用"和"联动开发利用"。

《民族地区乡村文化建设发展态势和走向研究调查报告》。作者指出发展少数民族地区文化建设是在市场经济条件下发展社会主义文化的重要载体，是满足当地人民群众精神文化需求的重要途径，也是推动少数民族地区经济结构调整、转变经济发展方式的重要着力点。该调研通过文献研究和个案访谈，对恩施州的文化产业进行调查，对当地文化产业发展状况和存在的问题提出了相应对策，这包括要积极发挥当地政府牵头的合力作用，需要依靠政府的正确宏观领导，理念的开拓创新，激励政策的有力扶持；要加快改革配套政策的制定，营造良好的政策环境；要坚持以质优价廉的大众消费为主，发展多层次文化产业，繁荣文化市场；要大力推进文化领域所有制结构调整，着力培育具有核心竞争力的市场主体。

《现代化进程中土家族青年女性婚姻观念转变的影响因素》。作者以湖南省永顺县为例，指出现代化进程引起土家族青年女性婚姻观念发生了深刻的变化，主要表现在土家族青年女性婚姻自主权利的上升、择偶标准的变化、婚嫁圈由"内婚"到"外婚"等，无论这些观念的变化是利还是弊，都已经并将继续发挥其影响。土家族青年女性在婚姻观念上发生这些变迁的根源何在，主要有哪些因素在影响着她们婚姻观念的变迁，是我们此次调查的重点。根据这些变化和影响因素，总结出这些变化中的积极因素和消极因素，并尝试着对如何引导土家族青年女性树立正确的婚姻观念提出一些建议。

《民族院校大学生思想政治教育状况调研报告》。作者从思想政治理论课学习状况、心理状况、就业状况和学习生活状况等方面，对民族院校和非民族院校大学生思想政治教育的状况进行了对比分析，并从理论课自身、大学生自身和外部社会环境的影响等方面寻找目前民族院校大学生思想政治教育的困境，指出民族院校必须加强思想政治素质培养，重视世界观、人生观、价值观、婚恋观的教育；重视社会实践，提高大学生的创新和社会实践能力；树立正确的就业观，加强就业资本的积聚，提高就业能力；高度重视民族院校的思想政治教育工作；重视民族学生的特殊性、思想的多样性，有针对性地实施教学；提高教师的素质和业务水平，加强教师对民族学生的理解；理论联系实际，利用民族院校的特色，加强与民族地区联系，提供师生参与社会实践的条件；建立完善的校园制度，形成良好的校园风气，让大学生在大学校园里健康的学习生活环境中成长。

在此文该结束的时刻，我突然想起1934年1月27毛泽东同志在江西瑞金召开的第二次全国工农兵代表大会上的发言中，谈到了实地调查的重要性：“我们的任务是过河，但是没有桥或没有船就不能过。不解决桥或船的问题，过河就是一句空话。不解决方法问题，任务也只是瞎说一顿。”应当说，该书作者们正是试图通过实地调查，去寻找解决当前民族地区发展问题的“桥”与“船”。他们艰辛的努力，终于换来了可喜的成果，该书正是他们成果的集中体现。当然，该书的内容也并非是完美无缺和无懈可击的，其中，有的论述还不够全面、透彻，有些作者的理论提升意识与能力还需进一步加强。但是，瑕不掩瑜，我相信，他们的调查，可以启发大家的思维，促使大家共同关注与谋划民族地区的发展，为实现各民族共同团结奋斗，共同繁荣发展的目标而努力。

段 超

2012年2月20日于武昌南湖

Contents 目录

报告一

城市少数民族农民工经济权益保护状况调查与政策建议[1]

——以武汉市为例

农民工是我国经济社会转型时期的特殊概念，指户籍身份还是农民，在农村有承包土地，但主要从事非农产业、以工资收入为主要经济来源的劳动者。农民工是我国改革开放后工业化、城镇化、现代化建设进程中涌现出的一支新型劳动大军，已经成为我国产业工人的重要组成部分。城市少数民族农民工主要是指在我国各大中小城市的非农产业务工就业的少数民族劳动者，他们中的绝大多数来自民族聚居地区，也有部分来自散杂居地区，他们是我国农民工群体的重要组成部分，与广大农民工一样，对我国城市经济社会发展做出了重要贡献，但也面临着许多困惑和问题，当前最为突出的是经济权益保护问题。

一、城市少数民族农民工经济权益保护的内容与意义

城市少数民族农民工经济权益缺失主要是指我国广大进城务工少数民族农村劳动力在就业、工资、培训、住房以及社会保障等方面不能享有与城镇职工同等的待遇，受到歧视和不公正对待。造成这种歧视和不公正对待并不是因为少数民族农民工的个体能力不足，而是由于少数民族农民工的权利缺失和机会缺乏造成的。我国少数民族农民工在城市就业主要是非正规就业，少数民族农民工在城市非正规就业是其经济权益难以得到有效保护的主要原因之一。

[1] 本报告是2009年湖北省教育厅项目：《城市少数民族农民工就业现状调查与经济权益保护问题研究——以武汉市为例》（2010b086）的最终研究成果。

（一）城市少数民族农民工经济权益保护研究的理论假设

1．我国农民工城市就业形态主要为非正规就业。非正规就业首先引起国际劳工组织（ILO）的重视，国际劳工组织为了衡量发展中国家尤其是转型国家的劳动力市场变化特征，对非正规就业进行了长期的研究，于2002年在第90届国际劳动会议上，把非正规经济定义为“无论是法律上还是实践上，其经济活动没有被社会制度安排所覆盖或未充分覆盖的工人或者其他经济单位”。并同时推荐了区分非正规就业的统计标准，建议发展中国家政府通过“岗位特征”而不是传统的“单位特征”来统计非正规就业数量。2002年12月，中国劳动和社会保障部参照国际劳工组织推荐的标准，结合中国转型时期的特点，对“非正规就业”的特征做了较为详细的描述，并在全国66个城市做了“城市就业和社会保障”的抽样调查。

国内相关问题研究专家蔡昉、吴要武在2005年从ILO推荐的统计界定标准出发，兼顾中国转型过程中的特殊问题，对何种岗位特征的劳动者应该被界定为非正规就业者进行了深入讨论，并展开了进一步研究，具体指出具有如下9种特征的劳动者被界定为非正规就业者：（1）受雇于人，没有正式合同，且不是单位的正式职工。（2）社区的家政钟点工，为居民家庭服务的人员、劳务派遣工、小时工和临时工。（3）“社区管理与服务”中的“公益性服务岗位”，这种岗位没有正式合同，被作为一种福利提供给下岗失业者，工资常低于当地最低标准，很多下岗失业者不愿进入这类岗位，经常需要农民工来填补。（4）受雇于人，但工资支付方式“按小时”“按天”“按周”发放和工资发放“无固定期限无固定金额”的劳动者。（5）家庭帮工与自营劳动者。（6）受雇于人且工作单位为“个体经济性质”的劳动者。（7）在正规部门工作，但就业形式为“劳务派遣工、小时工和临时工”者。（8）如果从事农林牧渔业，既不算作正规就业者，也不算作非正规就业者。（9）个体工商户（中国的个体工商户一般雇佣7人以下，符合微型企业或自雇经营者定义，一般把这部分个体工商户雇主一律定义为非正规就业者）[1]。

由于我国劳动力市场长期处于城乡分割状态，导致我国农民工的城镇转移就业形态主要是非正规就业。我国农民工的城市非正规就业主要有以下三种形式：（1）是临时工，即：农民工所在的单位是正式单位，但农民工务工性质是“临时性用工”，与同一单位的正式职工有明显差别，甚至是连劳动合

[1] 吴要武，蔡昉，《中国城镇非正规就业：规模与特征》[J]，《中国劳动经济学》2006年第2期。

同也没有签订。他们的共同特点是受雇于人，没有正式合同，不是单位的正式职工。（2）是农民工务工所在的单位本身就是非正式单位或非正规部门。（3）是在城市从事个体劳动的务工者，主要指街头小贩、个体形式的家政服务人员、钟点工、临时工、送报员及保姆等等。

我国农民工的城市非正规就业主要有三大特征：（1）工作的临时性是非正规就业的重要特征。（2）没有签订规范的劳动用工合同，工作岗位的流动性非常强，没有购买必要的社会保险，如工伤保险、医疗保险、失业保险、养老保险等，主要在城市“最苦、最累、最重、最脏、最危险”的岗位上工作。（3）非正规就业者的工资支付方式多“按小时”“按天”“按周”发放，工资的发放既无固定期限，也无固定标准，更无固定金额，体现着“雇主”的“好恶”，也充斥着“雇主”随意。同时，工资的支付没有保证，常常发生恶意拖欠现象。城市少数民族农民工在城市的就业也主要是非正规就业。

2．我国农民工经济权益缺失的主要表现形式。农民工的经济权益缺失主要表现在：（1）劳动就业歧视。农民工在城市务工就业，难以按《劳动合同法》签订劳动合同，即使签订合同，也附加一系列不平等条款，还面临许多说不清道不明的“潜规则”。部分城市还以优先保障本市劳动力就业为理由，在招工程序、招工比例、务工领域、行业工种等方面设置门槛，剥夺农民工平等就业权。（2）劳动报酬轻视。农民工工资收入低、工资支付制度不完善、报酬结构不合理，工资水平普遍低于城市工人。与此同时，农民工工资还常常被任意克扣和恶意拖欠，在劳资纠纷中又往往处于弱势，得不到有效保护。（3）劳动保护漠视。农民工一般从事“最苦、最累、最重、最脏、最危险”的工作，工作环境差，安全事故发生率高，健全的劳动保护体系对农民工尤为重要。对农民工劳动保护的漠视表现在：“资本”对“劳动”的漠视、“利润”对“生命”的漠视、“政绩”对“人本”的漠视。（4）社会保障忽视。现行的农民工社会保障内容和保障水平无法提供农民工在城市生存、生活的基本需求，保障运行机制也极不适应农民工的流动性特点。（5）公共服务缺失。农民工应享有的社会公共服务严重缺乏，绝大部分城市没有把农民工群体纳入本级公共财政收入分配体系之中。[1]

少数民族农民工绝大多数来自信息闭塞、交通不便、经济发展水平较低的少数民族边远山区，由于转移流动的距离长、转移成本高、自身素质水平较低

[1] 姚上海：《农村劳动力流动中的民生问题：历史演进与现实思考》[J]，《湖北社会科学》2009年第6期。

和传统生活习俗制约等因素的影响，在城市非正规就业现象严重，绝大多数集中在城市二、三产业从事繁重的体力劳动，经济社会权益保障状况更为堪忧。

（二）城市少数民族农民工经济权益保护研究的意义

1. 我国农民工问题研究视角。农民工问题具有中国特色，史无前例。改革开放以来，伴随着农民工现象的演进与农民工问题的变化，我国学术理论界对农民工现象、农民工问题、农民工理论等展开了深入广泛的研究，研究成果非常丰富，也形成了很多颇有学术见地和社会影响的研究成果。总体上看，主要从三个视角展开：（1）是建立在个人主义立场上的理性选择解释范式，注重考察农民工进城行为的目标选择、过程逻辑和实现目标的手段选择。（2）是建立在整体主义立场上的制度解释或结构解释范式，注重探讨制约农民工行为的正式约束和非正式约束以及实施机制。（3）是建立在人际互动立场上的社会网络解释范式，注重分析农民工的社会联系以及这种联系在城市适应中的功能。研究成果有数目巨大的学术研究论文，有各个时期的相关专题研究报告，有众多学术研究专著。

2. 我国少数民族农民工问题研究综述。与一般性农民工问题研究相比，我国学者专门研究城市少数民族农民工群体的不多，比较薄弱，面也较窄，已有研究主要集中在五个方面：（1）研究少数民族农民工群体的整体特征与结构特点（才加让 2009，马天龙 2004）。（2）调查并探讨少数民族农民工城乡转移就业的动因（李金叶 2008，柏贵喜 2005）。(3) 从民族地区经济社会发展视角，研究民族地区农村劳动力转移就业及其对于民族地区经济社会发展的影响（田敏 2005，田孟清 2005，李喜景 2008）。（4）从少数民族农民工城市融入以及城乡和谐视角，研究少数民族农民工在城市务工就业过程中的城乡文化冲突与协调（廖剑 2008，和秀娟 2008）。（5）从城市少数民族流动人口视角，研究城市少数民族农民工对城市民族关系与民族工作的影响（郑信哲、周竟红 2001、2002，金春子 2002，陈乐齐 2006）。与一般性农民工问题的研究相比，我国少数民族农民工问题的研究无论是从广度与深度看，还是从问题的覆盖面看，都较为零散，缺乏全面性和系统性，没有形成有较大影响力的研究成果。特别是专门以城市少数民族农民工为对象，开展深入详细的田野调查、并在此基础上专门研究城市少数民族农民工经济权益保护问题的目前还没有。

3. 城市少数民族农民工经济权益保护问题研究的意义。当前，随着我国工业化、城市化、现代化建设进程的进一步加快，城市农民工群体的规模不断扩大（2009 年度全国农民工总量为 22978 万人[1]），农民工融入城市社会生产、生活的程度不断深化。同时，进入城市务工就业的少数民族农民工也不断增多，城市少数民族农民工既是城市少数民族流动人口，又是少数民族地区农村转移劳动力，还是我国农民工群体的重要组成部分，城市少数民族农民工问题，特别是少数民族农民工在城市的经济权益保护问题正变得越来越突出。（1）城市少数民族农民工作为我国数量庞大的农民工群体（大约 2.3 亿）的重要组成部分，对我国城市经济社会发展产生着不可忽视的作用。（2）城市少数民族农民工作为城市少数民族流动人口的主要组成部分，对我国城市和谐社会建设具有重要影响。（3）城市少数民族农民工在具有一般农民工群体的基本特征外，还具有自身群体的特殊性，如生活习俗上的特殊性，行为习惯上特殊性，宗教信仰上的不同等等，他们在城市就业、生活、生产中存在的一些特殊诉求，为农民工权益保障研究提出了新问题。（4）城市少数民族农民工进城规模不断扩大，深入调查和研究城市少数民族农民工问题，维护城市少数民族农民工权益，推进少数民族农民工城市融入进程，是新时期城市民族工作的重要内容，构建和谐的城市民族关系的重要条件。所以，全面调研城市少数民族农民工现状、特征、问题等，并就当前城市少数民族农民工在城市生存、生产和生活中所面临的一系列问题展开实证研究，尤为重要。正是基于这样的思考，我们以武汉市为调查地，专门开展了针对武汉市少数民族农民工经济权益保护问题的调研工作。

武汉市地处中原腹地，经济发展程度较高，辐射能力较强，是我国大中城市之一。加之中部崛起等经济发展战略的实施，东南沿海产业转移步划的加快，武汉市就业机会倍增，对少数民族农民工的就业吸引力增大，转移进入武汉市务工就业的少数民族农民工规模不断扩大。对于武汉市少数民族农民工经济权益保护状况开展的相关调查与研究具有一定的典型意义和代表性。

（三）城市少数民族农民工经济权益保护研究的内容与方法

本研究综合运用观察法、访谈法、调查法和文献法。根据前人的相关理论和研究成果，结合本研究的实际需要，自行编制《城市少数民族农民工就业现状调查与经济权益保护问题研究调查问卷》。

1. 城市少数民族农民工经济权益保护问题调查问卷设计。科学合理的调查问卷设计是研究工作成功的基础，根据我们的研究课题设想，在查阅了大量

[1] 国家统计局农村司：《2009年农民工监测调查报告》，国家统计局网站2010年3月19日。

资料的基础上，我们制定了《城市少数民族农民工就业现状调查与经济权益保护问题研究调查问卷》初稿，然后多次讨论并听取相关专家意见，最后定稿。定稿的《城市少数民族农民工就业现状调查与经济权益保护问题研究调查问卷》共涉及了4个方面27个问题，分别为："城市少数民族农民工群体基本特征"调查（共9个问题）；"城市少数民族农民工就业现状"调查（共4个问题）；"城市少数民族农民工经济权益保护状况"调查（共9个问题）；"城市少数民族农民工公共服务需求与未来期望情况"调查（共5个问题）。详情见下表。

表1　调研的基本问题

问题	内容
城市少数民族农民工群体基本特征	性别结构　年龄结构　受教育程度　来源地情况　职业技能培训情况　生活适应情况
城市少数民族农民工就业现状	进城打工原因　打工流动原因与频次　寻找工作途径
城市少数民族农民工经济权益保护状况	工资收入水平　工资收入用途　工作时间　劳动合同　社会保险　业余休闲情况
城市少数民族农民工公共服务需求与未来期望情况	公共服务政策需求　未来打算　婚恋选择　子女教育策略

2．城市少数民族农民工经济权益保护问题调查地选择及实施。本次调查我们在武汉市选取10个主要城区（武昌区、洪山区、汉阳区、硚口区、江岸区、江汉区、武汉经济技术开发区、武汉高新技术开发区、东西湖区、蔡甸区）的少数民族农民工为调查对象，共下发调查问卷300份（每个区30份问卷），收回问卷276份，回收占比为92%，其中有效问卷271份，占下发问卷90.3%，占收回问卷98.2%．本次调查共涉及到24个少数民族，样本数在10人以上的民族有土家族、回族、苗族、侗族、满族、维吾尔族、藏族、壮族。详情见下表：

表2　样本分布表

土家族	69	回族	62	苗族	35	侗族	19
满族	15	维吾尔族	13	藏族	12	壮族	11
白族	7	蒙古族	6	朝鲜族	5	瑶族	4
布依族	4	高山族	4	土族	3	羌族	2
黎族	1	哈萨克族	1	彝族	1	傣族	1
仫佬族	1	水族	1	京族	1	哈尼族	1

3．城市少数民族农民工经济权益保护问题研究方法。正确而适用的研究方法是研究工作取得成功的重要保证，在本研究中，我们采取了如下三种方法：（1）田野调查法。以武汉市各区为基本调查单位，通过武汉市个体协会的支持，全面调查武汉市城市少数民族农民工就业与权益保护基本情况。（2）深度访谈法。选取典型的城市少数民族农民工个体进行深度访谈，了解他们在城市生存、生活、生产活动中面临的一系列问题与政策需求。（3）政策研究法。在全面调研和深度访谈以及原因分析的基础上，提出城市少数民族农民工经济权益保护政策建议。

二、城市少数民族农民工群体的基本特征

表3 城市务工少数民族农民工基本特征统计表

项目			人数	比例
性别结构	男		163	60.3%
	女		108	39.7%
年龄结构	16-25		137	50.3%
	26-35		80	29.7%
	36-45		48	17.8%
	46岁以上		5	1.8%
教育程度	高中以上		25	9.4%
	高中		108	40.1%
	初中		111	41.6%
	小学		22	8.2%
	小学以下		2	0.7%
来源地情况	族域流动	少数民族聚居区	92	44.4%
		非聚居区	115	55.6%
	省际流动	本省	141	54.5%
		跨省	117	45.5%
	区域流动	东部地区	23	10.3%
		中部地区	72	32.3%
		西部地区	128	57.4%

（一）进城务工少数民族农民工性别结构（见表3）

在此次接受调查并提供有效答卷的271名少数民族农民工中，男性163人，占60.3%，女性108人，占39.7%，男女比例差距较大，以男性为主。这一调查结果与全国一般情况相同，在国家统计局农村司发布的“2009年农民工监测调查报告”调查数据中，男性农民工占65.1%，女性占34.9%。[1]我们的调查中，女性少数民族农民工的占比还稍微高出一点，我们通过深度跟踪调查发现，这主要与我们这次调查所涉及的行业主要是个体工商户、餐饮、批发零售、服务业有关，而对于农民工打工的主要行业制造业和建筑业涉及较少。在建筑业，主要是男性农民工较多。

（二）进城务工少数民族农民工年龄结构（见表3）

城市务工少数民族农民工以16—45岁的青壮年劳动力为主，占98.2%，46岁以上的仅占1.8%。其中16—25岁占50.7%，26—35岁占29.7%，36—45岁占17.8%，这其中尤以少数民族新生代农民工[2]占多数，占全部调查对象的50.7%，超过半数。这一调查结果说明目前我国城市少数民族农民工是农村地区特别是我国民族地区农村的精英，是优质劳动力，他们的大量进城打工，必然给我国广大民族地区农村社会经济发展产生重大影响，引起民族地区农村社会结构的重大转型。主要体现在如下几个方面：（1）少数民族新生代农民工是伴随着我国改革开放进程成长起来一代新型农村劳动力，他们思想活跃，向往城市生活，有较强烈的进城打工欲望，也较为容易适应城市现代工业要求。（2）民族地区农村优质劳动力和精英阶层的“流失”，必然影响民族地区农村经济的可持续发展问题，特别是农业产业化、现代化发展进程。（3）民族地区农村“留守儿童”、“空巢老人”、“独居妻子”现象严重，老人、妇女、儿童精神生活质量大受影响，传统家庭概念、家庭教育以及家庭温暖残缺不全，儿童、老人、妻子——这一落后地区的弱势群体的弱势化

[1] 国家统计局农村司，《2009年农民工监测调查报告》[J]，http://www.stats.gov.cn/.

[2] 注释：新生代农民工是近年我国农民工问题研究中新出现的一个专用词语，使用频率很高。它特指我国农村出生在20世纪80年代后期、90年代初期，于21世纪初进城务工的一个农民工群体，他们大都年龄在20岁左右。与上一代农民工相比，他们具有典型的“三高一低”的群体特征：受教育程度普遍较高、职业期望较高、物质和生活享受要求较高、劳动耐受能力较低（见钟玉明《新生代农民工呈现“三高一低”新特点》2005-07-12 http://hr.asiaec.com/news/454908.html）.

程度进一步加重。(4) 民族地区农村基层组织建设缺乏“能人”支撑，基层组织建设状况令人堪忧，党和国家的一系列支农惠农政策难以落到实处、收到实效，民族地区农村社会经济发展缺乏内生动力。(5) 城市少数民族农民工群体中 46 岁以上人口占比很小（仅为 1.8%），说明绝大部分少数民族农民工年轻时在城市打工，年老体衰后又回到了民族地区农村，而他们要么没有必要的社会保障，要么社会保障水平极低，给广大民族地区农村发展带来极大的“压力”。这一现象同时又说明，目前我国农民工就业模式仍然是“流动就业”为主，难以融入城市、定居城市，实现身份转换、职业转变与地域转移三者的统一。

(三) 进城务工少数民族农民工受教育程度（见表 3）

在本次调查中，我们发现少数民族农民工的受教育程度普遍提高，在对该问题做出明确回答的 268 人中，具有初中文化程度者占 41.6%，具有高中文化程度者占 40.1%，具有初、高中文化程度者占绝大多数，共占 81.7%，小学及以下文化程度者只占 8.9%，但同时，高中以上文化程度者较少，仅占 9.4%. 全国在 2009 年调查中的一般情况是文盲占 1.1%，小学文化程度占 10.6%，初中文化程度占 64.8%，高中文化程度占 13.1%，中专及以上文化程度占 10.4%。[1] 两者相比较，高中文化程度占比差别较大，我们的深度个体访谈中发现，产生这一情况的主要原因是：(1) 民族地区农村高中升学率较低，部分应届高中毕业生如果仅达到三本录取线，便因缺乏经济条件支持而不能上大学，走上进城打工之路。(2) 民族地区农村由于信息更加闭塞，农村劳动力城市社会网络资本尤为缺乏，进城就业更加盲目，所以，仅具有高中以上学历这部分更加活跃的劳动力方“更有胆量”进城打工。这些情况说明：(1) 民族地区农村劳动力城镇转移成本更大，活动空间更加狭小，“进城”步履更加艰难，少数民族农民工对就业信息服务的渴求更为迫切，输出地与输入地的劳务服务对接更加重要。(2) 民族地区农村教育应从实际出发，大力发展职业技术教育，特别是中等职业技术教育，这对民族地区农村青年更加有意义。

(四) 进城务工少数民族农民工来源地构成（见表 3）

在本次接受调查的少数民族农民工中，来自于少数民族聚居地区的占 44.4%，接近半数，来自于西部地区的少数民族农民工达 57.4%，可见，做

[1] 国家统计局农村司：《2009年农民工监测调查报告》[J]，http://www.stats.gov.cn/.

好进入城市务工的少数民族农民工的就业与权益保护工作对于我国少数民族地区的经济社会发展将具有非常大的支持作用和重要“反哺”意义。同时，进城少数民族农民工中来自于本省和跨省的比例相当接近，分别占54.5%和45.5%，这说明，武汉市作为我国中部地区的一个超大城市，对民族地区少数民族农民工的吸引力非常强，并且这种吸引与辐射作用呈扩大之势，就业带动作用明显。同时，这一情况也表明，我国广大民族地区农村劳动力的流动性也在进一步增强，进城打工已经成为我国民族地区农村农民增收的重要途径之一。

（五）进城务工少数民族农民工民族成份构成状况

在本次调查中，共有279人对该项调查内容给予了明确回答，279名调查对象中，共有24个少数民族，其中土家族、回族、苗族人数占比较高，分别占24.7%、22.2%、12.5%．其次是侗族、满族、维吾尔、藏族人数较多。主要分布于我国西部地区的人数较少的少数民族也有，如哈尼族、哈萨克族、羌族、傣族、朝鲜族等。通过进一步对来源地分析发现，进入武汉市务工就业的湖北省内少数民族农民工，主要是来自于恩施土家族苗族自治州和长阳、五峰两个土家族自治县，而这些地区又是土家族、苗族聚集地区，所以在我们的调查中土家族和苗族人数占比较大。其次湖北省内回族乡较多，进入武汉市务工者较多。

（六）进城务工少数民族农民工职业技能培训状况（见表4）

在本次调查中，接受调查并对该项调查内容做出明确回答的少数民族农民工中，明确表示接受过主要技能培训者占43.1%，没有接受过任何培训的有56.9%．在对接受职业技能等相关培训的渠道或方式做进一步调查时发现，农民工绝大部分是在工作过程中从自己的亲戚或朋友处习得相关工作技能，占认为自己接受过职业技能培训者的61.5%，并且一部分农民工在否认自己接受过专门的技能培训的同时，却认同这种“民间”的培训方式和培训结果。与此同时，通过职业技术学校或政府培训机构接受培训的农民工人数也明显增多，占接受过相关培训的38.5%，这与近年来国家农民工培训工作的大力开展有着密切关系。[1] 近年来，根据企业用工需求和农村劳动力培训意愿，各级政府大力开展多种门类和多种形式的农民工劳动技能培训，以增强农民工进城适应能力、就业能力和创业能力。仅 2009 年，中央财政就安排资金 11 亿元，全年培训农村劳动力 300 万人。[2]

表 4　少数民族农民工职业技能培训情况统计表

项　目		人数	比例
您是否接受过职业技能培训	是	113	43.1%
	否	149	56.9%
您接受职业技能培训的渠道（或方式）是	职业技术学校或政府培训机构	78	38.5%
	自己的亲戚或朋友处	123	61.5%

（七）少数民族农民工城市生活适应情况（见表 5）

少数民族农民工在输出地的生活习俗和地理气候环境等方面，与一般的农民工群体相比，差异较大。对于部分少数民族农民工而言，进城务工首先面临的大多是生活习俗上的适应问题。我们这次在武汉市以少数民族农民工为调研对象的调查过程中，特别对这一问题进行了调查。调查结果显示，有近半数的少数民族农民工表示在武汉市生活不习惯（占 49.4%）。进一步深入调查显示，武汉市务工的少数民族农民工在武汉市生活上不习惯的原因是多方面的，有 21.8% 的人表示是“饮食”方面的原因，有 28.7% 的人表示是“气候”方面的原因，有“19.2%”的人表示是“习俗”方面的原因，有 30.3% 的人表示是“人际关系”方面的原因。“人际关系”原因占比最高，这也是农民工在城市务工生活面临的普遍问题。有仅 50% 的少数民族农民工表示对城市生活不习惯，并且不习惯的原因又如此复杂，显然，让少数民族农民工融入城市、定居城市，进程会更加困难，时间会更加漫长。

[1] 注：2003年，在9000多万跨地区进城务工的农民中，受过专业技能培训的仅占9.1%。在2001年新转移的农村劳动力中，受过专业技能培训的只占18.6%。（见《国务院办公厅转发农业部等部门2003—2010年全国农民工培训规划的通知（国办发[2003]79号）》）。

[2] 韩长赋：《解决农民工问题思路：抓紧解决七问题》[J]，《行政管理改革》2010年第10期。

表 5 少数民族农民工城市生活适应情况统计表

项目		人数	比例
您生活上习惯吗	习惯	133	50.6%
	不习惯	131	49.4%
若您现在生活不习惯，主要原因是什么	饮食	67	21.8%
	气候	89	28.7%
	习俗	59	19.2%
	人际关系	93	30.3%

三、城市少数民族农民工就业现状

改革开放30多年来，农民工在城镇打工行业以制造业、建筑业和服务业为主。由国务院领导开展的2006年全国农民工问题大调查中表明，2004年，农民工在制造业就业的占30.3%，在建筑业就业的占22.9%，在社会服务业就业的占10.4%，在住宿餐饮业就业的占6.7%，在批发零售业就业的占4.6%。[1]国家统计局农村司2009年开展的农民工监测调查统计表明，在进城农民工中，从事制造业的农民工所占比重最大，达39.1%，其次是建筑业占17.3%，服务业占11.8%，住宿餐饮业和批发零售业各占7.8%。[2]显然，5年来农民工就业行业分布没有大的变化，但制造业和住宿餐饮业以及批发零售业就业比重增大，相对来说，在建筑业就业比重有所下降。通过我们长期对我国农民工问题的研究，可以肯定，我国少数民族农民工的就业行业分布也与这一一般情形大体相同。所以，在我们课题组开展的本次专门以少数民族农民工为对象的调查中，主要是针对劳动保护和就业流动情况展开调查。

（一）城市少数民族农民工进城打工的原因呈现多样化特征（见表6）

我们的调查中，在面对可以做出多项选择的前提下，少数民族农民工选择进城打工出于多种理由和考虑的人数占多数，占80.8%。在具体的进城打工原因的选择中，进城务工少数民族农民工进城打工的原因明显呈现出多

[1] 中国农民工问题研究总报告起草组：《中国农民工问题研究总报告》[J]，《改革》2006年第5期。

[2] 国家统计局农村司：《2009年农民工监测调查报告》[J]，http://www.stats.gov.cn/.

样化特征，并且各种选择的比例也大体相同，其中选择“打工挣钱”者占31.4%、选择“增长见识，见见世面”者占28.6%、选择“学习技能和本事”者占24.6%、选择“不愿在家乡务农”者占15.4%.

表6　少数民族农民工进城打工原因统计表

项　目		人数	比例
您外出打工的原因是（可多选）	打工挣钱	204	31.4%
	增长见识，见见世面	185	28.6%
	学习技能和本事	160	24.6%
	不愿在家乡务农	100	15.4%

少数民族农民工进城打工原因如此明显的多样化特征说明：(1)“打工挣钱”作为第一代农民工（包括少数民族农民工）进城打工的主要原因，在以新生代为主要组成部分的当前的少数民族农民工群体中呈明显减弱趋势，而“增长见识与见世面”、“学习技能和本事”等作为进城打工的原因，却在增强。当前，少数民族农民工进城打工的原因是多方面的，进城打工已经不限于只是一种基于生存理性下的选择策略。也就是说，大多数少数民族农民工进城打工不是因为“农村生活所迫”，而是因为对“城市生活的向往”和“更加有出息的期盼”，进城打工是少数民族农民工的一项生活选择、一种发展方式、一个向上的流动行为。(2)“不愿在家乡务农”包括“不喜欢务农”、“务农太辛苦”、“家乡太穷，不想过那种生活”、“耕地太少，在家无事可做”、“一直在念书，不懂农活”等情况，全部加总也仅占15.4%，意味着当前我国少数民族地区农村“溢出”剩余劳动力以及由此产生的进城动机虽然是少数民族农民工进城打工的原因之一，但却不是少数民族农民工进城打工的唯一原因，也已经不是最重要的原因。少数民族农民工城乡流动的动力因素中，农村推力在减弱，城市拉力在不断增强，且已经上升为绝对动力。(3)我们在长期从事我国农民工问题研究的实践中发现，农民工（包括少数民族农民工）进城打工的动因呈动态变化特征，它会随着行为时间、社会阅历和流动实践的变化而改变。

（二）城市少数民族农民工城市打工流动性明显增强

在我们的调查对象中，城市务工少数民族农民工中80%的人都换过工作或换过打工地方，并且绝大多数都换过2次以上（占79.7%），农民工务工流动性明显增强。（见表7）

表7　少数民族农民工打工流动频次与流动原因调查统计表

项目		人数	原因
少数民族农民工打工流动频次	1次	35	20.3%
	2次	71	41.3%
	3次	39	22.7%
	4次	13	7.6%
	5次及以上	14	8.1%
少数民族农民工换工作的主要原因（可多选）	对工资收入不满意	136	32.2%
	对工作环境不满意	85	20.1%
	与自己对打工的期望相差太大	85	20.1%
	学不到本事	61	14.5%
	生活上不适应	55	13.1%

我们在深入调查访谈中了解到，城市少数民族农民工的主要流动方式有：（1）产业间的流动，即农忙时节回乡务工，农闲时节进城打工，可称之为“两栖式”。（2）城市之间的流动，或称为打工地域选择上的流动，可称之为“候鸟式”。（3）岗位之间的流动，这既有同工种内不同岗位之间的流动，也有不同行业工种之间的流动，可称之为“钟摆式”。

城市少数民族农民工城市打工的超强流动性表明：（1）城市少数民族农民工仍然是“城市过客”，缺乏长远打算，多呈“短视”状态。在城市打工，却难以定居下来，融入城市生活。（2）城市少数民族农民工职业技能仍然严重缺乏，难以获得稳定的职业和相对固定的岗位，少数民族农民工的“城市化”缺乏必要的人力资本支撑。（3）当前，我国“摩擦性失业”和“结构性失业”现象严重，一方面是城市“民工荒”，另一方面却是农民工难以找到工作，“农村劳动力过剩”与“城市缺工”同时并存，农民工劳动技能培训和农民工就业服务工作有待大力加强。

进一步深入调查得知，城市少数民族农民工换工作的原因主要是“对工资收入不满意”、“对工作环境不满意”和“与自己对打工的期望相差太大”

这三个原因，三者共占72.4%.（见表7）显然，农民工的工资待遇与工作环境期望问题仍然是当前我国少数民族农民工城市打工过程中面临的首要问题和亟需解决的困难，农民工群体自身也在对此做出越来越强烈的反应，虽然这种反应是以“换工作”、“用脚投票”等被动的形式显现出来。不可忽视的是在城市少数民族农民工换工作的原因调查中，有13.1%的人表示是因为“生活上的不适应”，这表明一方面少数民族农民工在城市打工中对生活状况有了更高的要求，部分少数民族农民工对生活有着特殊的要求，但同时也表明，城市少数民族农民工在城市打工就业中的生存状况有待大力改善。

（三）城市少数民族农民工自发式外出寻找工作是就业主要方式

城市少数民族农民工进城打工主要依托亲缘、地缘关系为基础建立起来的社会信息网络，在我们的调查中，依靠“亲戚朋友老乡介绍的”占56%.但随着国民素质的普遍提升，少数民族农民工通过个人能力和自主途经寻找工作的能力在明显增强。在我们的调查中，有21.2%的少数民族农民工是“自己找到工作的”、有12.1%的少数民族农民工是通过“网络、报纸、电视”找到工作的，两者相加共达33.3%，特别是占12.1%的少数民族是通过“网络、报纸、电视”等现代传媒手段和渠道寻求就业，这应该说是一个巨大的进步。同样，不容忽略的是，在本次调查中，少数民族农民工通过“政府职业介绍部门”找到工作的仅占10.4%，政府的就业促进作用有待大力加强。（见表8）

表8　少数民族农民工寻找工作的途径统计表

项　目		人数	比例
您现在从事的工作是怎样找到的（可多选）	政府职业介绍部门介绍的	31	10.4%
	亲戚朋友老乡介绍的	158	56%
	自己找到的	60	21.2%
	网络、报纸、电视	34	12.1%
	其它	1	0.3%

自发式外出打工进城寻找工作，主要依靠亲戚朋友老乡介绍和帮带，工作找寻成本低且成功率较高，风险较小，可信度大，是我国农民工进城找寻工作的主要途径，改革开放以来，它为我国数以亿计的农民工外出打工就业提供了有效保证。当前，民族地区农村政府应充分利用这一有效形式，与农

村劳动力输入地（城市）紧密联系，对这一途径和形式加以提升，规范化、科学化运作，成为少数民族农民工进城打工就业的可靠保证。

四、城市少数民族农民工经济权益保护现状

农民工经济权益主要是指我国广大进城务工农民在就业、工资、教育培训、住房以及社会保障等方面所能享受到的待遇状况，包括劳动就业权、劳动收益权、劳动保护权、教育培训权、社会保障权等。长期以来，我国农民工在城镇务工的经济权益保护状况令人堪忧，农民工和正式工人同工不能同酬、同工不能同时、同工不能同权。[1] 具体表现在：（1）农民工工资待遇低，劳动强度大，劳动报酬远远低于其劳动所创造的价值，且长期不变，严重抑制着农民工的持续发展。（2）农民工工资常常被任意克扣和恶意拖欠，不仅造成恶劣的劳动用工环境，更破坏了我国社会主义市场经济的健康发展。（3）专门针对农民工的各种名目的收费繁多，增大了农民工的务工成本和农村富余劳动力的转移成本。（4）农民工工作环境差、劳动安全堪忧、社会保障缺乏。[2] 少数民族农民工在城市务工就业的经济权益状况如何呢，对此，我们根据调查的可行性开展了有关少数民族农民工劳动工资、劳动保护、社会保障、劳动休闲等方面情况的调查。

（一）城市少数民族农民工的工资收入水平有所提高

工资收入是少数民族农民工经济权益的核心组成部分。在我们此次调查中，武汉市少数民族农民工月工资收入主要在1000元左右，占调查总数的近一般（48%），1500元左右的占22%，800元左右的占23%，2000元以上的仅为7%，（见表9）1000—1500元是城市少数民族农民工的主要工资收入水平（占70%）。武汉市中心城区2009年的最低工资标准是900元/月，总体上看，城市少数民族农民工的工资收入水平有了一定的提高，劳动收入状况有了一定的改善。但具体分析，有如下几点应引起深思和高度重视：（1）我们此次调查的武汉市少数民族农民工中有23%的人月工资收入水平在800元左右，仍低于武汉市基本工资水平要求。（2）虽然城市少数民族农民工工资收入状况得到了一定的改善，但绝对收入水平仍然很低，月平均水平仅为

[1] 陆学艺：《农民工问题要从根本上治理》[J]，《特区理论与实践》2003年第7期。

[2] 姚上海：《我国农民工经济权益缺失的制度性因素探析》[J]，《甘肃农业》2006年第6期。

1141元，与同城正式职工的收入差距仍然很大。据相关资料，武汉市在职职工2009年年平均工资33320元，月均2776元，城市少数民族农民工的工资收入还不及正式职工水平的一半。同时城市少数民族农民工的工资收入水平比全国农民工的工资收入水平要低，据相关资料，2009年全国外出农民工的月平均收入为1417元，[1]高出城市少数民族农民工月均工资276元，提高城市少数民族农民工的务工收入水平更应加大力度。(3) 在目前的收入水平条件下，要保障少数民族农民工“落户”并“扎根”城市，特别是像武汉市这样的大城市是非常困难的，甚至是不可能的。这进一步表明，我国的城市化道路必须走大中小城市协调发展之路，着力推进城镇化建设进程，让农民工融入中小城市和城镇是可行的选择。

表9 少数民族农民工工资收入与主要用途调查统计表

项 目		人数	比例
少数民族农民工工资收入水平	800元左右	62	23%
	1000元左右	130	48%
	1500元左右	59	22%
	2000元左右	15	5.6%
	2500元以上	4	1.4%
农民工打工收入主要用途（可多选）	自己用	159	41%
	寄回家，补贴家用	138	35.3%
	学习培训	38	9.8%
	存起来	55	13.9%

在对少数民族农民工工资用途的深入调查中发现，城市少数民族农民工打工收入主要是“自己用”和“寄回家，补贴家用”。两者共占比76.3%，而用于“学习培训”的仅占9.8%.（见表9）显然，目前，少数民族农民工工资仍是生存性收入，农民工工资收入水平仍处于较低水平。

（二）城市少数民族农民工超时劳动状况有所改善

农民工超时劳动曾经是一个较普遍的问题，但在我们这次的调查中发现，城市少数民族农民工超时劳动状况有所改善，虽然农民工每天工作时间仍较长，但每周的工作天数有所减少。在我们的调查中，城市少数民族农民工每周工作在5天以下，即一周能得到2天休息的占全部调查对象的

[1] 韩长赋：《解决农民工问题思路：抓紧解决七问题》[J]，《行政管理改革》2010年第10期。

37.7%，三分之一强；一周工作 6 天的占 45.6%，两项之和为 83.3%，表明城市绝大部分少数民族农民工一周都能保证至少一天的休息和自由支配时间，一周 7 天皆工作的占 16.7%.（见表 10）与以前相比，情况明显改善。这一可喜局面的取得，主要原因有：（1）近年来，各级政府严格执行《劳动法》，为少数民族农民工的劳动权益保护提供了可靠的政策支持和行政保障。（2）随着新生代农民工逐渐成为农民工的主体，少数民族农民工自身的维权意识不断增强，少数民族农民工素质普遍提高，维权能力也有所提升。（3）国家经济进入新的快速发展时期，各类用工需求大幅提高，特别是劳动密集型产业用工缺口较大，农民工就业的主要领域——“普工”，用工趋紧，在这样的大背景下，新的劳资博弈中，农民工地位不断提升。

表 10　少数民族农民工劳动时间调查统计表

项　目		人数	比例
您一般每周工作几天（样本数：264 人次）	5 天以下	2	0.8%
	5 天	98	36.9%
	6 天	120	45.6%
您每天上班的时间（样本数：266 人次）	8 小时	27	10.1%
	8—10 小时	186	70%
	10—12 小时	45	16.9%
	12 小时以上	8	3%

在农民工劳动时间以天为单位得到改善的同时，不容乐观的是农民工每天的劳动时间仍较长。（见表 10）从调查数据中发现，农民工每天工作 8 小时以上的仍占 79.9%，每天工作时间为 8 小时的仅占 10.1%，即仅有约十分之一的农民工能保障每天 8 小时工作权益。特别应引起高度重视的是，有 16.9% 的农民工每天工作时间在 10—12 小时，甚至有少部分农民工的一天工作时间超过 12 小时（占 3%），这样的劳动强度无疑对农民工的身体健康是极为不利的，也容易导致身体伤害现象的发生。

（三）城市少数民族农民工劳动合同签订与执行仍然是薄弱环节

劳动合同是保障劳动者权益的重要依据，也是保障劳动者权益的有效途径，但劳动合同的签订与执行一直是农民工权益保障过程的一个薄弱环节。近年来，国家高度重视劳动者劳动合同签订工作，不仅制定与颁布了新的劳动合同法（2008年1月1日起施行《中华人民共和国劳动合同法》），而且加大了各级政府的劳动执法监察监督工作力度。就是在这样的大背景下，我们此次在武汉市以少数民族农民工为对象的相关调查过程中，发现少数民族农民工的劳动合同签订率仍然很低，在对此做出明确回答的263人中，有159人没有签订劳动合同，占60.5%.（见表11）没有签订劳动合同的原因是多方面的，我们对该问题进行了进一步的调查，发现这其中原因非常复杂，有少数民族农民工主观认识上的原因，占71.5%，包括部分少数民族农民工认为“签了也没有用”，占30%，认为“手续太麻烦”，占32.3%，认为“不想受约束”，占9.2%. 也有少数民族农民工所打工的企业老板方面的原因，“老板不让签”的占27%.

表11 少数民族农民工劳动合同签订情况统计表

项 目		人数	比例
您是否签了劳动合同（ 样本数：263人次 ）	签了	104	39.5%
	没有签	159	60.5%
没有签劳动合同的原因（ 样本数：205人次 ）	签了也没有用	61	30%
	手续太麻烦	66	32.3%
	不想受约束	19	9.2%
	老板不让签	56	27%
	其他	3	1.5%

少数民族农民工没有依法签订劳动合同，一旦发生劳动纠纷，维权难度便会倍增，使得本来就十分艰难的劳动者维权问题，变得更加困难，于此便时常发生农民工维权过程中的“暴力事件”和“自残事件”，严重影响劳动者的务工环境和社会的和谐与稳定。

（四）城市少数民族农民工的参保状况不容乐观

劳动保险是劳动者劳动保护的最后一道屏障。农民工劳动保险包括工伤保险、大病医疗保险、养老保险、婚育保险（女性农民工）、新型农村合作医疗等。通过我们此次在武汉市开展的针对少数民族农民工劳动保险参保状况的调查得知，少数民族农民工的参保状况不容乐观。（见表12）有36%的少数民族农民工在城市务工但没有购买任何种类的保险，同时，已经购买了保险的少数民族农民工中，购买比例也都不高。（1）如通常情况下对农民工非常重要的工伤保险，在我们此次调查中，购买了这一保险的少数民族农民工仅17.4%。农民工一般从事“苦、重、险”工种，劳动受伤风险很大，工伤保险对农民工尤为重要，但少数民族农民工购买率并不高，这显然是一个巨大的隐患。（2）少数民族农民工购买“大病医疗保险”的比例仅10.5%，购买“农村合作医疗”的比例仅16.9%，这两项之和也仅为27.4%（不到三分之一），少数民族农民工购买医疗保险比例低，一旦生病，由于在当前收入水平下无力承担高额的城市医疗费用，要么强撑，要么就到游医和非正规私人诊所看病，容易因之滋生“后患”，产生纠纷，甚至因病重新返贫。（3）少数民族农民工购买养老保险的比例仅为16.9%，少数民族农民工虽然目前正处于青壮年期，吃“青春饭”，养老问题不尖锐，但却把沉重的养老包袱留给了几十年后的政府、社会和少数民族家庭。（4）购买“婚育保险”的少数民族农民工比例仅占1.2%，少数民族农民工特别是女性少数民族农民工这一保险意识有待大力加强。

表12　少数民族农民工购买保险情况统计表

项　目		人数	比例
您目前已经购买了哪几种保险（可多选）	工伤保险	61	17.4%
	大病医疗保险	37	10.5%
	养老保险	59	16.9%
	农村合作医疗	62	18%
	婚育保险	4	1.2%
	没有购买任何保险	124	36%

（五）城市少数民族农民工劳动休闲水平有较大提高和改善

劳动休闲是现代劳动者劳动权益的一项重要内容，劳动休闲的内容充分反映劳动者的现代生活水平。在我们此次调查中，发现城市少数民族农民工的劳动休闲水平和状况都有较大提高和改善，这可以从少数民族农民工的交友范围与日常娱乐生活内容的调查中得知。（见表13）

少数民族农民工的交友圈子不再仅仅局限于老乡等“亲缘”、“血缘”、“地缘”关系，在少数民族农民工现在的朋友中主要是老乡的只占40.1%，有37.6%的人选择了“同事”，有16.7%的人选择了“同学”，还有5.6%的人选择了“网友”，这三者共占 59.9%（近 60%）。少数民族农民工的交友圈大为拓宽，选择对象与内容更加丰富，这是一个巨大的进步，不仅说明少数民族农民工与城市社会的“距离”正在逐步缩小，少数民族农民工的城市交往能力在逐步增强，更有益于少数民族农民工的“社会资本”积累和更快的融入城市社会。

表 13　少数民族农民工交友及休闲状况调查统计表

项　目		人 数	比 例
您现在的朋友中，主要是	老乡	149	40.1%
	同事	140	37.6%
	同学	63	16.7%
	网友等	21	5.6%
您工作以外主要从事哪些活动（可多选）	与老乡、同事、朋友打牌	72	19.7%
	听歌、看电视	136	36.8%
	睡觉	54	14.8%
	上网、K 歌等娱乐	75	20.5%
	参加培训等学习技能	30	8.2%

少数民族农民工的业余休闲生活内容更加丰富，（见表 13）内容层次整体“上移”，表现在业余时间选择“打牌”与“睡觉”的，虽然仍占 19.7% 和 14.8%，但已明显下降。而选择“听歌、看电视”和“上网、K 歌”的分别占 36.8% 和 20.5%，明显高于前两项比例。少数民族农民工的日常生活更加贴近现代城市生活，更加具有现代气息，也正在逐渐融入城市现代生活。特别是还有 8.2% 的少数民族农民工选择了“参加培训等技能学习活动”，这是一个明显的进步，是质的上升。

五、城市少数民族农民工公共服务需求与未来期望

保护少数民族农民工城市务工经济权益，必须建立在少数民族农民工的需求角度。为此，我们特地从“少数民族农民工公共服务需求”、“少数民族农民工的未来打算”、“少数民族农民工的婚恋对象选择”与“少数民族农民工子女教育选择”四个方面展开调查，以求深入把握当前城市少数民族农民工的政策需求，特别是涉及少数民族农民工经济权益保障方面的政策需求。

（一）城市少数民族农民工的政策需求

少数民族农民工对政府政策与公共服务需求选择上，呈现出典型的多样化特征，但其中提高工资收入水平仍然是城市少数民族农民工的首要选择。（见表 14）

表 14　少数民族农民工公共服务需求情况统计表

项　目		人数	比例
对于目前的打工生涯，您最期望政府提供的帮助是：（可多选）	提高工资收入	173	25.8%
	提供住房	75	11.1%
	改善工作和生活环境	115	17.3%
	提供社会保障（工伤保险、医疗保险、养老保险等）	132	19.8%
	取消户口限制，实现平等就业	125	18.8%
	建立工会等组织，参与城市社会管理和社区活动	48	7.2%

我们的调查结果显示，城市少数民族农民工期望政府提供的各种帮助与服务中，按占比由高到低的选择顺序是“提高工资收入”（占 25.8%），“提供社会保障”（占 19.8%），“取消户口限制，实现平等就业”（占 18.8%），“改善工作和生活环境”（占 17.3%），“提供住房”（占 11.1%）和“建立工会组织，参与城市社会管理和社区活动”（占 7.2%）。从这一调查结果可以得到如下几个信息：（1）当前，少数民族农民工与广大农民工一样，来到城市打工的首要选择仍然是经济收入。（2）提供劳动保障是少数民族农民工的现实选择，农民工所从事工种一般具有较高风险，建立有效的风险化解机制、采取必要的保护措施尤为重要。所以，少数民族农民工对提供工伤保险、医疗保险和养老保险的要求较为迫切，顺列第二位。（3）随着新生代农民工逐渐成为我国农民工群体主体时代的到来，我国农民工群体在完成代际交替的同时，农民工问题的内涵也将发生根本性变化，表现之一就是农民工对城市务工环境的要求会越来越高。这在我们这次开展的武汉市少数民族农民工问题调查中已经显现出来，我们调查的少数民族农民工中对“取消户口限制，实现平等就业”和“改善工作和生活环境”的要求增强，两者共占 36.2%.（4）当前，城市少数民族农民工对政治参与的要求也开始萌芽，在我们这次的调查中有

7.2% 的少数民族农民工明确提出“建立工会等组织，参与城市社会管理和社区活动”的诉求。

城市少数民族农民工政策期望选择的多样化，既说明当前我国农民工群体本身构成的复杂性，同时，也说明我国农民工问题的内涵正在发生深刻变化，农民工群体分化速度将进一步加快。

（二）城市少数民族农民工的未来期望

少数民族农民工在对自己未来的规划上，仍以“返回家乡”为主，但希望在城市定居下来的比例在提高，同时仍处于“迷茫与徘徊”之中的人数也不少。（见表 15）

表 15 少数民族农民工未来打算情况统计表

项　目		人数	比例
对于将来您打算：（可多选）	先打工，积累资金、技术等，然后回到家乡创业	121	37.7%
	希望在城里生活下来	78	24.5%
	打工积累一定资金后，回到老家县城或镇里	69	21.7%
	走一步算一步，过一天算一天	51	16.1%

少数民族农民工对“未来的打算”选择与前面的“现实需求”要求是相互映衬的，表现在：（1）当前，少数民族农民工中选择“希望在城里生活下来”的占 24.5%，说明少数民族农民工城市融入意愿逐渐增强，表现在“对政府期望”上，就是期望政府提供“平等就业”的机会（占 18.8%）与“改善务工环境和劳动条件”（占 17.3%），这是一个总体的进步。（2）少数民族农民工选择返回家乡创业的人数较高，占 37.7%，这说明随着少数民族农民工素质的不断提高，少数民族农民工的自我认同正在增强，追求创业成功的意识渐浓，自我期望值也在不断提升。少数民族农民工返乡创业意愿的提升，对劳动力输出地少数民族地区基层政府的公共服务提出了新的要求。对民族地区而言，返乡农民工是一支重要的人力资源，是民族地区新农村建设的带头者和领头人。民族地区基层政府应大力提供各种农民工创业需要的扶持政策，支持返乡农民工创业发展。但不可忽视的是在少数民族农民工“您工作以外主要从事哪些活动”的选择中，选择“参加培训等学习技能活动”的仅

占 8.2%，两者之间有一定的差距。这种差距的存在，说明城市少数民族农民工在职在岗培训的力度有待进一步加大，在岗培训的针对性有待加强。少数民族农民工培训既有利于劳动者队伍素质的整体提升，更有利于民族地区经济社会的可持续发展，也有益于少数民族农民工自身的进步，是一个“三赢”的举措。（3）少数民族农民工在返乡目的地的选择上，选择“回到老家县城或镇里”的占 21.7%，这对少数民族地区城镇化道路选择是一个有益的借鉴。把农民转变为市民是城市化与城镇化的主要内涵之一，在我国现实状况下，创造条件把农民工转变为市民应该是我国广大农村地区城镇化发展成本最低、最为可行的途径。民族地区应抓住这样的机遇，制定切实可行的城镇化发展战略。（4）在少数民族农民工对未来规划的选择中，有 16.1% 的人选择了“走一步算一步、过一天算一天”。这是一个应引起高度重视的现象，“迷茫与徘徊”会使人丧失“自我”，甚至走向极端。

（三）城市少数民族农民工的婚恋对象选择

婚恋对象的选择也能说明少数民族农民工对未来的规划与打算，甚至因为这样的选项更加具体和直接，也就更能说明少数民族农民工对未来的具体打算与想法。（见表 16）

表 16　少数民族农民工婚恋对象选择意愿统计表

项　目		人数	比例
您若没有结婚，您在婚恋对象的选择上的考虑是：（可多选）	先打几年工，再回老家结婚	70	29.1%
	争取找个城里人，结婚后好留在城里	51	21.5%
	在城里成家，但要找个同乡，这样有共同语言些	32	13.5%
	不知道怎么办	18	7.6%
	没有条件考虑这个问题	67	28.3%

调查结果显示：（1）在婚恋问题上，少数民族农民工中有明确选择的占 64.1%，这包括“先打几年工，再回老家结婚”（29.1%）、“争取找个城里人，结婚后好留在城里”（21.5%）和“在城里成家，但要找个同乡，这样有共同语言些”（13.5%），有 7.6% 的人处于“迷茫”状态。不可忽视的是有 28.3% 的少数民族农民工明确表示“没有条件考虑这个问题”，这说明仍有近三分

之一的少数民族农民工在婚恋问题上处于十分消极的状态，极不利于少数民族农民工的未来发展。（2）在已经做出明确选择的少数民族农民工中，少数民族农民工的婚恋观进一步开放，主要表现在我们的调查中，选择“争取找个城里人，结婚后好留在城里”的占 21.5%，也就是说，有超过五分之一的少数民族农民工在婚恋对象的选择上选择了找“城里人”，并期望通过这样的途径实现“留在城里”的愿望。（3）有 29.1% 的少数民族农民工选择“回老家结婚”，在我们的深度访谈中了解到，少数民族农民工做出这样的选择是一个综合考虑各种因素之后的理性选择。少数民族农民工在城市务工就业，因为户口、收入、住房、子女教育等刚性制约，进城特别是进入大城市的“迁移成本与生活成本”仍然十分高昂，对于绝大部分少数民族农民工来说，这是一个无法逾越的“铁门槛”，所以选择回老家成家立业也就是当下少数民族农民工“精心计算”的“理性选择”，是十分自然的选择。

（四）城市少数民族农民工的子女教育问题

子女教育问题是少数民族农民工十分关心的重要问题，它深刻地影响着少数民族农民工群体对未来选择。我们对此也做了深入调查。（见表 17）

表 17　少数民族农民工子女教育问题调查统计表

项　目		人数	比例
您若已经结婚，您是否想把小孩带在身边，接受城里的文化和教育。	是	71	29.4%
	不是	43	18.1%
	说不清楚	125	52.5%
您若不想把小孩带在身边，主要原因是（可多选）	城里生活太贵，经济难以承担	110	41.8%
	城里上学、上幼儿园费用太高	61	23.2%
	工作性质不允许	44	16.7%
	老家有老人带，条件好一些	49	18.3%

（1）当前城市少数民族农民工在子女教育问题的选择上处于十分迷茫的状态，对“是否想把自己的子女带在身边，接受城里的文化和教育”的选择显得极为矛盾，有超过一半（52.5%）的人选择了“说不清楚”，这里面的原因是复杂的，在当前我国农村劳动力城镇转移选择“农民工体制”的前提下，

少数民族农民工自身在城市生活仍十分艰难，若把子女带进城，既没有“收入”保障，也没有“时间”保障，还面临着“上学贵、上学难”和“群体歧视”等等问题。所以，有18.1%的少数民族农民工明确表示“不想把子女带在身边，接受城里文化和教育”。（2）在不想把子女带在身边接受城里文化与教育的原因调查中，认为是“城市生活、上学费用高”制约的占多数（占65%），其中认为“城里生活太贵，经济难以承担”的占41.8%，认为“城里上学、上幼儿园费用太高”的占23.2%.（3）因为工作性质不允许自己把子女带在身边的占16.7%，这是一个不低的比例，显然，进一步改善农民工的务工环境和工作条件仍然是一个十分艰巨而紧迫的任务。（4）认为“老家有老人带，条件好一些”的占18.3%. 因为农村计划生育工作的扎实、有效落实，农村家庭三子以上现象已经大为改观，加上近年来，党的农村政策的进一步落实，农民的生活水平和经济收入稳步提升，对于新生代农民工来说，农村家庭负重已经大为减轻，同时，农村的父母还可以为自己分担一部分家庭责任。这一现象的出现，从另一个角度说明我国义务教育城乡均衡发展、进一步提高农村义务教育水平，显得越来越重要。

六、城市少数民族农民工经济权益保护的制约因素

经济权益是城市少数民族农民工群体的核心权益，是城市少数民族农民工生存、生活和生产的根本需要，是城市少数民族农民工其他各项权益保障的基础和前提。当前，城市少数民族农民工经济权益保障的主要制约因素有城乡分割的二元体制、不完善的劳动就业制度、滞后的政府管理机制和较低的农民工自身素质。城乡二元体制结构带来的城乡分割矛盾是刚性制约，涉及农民工劳动就业问题的制度建设滞后、政府管理与职能转变不到位，特别是针对少数民族农民工特征的劳动就业制度供给不足是机制性障碍，少数民族农民工人力资本水平较低则是影响少数民族农民工经济权益保护的长期性因素。

（一）城乡分割的二元结构是制约城市少数民族农民工经济权益保护的体制根源

少数民族农民工大多来自偏远闭塞之地，第二产业不发达，第三产业落后，人口城镇转移是必然选择。但我国现存的以城乡二元户籍管理制度为核心内容的城乡二元体制，严重影响着少数民族农民工的平等就业、劳动报酬、

劳动保护等基本经济权益的保护。存在于我国社会的城乡二元户籍制度是目前我国少数民族农民工经济权益缺失的根本性制度因素。正是由于城乡二元户籍制度的存在，造成我国劳动力市场上对少数民族农民工的就业歧视、工资歧视、社会福利歧视以及我国城乡劳动力市场的分割，从而造成我国广大少数民族农民工经济权益的缺失。

建国初期，为了实行重工业优先发展战略尽快建立独立自主的工业体系，降低工业发展成本，国家制定颁布了旨在限制城乡劳动力自由流动的法令——《中华人民共和国户口登记条例》。随后的几十年，我国城乡间劳动力的自由流动几乎为零。直到改革开放初期，由于农村家庭联产承包经营责任制的实行，极大地解放了农村劳动力，农村农业劳动生产率大幅提高，农村富余劳动力日益显现并且不断“溢出”。同时，我国乡镇企业异军突起，城市企业体制改革，产生了对劳动力的大量需求，于是，城乡间开始出现劳动力的自由流动，并且日趋活跃，数量不断增大。加上国家工业化、城市化和现代化发展战略的需要，农村劳动力的城乡间流动主要是农村剩余劳动力的转移日益迫切。目前，全国 4.8 亿农村劳动力中，1.6 亿在当地从事乡镇企业和其他非农产业，3.2 亿为农业劳动力；但据测算，种植业实际需要 1.5 亿劳动力，加上 2000 万专门从事林牧渔业生产的劳动力，农业实际需要劳动力约为 1.7 亿，于是，我国农村实际有 1.5 亿富余劳动力，而且每年还要新增劳动力 600 多万人，农村剩余劳动力转移进入非农产业是历史的必然。迫于社会发展压力及发展战略调整的需要，国家对严重阻碍城乡劳动力自由流动的户口政策于 1980 年后做过几次调整，从发展趋势上看是逐步放开的，但总体调整幅度不大，难以满足社会经济发展的需要。调整力度较大的一次是 2001 年，国务院批转的公安部《关于推进小城镇户籍管理制度改革的意见》，在该《意见》中，规定在县级市市区，县人民政府驻地镇及其建制镇，只要有“合法固定的住所，稳定的职业或生活来源的人员与其共同生活的亲属，均可根据本人意愿办理城镇常住户口”。可见，当时只是限于中小城镇，对于大中城市，户口并没有放开，而这种限制恰恰是问题的关键所在。

目前，我国城乡二元户籍制度造成少数民族农民工经济权益的缺失，主要存在于大中城市和开放比较早的沿海小城镇就业的少数民族农民工之中。表现在如下几个方面：

（1）城乡二元户籍制度造成对少数民族农民工的就业歧视，从而造成少数民族农民工的经济权益缺失。对少数民族农民工的就业歧视，使少数民族农民工在同等条件下，与城镇职工在行业选择、部门选择、岗位选择上往往受到不公正对待，少数民族农民工往往只能在“次属劳动力市场”就业，失去许多本应当也完全有能力具有的获利机会。而且这种不公正对待，并不单纯是一种企业行为，而是一种制度规制的结果，更加根深蒂固。

（2）城乡二元户籍制度造成对少数民族农民工的工资歧视，从而造成少数民族农民工的经济权益缺失。对少数民族农民工的工资歧视，首先是绝对性的低水平，少数民族农民工的工资本身普遍较低，其劳动报酬与其劳动所创造价值远远不能对等。其次是相对性的低水平，少数民族农民工与城镇职工同工、同岗不同酬现象特别严重，损害了少数民族农民工的经济权益。

（3）城乡二元户籍制度造成城乡劳动力市场分割，从而造成少数民族农民工经济权益的缺失。由于城乡二元户籍制度的存在而造成的劳动力市场分割，形成目前我国农村劳动力的城乡流动，主要是靠血缘关系、亲缘关系和地缘关系推动，这种流动模式必然存在雇主与雇员之间的信息不对称、权利不对等现象，少数民族农民工处于弱势地位，劳资博弈中能以保障其经济权益的完整实现。

（二）劳动用工制度不完善是少数民族农民工经济利益缺失的制度缺陷

少数民族农民工劳动报酬低于其劳动所创造的价值现象是极为普遍的，主要表现在：（1）少数民族农民工工资制度的不健全，广大少数民族农民工一方面在城市从事着“苦、脏、粗、重、险”的工作，弥补城市用工空缺，另一方面又只能得到远远低于其劳动所创造价值的劳动报酬，甚至是连最低的生活保障都难以维持。（2）少数民族农民工与城市职工同工、同岗不同酬，不仅损害着少数民族农民工的经济权益，更伤害了少数民族农民工的感情和基本的社会权利。

农民工劳务用工制度不完善，许多少数民族农民工与用人单位之间没有签订正式用工合同，大多是口头协议，一旦遇到劳务纠纷，法律介入困难，少数民族农民工的合法劳动权益被侵害。如少数民族农民工本已少得可怜的工资还常常被拖欠，一些不负责任的企业单位常常采取交纳一定数额的保证金、扣压证件、不全额发放工资等非法手段，侵占少数民族农民工的合法收入，部分少数民族农民工到了年底“回家无钱，留下无望”。一些企业滥用用工“试用期”制度，把少数民族农民工当临时工使用，试用期满，即解除用工合同，剥夺少数民族农民工的正当劳动收入。

（三）劳动培训制度建设滞后弱化了少数民族农民工经济权益保护能力

农民工文化知识水平及劳动技能水平较低是少数民族农民工经济权益实现的制约瓶颈。在我国绝大部分涉及少数民族农民工的劳务纠纷中，少数民族农民工处于弱势谈判地位和谈判能力，主要原因除了国家相关法律制度的不完善外，还由于少数民族农民工较低的文化知识水平、维权意识淡薄和缺乏自组织性，其中较低的文化知识水平是根本原因。农村人口主要由只受过初中和小学教育的群体组成[1]，少数民族农民工文化知识水平及劳动技能水平较低是目前我国社会现实中一个不争的事实，但在面对我国农村劳动力知识技能这种令人忧虑的现状时，政府、企业以及社会在劳动力技能培训方面又存在着严重的短视现象，往往把升学特别是升大学视为农村教育投入的唯一目的，忽视了劳动力的劳动技能培训工作。少数民族农民工在进入城市打工之前，既没有一技之长，也缺少保护自己权益的法律知识，甚至缺少基本的城市生活常识。没有掌握必要的专业技能，不了解城市工业生产的基本规范，不熟悉城市生活的基本情况，盲目来到城市，往往只能从事体力劳动和技术简单的工作，在劳动力市场上处于弱势地位，没有与用人单位讨价还价的资本。正是少数民族农民工的这种文化知识水平和劳动技能水平造成其较低的人力资本存量，弱化了少数民族农民工经济权益的获得能力，强化了他们在劳动力市场上以及其与企业单位等强势集团的“劳资博弈”中的弱势地位。

七、建立城市少数民族农民工经济权益保护的机制

农民工已经成为我国产业工人的重要组成部分，[2] 农民工问题是我国现代化进程中的重要问题。改革开放30多年来，农民工为我国城乡经济建设与社会发展做出了卓越贡献，成为推动我国经济和社会结构变革的巨大力量。少数民族农民工与广大农民工一样，走出田间，走出乡村，克服许多困难和不便，来到城市，进入工厂，用辛勤的汗水和诚实的劳动，创造着社会财富，也期盼着着自己的新生活。因此，保障城市少数民族农民工基本经济权益，

[1] 韩俊：《当前中国“三农”问题与政策走向》[J]，《经济中国之发展问题》，邹东涛主编，北京：中国经济出版社2004年9月出版。

[2] 中共中央国务院2004年1号文件，《关于促进农民增加收入的若干政策的意见》。

是推动我国社会经济可持续发展的需要，是构建社会主义和谐社会的必然要求。深入研究城市少数民族农民工经济权益保护机制建设问题，促进城市少数民族农民工及其承载人口的城镇转移，探讨民族地区经济社会的繁荣与发展新路径，是新时期民族地区科学发展的新要求，城市和谐稳定的新需要。

（一）改革现行以户籍管理制度为核心的城乡二元管理体制，为少数民族农民工经济权益保护创造体制条件

实行按居住地登记的新型户籍管理制度，是我国户籍管理制度改革的最终选择，也是打破城乡二元结构，实行城乡一体、城乡统筹的核心。但是，受限于基本国情的制约，这一改革目标的实现是一个逐渐推进的动态过程，不可能一蹴而就。因为“任何一种体制改革，说到底都必然涉及到利益关系的改变，总会有一些人的利益要受损；没有人利益受损，就不可能有人受益；或者说，现在不受损，将来就不会受益”[1]。改革的过程本身就是一个利益关系的调整过程，就是一个收入再分配的过程。就我国目前的国情而言，户籍管理制度的改革必须走渐进推行的改革之路，只能采取先试点取得改革经验，再整体推进的思路。目前，我国有些大中城市在户籍管理制度上所做的改革就是一个有益的尝试。如郑州市2000年规定，只要在郑州市具有拥有住房（有产权）、有固定职业，或有直系亲属（配偶、子女、父母）条件之一的，即可办理郑州市户口。如此宽松的条件，也仅有17万人将户口迁入郑州市，只占原有人口总量的10%左右。可见，在农村剩余劳动力转移动因日益由生存理性向经济理性转变，农民工“理性经济人”内涵日益成熟的今天，我们的一些人对放开城市户口管制会产生“城市病”的担忧是没有必要的，如近期浙江省义乌市的农民拒绝“农转非”现象。又如广州市2004年3月31日宣布，对常住人口调控管理制度进行改革，以准入户条件取代以往的按计划指标审批入户、调整“农转非”审批政策、调整市内户口迁移政策、放宽恢复户口的条件等。改革的具体措施各具特色，但总体方向是一致的，就是逐步放开传统的城市户口计划指标控制模式，剥离附着在户口上的一些利益设置。

我们认为，城乡分割的户籍管理制度改革的具体目标是“一个原则、两个放和一个保障”：一个基本原则就是要把与户籍制度紧密相连的各种社会福利分割开来，让全体国民均衡享有基本的社会福利保障，而不论他的职业和

[1] 樊纲：《转轨经济的理论分析》[J]，《经济中国之新制度经济学与中国》，邹东涛主编，中国经济出版社2004年1月出版。

身份；两个放就是其一放开中小城市、小城镇特别是县城和中心镇的户籍，其二是放宽大城市户籍申请条件，把“后致性因素”（如相对稳定的职业、一定收入水平和相对固定的住所）作为大城市户籍申办的门槛；一个保障就是保障少数民族农民工在原输出地的基本利益（特别是原农村土地承包经营权）不受到任何侵害，严禁“以土地换保障”之类“杀鸡取卵”式做法。

与公共服务和社会福利紧密相连的户籍管理制度，是少数民族农民工收到不公平待遇和难以融入城市的制度根源。只有破除目前的城乡分割的户籍管理模式，建立起按居住地登记的户籍管理制度，还户口以本来面目，才有可能建立城乡统一的劳动力市场，才能促成我国农村富余劳动力的自由流动和自由迁徙，少数民族农民工经济权益的保障才会有一个根本性的制度依托。

（二）建立城乡一体的劳务用工及工资支付制度，为少数民族农民工经济权益保护提供政策支撑

平等的就业机会、公平的就业环境和可靠的工资保障是少数民族农民工经济权益的核心部分。目前，少数民族农民工的工资水平总体上比较低，增长速度比较慢，与城镇职工的工资差距还在不断拉大，与少数民族农民工的社会贡献不对称。当前，要妥当处理好国家、企业、农民工的利益关系，建立包括农民工最低工资制度、农民工工资集体协商制度、农民工工资预警机制、农民工工资发放机制和监督机制在内的一系列长效机制，真正保障少数民族农民工能像其他产业工人一样按时、足额领取劳动所得，确保这一群体的薪酬权不受任何侵犯，[1] 让少数民族农民工充分享受到改革开放以来我国工业化、城镇化快速发展的丰硕成果。为此，应该做到如下几点：（1）根据城市经济发展水平及物价水平和生活水平的高低，建立既切合实际、又能真正起到保障作用的农民工最低工资保障线，保障少数民族农民工的基本经济权益。（2）建立农民工劳务用工合同检查监督制度和机构，加大监督力度，为少数民族农民工的工资保障提供具有法律效应的合同文件。（3）各地（包括城市和农村）司法、劳动、工会、妇联等机构成立专门的农民工权益保障中心，加大对农民工劳动权益的监察、保护力度，为少数民族农民工提供法律援助，用法律手段保护少数民族农民工的合法权益不受侵害，解决少数民族农民工的劳动强度、劳动安全保障问题和不公平用工合同等劳动纠纷[2]。

[1] 邵文杰：《保障农民工权益呼唤制度化》[J]，《光明日报》2004年7月22日A4版。

[2] 王元璋：《盛喜真 农民工待遇市民化探析》[J]，《人口与经济》2004年第2期。

（4）推动发展保护农民工权益的非政府组织（NGO），提高少数民族农民工经济权益保护的自组织性。非政府组织的最大特点在于从事公益事业的非营利性，在发达国家，热心于社会公益事业的非政府组织十分发达，它们在很大程度上弥补了政府的不足，在改善社会弱势阶层处境、消解来自弱势阶层的不满和维护社会稳定方面发挥着不可替代的特殊作用[1]。

（三）健全城乡统一的社会保障制度，为少数民族农民工经济权益保护建立风险化解机制

少数民族农民工既是我国改革发展的产物，又打上旧体制的烙印。他们远离农村社区，不能享受到来自农村的社会福利，又游离于现代城市社会之外，不能享受到城市社区的社会保障，一旦遇到突发事件，他们的危机处理能力和承受能力是相当脆弱的，甚至会成为社会的不稳定因素。以城乡统一的社会保障体系建设为最终目标的社会保障制度改革，建立包括社会保险、社会救助、社会福利和慈善事业相衔接的现代社会保障体系势在必行。

当前，改革的基本路径取向是：（1）建立城镇农民工失业风险基金和养老保险基金，使少数民族农民工失业有救济，年老有保障。（2）建立城镇农民工最低生活保障金，保证少数民族农民工的基本生存权利。（3）建立城镇农民工医疗保险金，把少数民族农民工的医疗保险纳入社会化管理，让少数民族农民工病有所医。（4）建立农民工住房保障制度，参照目前针对城市低保对象的相关政策，建造一批"安居工程"房、"微利"房和低租金公寓等，让少数民族农民工住有所居。

（四）创新农民工劳动技能培训机制和运行模式，为少数民族农民工经济权益保护提供长久动力

目前，全国各地都有各具特色的农民工技能培训机构，也开展了一些有益的培训工作，但总体针对性不强、成效不大。为缓解我国劳动力转移的巨大压力，需要创新和变革，其基本思路是：（1）改革现行高等教育投资政策，大力发展中、高等职业技术教育。特别是要转变高等职业技术教育模式，把职业教育真正办成劳动技能培训机构，而不是变相的学历教育。（2）改革现行企业用工模式，克服企业用工短视行为，加大企业在劳动力技能培训上的投入力度，建立相应的用工培训制度，保证投资人的利益，形成农民工人力

[1] 张英洪：《新旧体制交织下的农民工》[J]，《上海城市管理学院学报》2004年第一期。

资本投资人与受益人的双赢局面。（3）加大农村基层政府在农村劳动力技能培训工作上的力度，把农村劳动力技能培训工作纳入农村基层政府的社会管理和公共服务职能之中，制定规划，确定目标和考核任务。（4）加大城市教育设施投入力度，制止针对农民工子女的教育歧视行为，保证农民工子女的教育平等权利。

保障少数民族农民工的经济权益，促进我国民族地区农村富余劳动力的顺利、有序转移是我国现代化建设事业的必然要求。一方面，目前我国城市化发展进程已滞后于我国工业化和现代化建设进程，1949 年我国城市化水平已达 10.6%，但 30 年后的 1978 年却还只有 17.9%，而几乎在同期，世界城市化平均水平从 29% 迅速上升到 41.3%，先进工业化国家从 52.5% 上升到 70% 以上，发展中国家也由 16.7% 上升到 30.5%. 城市化进程与工业化进程的不同步，二元经济结构的栓梏，严重制约着我国社会的转型和现代社会的构建，必须加速城市化建设步伐。另一方面，我国目前已经进入工业化中期阶段和全面建设小康社会时期，既是“黄金发展期”，也是“矛盾凸显期”，农民工作为游历于城乡二元结构外的第三元阶层，在我国社会经济发展中具有举足轻重的作用，必须妥善解决好他们的发展问题。所以，深化我国有关农民工的各项社会改革和政策改革，特别是清理与户籍管理制度相连接的各种附带功能，取消城市户口背后的各种利益；清理现行各种针对农民工的就业、工资、教育、社会保障等方面的歧视，保障农民工特别是少数民族农民工的以经济权益为基本内核的各种权益，让少数民族农民工充分享有与城镇职工同等的国民待遇，显得尤为迫切和十分必要。

（姚上海　张　燚　白照坤　李夏涵）

报告二

东部民族地区返乡农民工创业现状调查及扶持政策研究[1]

——以广东省韶关市乳源瑶族自治县为例

农民工是伴随着我国改革开放产生的一个新的社会劳动者群体，是新时期我国产业工人的一个重要组成部分，是先进生产力的代表。当前，在农村劳动力走出传统农村外出打工谋生的同时，一部分外出农村劳动力返回家乡就业创业，出现了农民工返乡创业的新情况、新现象。返乡创业农民工通过在外出打工期间的学习与锻炼，积累了一定的资金，学到了一定的技术技能和市场经营经验，在返回家乡创业发展的过程中，他们的先进思想、资金和技术有效地促进了家乡的经济社会发展，自己也尝到了甜头，有了新的发展。农民工返乡创业对于进一步推进新农村建设，促进农村生产力的发展有着重要意义，尤其是对于经济欠发达的广大民族地区，意义更加深远。

东部地区作为我国改革开放的前沿阵地，对农村劳动力的吸引力最大，也是我国广大农村地区劳动力转移流动的主要目的地。东部民族地区作为改革开放前沿海地区的一部分，在农村劳动力流出就业的同时也出现了返乡创业的新情况，那么，这里的农村劳动力返乡创业意愿的强烈程度如何？当地政府对农村返乡创业农民工又有什么样的支持与扶持政策呢？当地返乡创业农民工在创业工程中又有哪些困难和扶持政策需求呢？带着这样的思考，我们成立了相关课题调查组分队，对此展开深入调查和研究。2011年暑假期间，

[1] 本报告是2011年国家民委民族问题研究项目《民族地区返乡农民工创业研究》（MSY11011）分报告之一。

课题组选择广东省韶关市乳源瑶族自治县，了解我国东部民族地区返乡农民工创业情况，并以该县瑶族聚居地之一的必背镇为调查选择地，深入返乡农民工创业现场，以问卷调查和深度个案访谈等方式开展相关深度调查。课题调查组在必背镇共发放调查问卷50份，收回44份，占88%，其中有效问卷38份，占86%. 做深度个案访谈10例，收集政府相关支持政策文件及典型案例报道材料10份。在这些调查资料和深度访谈的基础上，我们撰写了关于我国东部民族地区返乡农民工创业研究报告。

一、乳源瑶族自治县返乡创业农民工的现状与特点

广东省韶关市乳源瑶族自治县位于南岭山脉南麓，贯穿弧形山系，地势由西北向东南倾斜。西北部、西部峰峦环峙，属高山地带，溶蚀高原地貌显著，是广东省韶关市主要石灰岩地区之一；东北部属丘陵地带，河流两岸地势平缓，是一个典型的山区县。乳源瑶族自治县总人口21.11万，瑶族人口2.37万人，占11.23%， 1963年10月成立乳源瑶族自治县，是一个以瑶族为主要少数民族人口的少数民族自治县。全县辖9个镇：乳城镇、一六镇、桂头镇、洛阳镇、大布镇、大桥镇、必背镇、游溪镇、东坪镇。共有115个村（居）委会，1082个自然村。瑶族主要聚居在必背、游溪、东坪3个镇，县人民政府驻地为乳城镇。

（一）乳源瑶族自治县返乡农民工总体情况及典型特征

乳源瑶族自治县总人口21.11万人，其中农业人口17.07万人，占总人口的80.86%，是一个典型的农业县。2010年乳源瑶族自治县农村劳动力80541人，外出打工49713人，占该县农村劳动力总数的61.7%，也就是说乳源瑶族自治县农村62.7%的劳动力都外出打工了。乳源瑶族自治县2008年、2009年外出打工农民分别为33203人、41455人，显然，乳源瑶族自治县农村外出打工农民在逐年增加，并且增长幅度较大，增长幅度分别为10.5个百分点和9.2个百分点。在外出打工的农民工中，返回家乡的农民工数量却没有太大变化，仅2008年稍有增加，但增加的幅度不是很大，2009年、2010年即回落。（见表1）

表 1 乳源瑶族自治县农村劳动力外出与回乡及返乡创业情况总表

项目		2008 年	2009 年	2010 年
农村劳动力总数		79037	79037	80541
外出农民工	总数	33203	41455	49713
	外出农民工 / 农村劳动力总数	42%	52.5%	61.7%
返乡农民工	总数	3860	3496	3523
	返乡农民工 / 外出农民工	11.6%	8.4%	7.1%
返乡创业农民工	总数	1385	832	856
	返乡创业农民工 / 返乡农民工	35.9%	23.8%	24.3%

乳源瑶族自治县返乡农民工具有如下两个典型特征：

一是民族地区乳源瑶族自治县返乡农民工创业比例较高，明显高于全国一般地区。由表 1 我们欣喜地发现，在乳源瑶族自治县返乡农民工中，创业农民工占有一定的比例，2008 年为 35.9%，2009 年为 23.8%，2010 年为 24.3%.（见表 1）也就是说，在乳源瑶族自治县返乡农民工中，有超过或接近三分之一的农民工实现了创业发展。这从另外一份有关乳源瑶族自治县青年农民工返乡创业情况汇报中，也可以得到证明，乳源瑶族自治县 2008 年农村返乡青年约 1436 人，较 2007 年增长约 21.9%，增幅较大。2008 年返乡青年成功创业人数约 836 人，同比增长 23.9%.[1] 我国农民工返乡创业始于 20 世纪八九十年代，进入新世纪以来，农民工返乡创业步伐明显加快，根据国务院发展研究中心“农民工返乡创业问题研究”课题组于 2007 年对全国 28 个省 101 个劳务输出示范县的抽样调查资料，截至 2006 年，返乡创业农民工占返乡农民工的 8.3%.[2] 东部民族地区乳源瑶族自治县返乡农民工创业比例明显高于全国一般地区的返乡农民工创业比例，高出幅度达十几个百分点。这是一个可喜的新情况，对于广大民族地区，其典型作用将更加突出。

二是在乳源瑶族自治县农民工返乡原因中，金融危机的影响作用不明显。由表 1 可以看出，乳源瑶族自治县 2008 年、2009 年、2010 年返乡农民工数量并没有突出的变化，也就是说，2008 年的国际金融危机对位于我国改革开放前沿的东部地区的农民工就业没有明显的影响，并没有像全国其他农村地区那样，农民工大量集中返乡。相关资料显示，2008 年底，因受当年国际

[1] 《乳源农村青年返乡就业创业情况汇报》，共青团乳源瑶族自治县委员会，ruyuantxw@21cn.com。

[2] 《乳源农村青年返乡就业创业情况汇报》，共青团乳源瑶族自治县委员会，ruyuantxw@21cn.com。

金融危机影响，我国农民工出现大量集中返乡情况，非正常返乡在2000万左右。[1] 对于出现于东部民族地区乳源瑶族自治县的这一特殊情况，我们在深度调查中为此作了专门调研。在对农民工返乡原因的整体调研中，占比最高的是“国家支农惠农政策提高了务农收入”，并不是我们平常调研中“因金融危机影响在收入和就业机会等方面明显减少”这类原因。具体访谈中，我们还发现，这一现象主要是由于近年来，随着东部地区产业转移速度的逐渐加快，东部民族地区乳源瑶族自治县，因地理条件和当地政府政策引导等方面的优势，承接的转移产业不断增多，地方经济相对发展较好，当地农民工在本地就业的机会大大增多，农民不出家门，即可找到与自己“就业偏好”相契合的工作。所以，农民在就业地的选择上有了更大的选择空间，一般情况下，农民工皆可以在“家门口”找到工作，确实外出打工者，他们的工作一般都较稳定，受冲击较小。如在返乡农民工人力资本拥有情况调查中，在返乡农民工中，“拥有2门以上技能者”仅占7.1%，绝大部分返乡农民工仅有1门技能和没有技能。拥有两项以上技能的外出打工农民工大多实现了稳定就业，并且打工收入水平较高，就业相对稳定，基本实现了“举家迁移”，已大体完成进入城市的过程。

（二）乳源瑶族自治县返乡创业农民工的一般性特点

表2 乳源瑶族自治县返乡回流农民工结构（N=3523）

项目	类 别	数量	比例
性别	男	2360	67%
	女	1163	33%
年龄	25岁以下	1191	34%
	25—45岁	1816	52%
	45岁以上	516	14%
学历	文盲、半文盲	317	9%
	小学	817	23%
	初中	1282	36%
	高中（包括中专）	891	25%
	大专及以上	216	7%
累计外出务工时间	2年以下	256	7.3%
	2—5年	1144	32.5%
	5年及以上	2123	60.2%
人力资本构成	没有技能	1742	49.4%
	拥有1门技能	1531	43.5%
	具有2门及以上技能	251	7.1%

[1] 陈锡文.根据测算约2千万失业农民工返乡http//www.sina.com.cn 2009年2月2日。

根据我们对乳源瑶族自治县返乡回流农民工的抽样问卷调查，以及乳源瑶族自治县劳动就业部门的统计资料，我们得到了乳源瑶族自治县 2010 年返乡农民工特征构成情况，如性别结构、年龄结构、学历结构以及人力资本（或劳动技能）结构等。我们由此列出相关情况统计表。（见表 2） 同时，我们又深入乳源瑶族自治县瑶族聚居相对集中的必背镇，开展返乡创业农民工个案调查与深度访谈，进一步掌握了关于乳源瑶族自治县返乡创业农民工的具体情况。在这两项调研工作的基础上，我们分析总结乳源瑶族自治县返乡创业农民工的一般性行为特征，并进而找出带有规律性和具有典型意义的东西。

乳源瑶族自治县返乡创业农民工具有如下几个一般性特点：

一是乳源瑶族自治县返乡创业农民工以第一代男性农民工为主，人力资本拥有量相对较高，属农村“能人”群体。在乳源瑶族自治县 2010 年 3523 名返乡农民工中，男性占比为 67%，女性为 33%，恰好是男性占三分之二，女性占三分之一，性别结构差异明显。返乡农民工年龄大多在 25 至 45 岁之间，占整个返乡农民工的 52%.（见表 2）返乡创业农民工中男性占 71.3%，女性占 28.9%，并且在女性的 28.9% 中，大多是共同创业或夫妻协同创业。返乡创业农民工的年龄也大多在 30-39 岁之间，占 52.6%. 81.5% 的返乡创业农民工具有初高中文化，小学及以下文化者仅占 13.2%.（见表 3） 显然，乳源瑶族自治县返乡创业农民工具有这样的基本特征：正值青壮年、男性、有较高文化程度与人力资本存量、在外打工时间较长（在外打工时间在 5 年以上者占 60.2%）。

表 3　乳源瑶族自治县返乡创业农民工性别、年龄、文化程度情况表（N=38）

项　目		数量	比例
性别	男	27	71.1%
	女	11	28.9%
年龄	19 岁以下	1	2.6%
	20-29 岁	12	31.6%
	30-39 岁	20	52.6%
	40 岁以上	5	13.2%
文化程度	小学及以下	5	13.2%
	初中	21	55.2%
	高中或中专	10	26.3%
	大专及以上	2	5.3%

二是乳源瑶族自治县农民工返乡创业行为是一种理性选择行为，大多是基于自身内在原因所做出的理性选择，受外部因素的影响并不明显，即使有外部因素存在，这种外部因素的影响也是呈正向影响。同时，影响农民工流动就业选择行为的社会性因素的作用逐渐增强。

表 4　乳源瑶族自治县返乡农民工返乡原因调查表（N=3523）

原因类别	人数	比例
打工收入明显比金融危机发生前减少	183	5.2%
打工公司或企业（单位）因订单减少而裁员或停产	256	7.3%
在外生活成本提高、继续在外打工不划算	541	15.4%
打工公司或企业（单位）因经营困难而破产倒闭	211	6%
打工环境明显不适应	85	2.4%
国家支农惠农政策提高了务农收入	1102	31.3%
沿海产业转移带动了在家乡就业	212	6%
地方政府优惠政策引导返乡创业	101	3%
家人分居，不利于家庭和睦	89	2.5%
孩子上学不方便	81	2.3%
当地人歧视农民工	74	2.1%
工资不能足额及时发放	121	3.4%
医疗养老失业保险等政策不配套	172	4.9%
在当地受老板欺负	65	1.8%
其它	230	6.5%

表 5　农民工选择返乡创业的主要原因（可多选）（N=38）

打工环境明显不适应	9	20.5%
国家支农惠农政策提高了务农收入	1	2.3%
沿海产业转移带动了在家乡就业	0	0%
地方政府优惠政策引导回乡创业	2	4.5%
金融危机对在外地就业与收入有影响	2	4.5%
与家人分居两地等生活上的原因	30	60.2%
其他	0	0

劳动力就业结构决定于产业结构，并随着产业的变化而波动，这是一个基本的经济学规律。从一般意义上分析，在我国，促成农民工返乡回流的原因主要有5个：（1）国家近年来不断推出的支农惠农政策，提高了农民种粮的经济效益，增强了农民工返乡种粮的积极性。（2）沿海产业在成本比较原则下不断向中西部转移带动了农民工返乡就业与创业。（3）中西部地区各级政府的创业优惠政策吸引农民工返乡创业。（4）沿海劳动密集型企业受金融危机冲击，劳动力需求大幅下降。（5）农民工自身原因，如文化素质过低、生活不便或思亲心理等。

在我们此次调查中，乳源瑶族自治县外出打工农民工返乡原因既有一般意义上的这五种情况，但影响作用较明显的是如下两个因素：（见表4）其一是"国家支农惠农政策提高了务农收入"（占31.3%），这是一种"结构性因素"，其影响对于农民工返乡行为具有正向推动性。其二是"在外生活成本提高、继续在外打工不划算"（占15.4%），这是一种"主体性因素"，其对于农民工选择返乡创业具有拉动性作用。农民工作为我国市场经济主体，正走向成熟，他们的返乡创业行为正是在结构与主体双重因素的交互作用下，所做出的一种理性选择。同时，在进一步对返乡创业农民工的"选择返乡创业的主要原因"的深度调查中，（见表5）62.2%的农民工选择了"与家人分居两地等生活上的原因"，20.5%的农民工选择了"打工环境明显不适应"这个因素。这两个因素都带有明显的"社会建设"性质。从表4我们还可以看到，受本次金融危机影响而返乡的比例并不高，选择"打工收入明显比金融危机发生前减少"者仅占5.2%，选择"打工公司或企业（单位）因订单减少而裁员或停产"者仅占7.3%，选择"打工公司或企业（单位）因经营困难而破产倒闭"者仅占6%，三者加起来也仅为18.5%．这说明：其一，东部民族地区乳源瑶族自治县农民工就业受本次国际金融危机影响较小，作用不明显。其二，东部民族地区乳源瑶族自治县农民工的流动行为选择逐渐理性，在农民收入有了较好的保障时，影响农民工流动行为的生存性因素的作用在减弱，而生活性因素的影响正在逐步增强。这说明，在经济发展到一定水平时，社会建设必须与经济发展协调同步，在一定时期，社会建设更能引起人们的关心，其水平的高低更能影响一个地区的社会和谐程度。表4中，农民工返乡的原因中社会建设因素："打工环境明显不适应"、"家人分居，不利于家庭和睦"、"孩子上学不方便"、"当地人歧视农民工"、"工资不能足额及时发放"、"医疗养老失业保险等政策不配套"、"在当地受老板欺负"等占比共为

19.4%，大体在五分之一的比例。

另外，由表4的调查情况，我们还可以看出，农民工本人在打工地的生活、生存环境对农民工的就业影响不是太明显。返乡农民工中，因“打工环境明显不适应”、“当地人歧视农民工”、“在当地受老板欺负”等原因而被迫返乡的总数仅为224人，占该县农民工返乡总数的6.4%.农民工返乡行为选择更加理性，也进一步说明，农民工打工环境明显得到改善。

三是乳源瑶族自治县返乡农民工选择创业活动的主动性逐渐增强，农民工对于自己选择返乡创业的自信心明显提高。在“农民工选择返乡创业的主要动机”项的调查中，我们将调查选项设计为四大类：农民工主动性行为选择、被动性行为选择、地方经济社会发展以及政府推动因素和“模糊”项。在我们的调查结果中，选择“经过多年积累，已有了自主创业的条件”这一主动性选择行为的占比最高，为45%，已近一半。（见表6）在“您选择返乡创业的最有力因素”的调查中，所有的有效答卷均做出了明确的选择。（见表7）说明民族地区乳源瑶族自治县农民工选择返乡创业的自信心明显增强。同时，选择与之相近的因素“在外打工收入下降，不如在家创业”，占25%，两者相加共占70%.这说明，东部民族地区乳源瑶族自治县返乡创业农民工中，有近三分之二的人是主动选择返乡创业。选择“在外找工作难度很大，只好在家创业”这一被动性因素的仅为20%.（见表6）

表6 您选择返乡创业的主要动机（可多选） （N=38）

在外打工找工作难度很大，只好在家创业	8	20%
在外打工收入下降，不如在家创业	10	25%
政府对返乡农民工创业出台了优惠政策	3	7.5%
银行（信用社）对返乡农民工创业提供金融支持	0	0
经过多年积累，已经有了自主创业的条件	18	45%
其他	1	2.5%

并且，在“您选择返乡创业的主要动机”与“在外打工经历对您返乡创业提供了哪些有利条件”两项调查中，农民工的选择明确而自信，没有人选择“其他”项，并且所选各个选项占比大体平衡。（见表7 表8）这也进一步说明，东部民族地区乳源瑶族自治县的返乡农民工创业行为的选择总体看，

是经过多方考虑和论证后所做出的一个“成熟”而“理性”的选择。

表7　您选择返乡创业的最有利因素是（可多选）（N=38）

积累了一定的创业资金	21	35%
拥有知识、技术等方面的积累	18	30%
在该行业有多年的工作经验	14	23.3%
对该行业的市场信息掌握清楚	7	11.7%
其他	0	0

表8　在外打工经历对您返乡创业提供了哪些有力条件（可多选）（N=38）

资金支持	市场经验	社会关系	知识能力	其他
22	23	19	22	0
25.6%	26.7%	22.1%	25.6%	0

四是乳源瑶族自治县返乡农民工就业行业一般选择制造业，返乡农民工创业行业大多选择商业与服务业等第三产业。由表9的情况看，乳源瑶族自治县返乡农民工就业选择上，选择传统农业的仅占7.6%，也就是说，乳源瑶族自治县的返乡农民工绝大部分回乡后并没有回到传统农业从事打工外出前以家庭为单位的小规模分散式农业劳动。52.4%的返乡农民工都在“家门口”就地从事“制造业”行业。农民工就业结构决定于经济结构，乳源瑶族自治县充分抓住东部发达地区产业转移的发展大趋势，大力发展以“高新材料、铝箔加工、生物制药、绿色食品加工、生态旅游”为主的五大产业，为农民工就地就近在工业企业就业创造了良好的客观条件。

表9　乳源瑶族自治县返乡农民工就业行业分布情况（N=3523）

	传统农业	工商服务业	制造业	创业	等待
数量	267	341	1845	856	214
比例	7.6%	9.7%	52.4%	24.3%	6%

返乡农民工创业行业一般选择商业与服务业等第三产业，其中选择商业

的有32%，选择服务业的有36.6%. 而选择传统农业的仅为14.1%，选择工业的仅为3.6%，选择建筑业的仅为3.3%.（见表10）

表10 返乡创业农民工创业企业行业分布情况（N=856）

行业	传统农业	工业	建筑业	商业	服务业	其它
数量	121	31	28	274	313	89
比例	14.1%	3.6%	3.3%	32%	36.6%	10.4%

通过深度调查，我们了解到，乳源瑶族自治县返乡农民工的创业行业选择的这一特点决定于如下三个因素：其一是农民工创业企业规模、资金较小，这恰恰符合小商业、服务业的要求；其二乳源今年来工业发展较快，对商业、服务业的需求增强，其三农民工的创业选择也受到打工期间所从事的行业的影响，我们在必背镇深度调查中，了解到农民工返乡前打工行业主要集中在制造业、批发零售业、餐饮住宿业、交通运输业。（见表11）

表11 返乡前务工从事的行业（N=38）

种植业	养殖业	林地承包	采矿业	制造业	建筑业	交通运输业	批发与零售业	住宿与餐饮业	其它服务业
2	4	1	2	8	2	6	7	5	1
5.3%	10.5%	2.6%	5.3%	21.1%	5.3%	15.8%	18.3%	13.2%	2.6%

五是乳源瑶族自治县农民工返乡创业起步较晚，经营形式以个体私营为主，且创办的企业规模一般较小，资金规模不大，雇佣人数不多。乳源瑶族自治县农民工返乡创业起步较晚，在我们深入必背镇的调查中，全部有效的38分问卷中，均为2000年以后返乡创业。（见表12）并且，农民工返乡创业总体上呈逐年增多的趋势，2008年出现过较大幅度的增加。

表12 您是哪一年选择返乡创业的（N=38）

2000	2002	2003	2005	2006	2007	2008	2009	2010	2011
2	2	2	3	4	3	8	5	8	1
5.3%	5.3%	5.3%	7.9%	10.5%	7.9%	21.1%	13.2%	21.1%	2.6%

在我们就乳源瑶族自治县返乡农民工创办企业的经营形式进行调查的过程中，出现了两种差异较大的调查结果，全县总体情况的统计资料中，返乡农民工创业经营形式如表13所示，主要是“承包经营”（占29.3%）、“租赁经营”（占28.4%），明确表示是“个体经营”的仅占10.6%，还有29.9%的人选择了“其他”。而我们在必背镇进行农民工返乡创业现场深度调查时，选择“个体经营”的占大多数，占比为60.5%，选择“私营企业”的占13.2%，选择“股份合作制”的占13.2%.（见表14）其实，在深度个案调查中，我们了解到所谓的“股份合作制”，其实也是“私营”形式，所以，个案调查中，返乡农民工创业主要是以“个体私营”形式进行，共占86.9%.而在乳源县总体调查统计中，选择“承包”和“租赁”的也大多是“个体私营”经营者。

表13 返乡创业农民工创办企业经营形式（N=856）

形式	个体经营	私营企业	股份制	承包	租赁	其它
数量	91	4	11	251	243	256
比例	10.6%	0.5%	1.3%	29.3%	28.4%	29.9%

表14 您所创办的企业的经营形式（个案调查表 N=38）

个体经营	私营企业	股份合作制	承包经营	租赁经营	其他
23	5	5	1	2	2
60.5%	13.2%	13.2%	2.6%	5.3%	5.3%

乳源瑶族自治县返乡农民工创办的企业一般规模都较小，2010年的数据显示，全部返乡创业农民工创办的企业资金规模都在20万元以下，资金规模在2万元以下的占28.9%，近三分之一，资金规模在5万元以下的占66.8%，近三分之二，（见表15）都属于小微型企业。并且，返乡农民工创办的企业的年产值也不高，在我们对必背镇返乡创业农民工的调查中，55.3%的企业年产值都在10万元以内，年产值100万元以上的没有（见表16）。另有34.2%的企业没有明晰的财务制度和财务账目，所以，对于自己的企业年收益情况无法估计，这类企业规模更小，基本是农民工自我雇佣型、生存型。

表 15 返乡创业农民工创业资金规模 （N=856）

规模	资金规模				
	2 万元以下	2-5 万元	5-10 万元	10-20 万元	20 万元以上
数量	247	324	172	113	0
比例	28.9%	37.9%	20 %	13.2%	0

表 16 您一年的创业总收入 （N=38）

10 万元以下	10-50 万元	50-100 万元	100 万元以上	无法估计
21	3	1	0	13
55.3%	7.9%	2.6%	0	34.2%

深度调查显示，返乡农民工创业企业资金规模一般都较小的主要原因，在于乳源瑶族自治县农民工外出打工一般在省内个体私营企业或三资企业，收入较低，带回资金较少。乳源瑶族自治县返乡农民工回乡前的企业类别和地区分布情况主要呈现这样几个特点：（1）返乡农民工回乡前的务工企业主要是个体私营企业，占 70%，三资企业占 30%，没有人在国有企业就业。（2）返乡农民工回流前的务工地域主要是省内东部地区，占 86%，在县内企业就业的占 14%，没有人在省外就业。（见表 17）（3）农民工返乡带回的资金有限，绝大部分在 5 万元以下，占 92.2%，带回资金在 10 万元以上的仅占 2.4%.（见表 18）

表 17 乳源瑶族自治县返乡农民工回流前打工所在企业、地域（N=3523）

项目	行业类别			地域分布		
	国有企业	三资企业	个体私营企业	县内	县外省内	省外
数量	0	1057	2466	494	3029	0
所占比例	0	30%	70%	14%	86%	0

表 18 乳源瑶族自治县返乡农民工带回资金规模（N=3523）

带回资金	2 万元及以下	1560	44.3%
	2—5 万元	1687	47.9%
	5—10 万元	189	5.4%
	10 万元及以上	87	2.4%

乳源瑶族自治县返乡农民工创办的企业规模较小，还表现在企业雇佣的人数较少，总体上看，乳源瑶族自治县返乡农民工创业企业雇佣人数全部没有超过20人，并且雇佣人数在1-10人之间的企业占90.5%.（见表19）必背镇的个案调查结果更加明确地证明了这一点，在有效38分问卷中，73.7%的返乡创业农民工“不需要雇工”。并且全部企业的雇工人数都在20人以内，雇工10人以内的企业占94.7%.（见表20）企业雇佣人数不多，不仅说明返乡农民工创办的企业规模较小，更说明他们的企业仍属于生存型企业，主要是返乡农民工自我雇佣，对于当地农民工的就业带动作用有限。

表19 返乡创业农民工创办企业用工规模（N=856）

规模	用工人数					
	1-10人	11-20人	21-30人	31-50人	51-100人	101人以上
数量	775	81	0	0	0	0
比例	90.5%	9.5%	0	0	0	0

表20 您雇佣了多少工人（个案调查表 N=38）

不需要雇工	1-10人	11-20人	21-30人	31-50人	51-100人	100人以上
28	8	2	0	0	0	0
73.7%	21 %	5.3%	0	0	0	0

六是乳源瑶族自治县返乡农民工创业地点一般选择在县城所在地。但在对瑶族聚居地必背镇的深度个案调查中，返乡农民工创业的地点选择却有较大比例的人选择在自己居住的自然村。（见表21、表22）

表21 返乡创业农民工创办企业地域分布（N=856）

地域	村（自然村）	乡（镇）	县城镇
数量	213	194	449
比例	24.9%	22.7%	52.4%

表 22 您所创办企业的经营地点的选择情况（个案调查表 N=38）

地域	村（自然村）	乡（镇）	县城（中心镇）
数量	16	12	10
比例	42.1%	31.6%	26.3%

表 21 显示，在返乡农民工创业地点的选择中，选择在乳源县城所在镇的占总人数的 52.4%，超过一半。选择在农民工原居住地所在村的仅占 24.9%，选择在农民工居住地所在乡（镇）的仅占 22.7%. 但我们在必背镇的深度个案访谈问卷调查中。（见表 22） 返乡农民工创业地点的选择与上述结果有一些出入，选择在本村创业的占 42.1%，选择在本乡（镇）创业的占 31.6%，选择在县城镇创业的仅占 26.3%.

二、乳源瑶族自治县农民工返乡创业的作用与意义

改革开放以来，我国广大农村劳动力冲破制度与结构的双重约束，走出农村，跳出农门，"洗脚上坎、穿鞋进城"，创造农村劳动力城镇转移就业的新路子，使长期以来潜存于我国农村的劳动力"剩余"得以有效释放。20 世纪 90 年代以后，在农民进城打工的同时，又出现了部分农民工返乡创业的新现象，这既与我国的城乡制度设计密切相关，也与我国经济发展战略的选择密切相关，更是广大农民工在充分获得自主就业权后的一种理性选择。20 多年的实践证明，农民工返乡创业带动了城市资金、技术、市场观念、经营管理经验以及农村能人向农村地区回流，拓展了农民的增收渠道，推动了农村的进步，促进了农业的发展。农民工返乡创业行为一头连着市场，一头连着产地；一头连着现代城市，一头连着传统农村，以特有的方式为我国新时期城镇化建设与社会主义新农村建设提供了一条新的发展思路。

蓬勃发展的民族地区，特别是距离我国改革开放前沿阵地——东南沿海地区最近的民族地区，农民工返乡创业又有哪些作用与意义呢？带着这样的思考，我们来到广东省韶关市乳源瑶族自治县以及该县瑶族聚居地必背镇开展深入调查。通过为期两周的调研，我们了解到，与一般民族地区相比，东部民族地区乳源瑶族自治县农民工返乡创业起步相对较早，发展势头正盛，积极作用明显。主要体现在 5 个方面：（1）改善了自身的生活状况，提高了

自身的收入水平，经济地位和社会地位明显提升。（2）以创业带动就业，促进了当地农村剩余劳动力的就近就地就业，有益于农村“40·50”就业困难群体就业问题的妥善解决。（3）促进了山区经济特色明显的民族地区的农业产业结构的调整。（4）有利于推进民族地区新农村建设步伐。（5）有利于推动民族地区城镇化进程。

（一）农民工返乡创业为民族地区农民增收开辟了一条新途径，为民族地区农村劳动力就地就近就业提供了机会，返乡创业农民工经济地位与社会地位明显提升。

农民工是我国改革开放以后产生的一个独特的社会群体，伴随着这一群体产生、发展过程始终的最大问题，就是这一群体的经济社会地位问题。农民工在城镇打工就业过程中，反映最为强烈的也是经济社会歧视问题，这种歧视集中表现为农民工在为我国城市经济社会发展做出重要贡献的同时，却成为了城市社会中的弱势群体——经济上的“佣人”地位、政治上的“沉默”地位、社会上的“无根”地位、文化上的“边缘”地位。[1] 农民工返乡创业，输出的是劳动力，带回的是生产力，极大地改善了农民工的社会经济地位。其一、农民工返乡创业是一项自主选择行为，充分体现了农民工市场经济主体地位，是社会制度对于农民工的一种承认，民族地区农民工通过返乡创业找回了自信，获得了尊重。“以前外出打工，叫输出去；现在回到家里种田，叫转回来，但本质上有所改变，自己从为老板干活到请人干活，虽是种烟，却为自己和别人创造财富，觉得农村也大有作为”，这是乳源瑶族自治县返乡创业农民工许路城自信的声音。[2] 其二、农民工返乡创业有效地解决了自己以及家人的就业问题，收入水平大大提高。根据2009年国家统计局农村司《2009年农民工监测调查报告》，2009年，我国外出打工农民工月平均收入为1417元，[3] 按此标准推算，农民工在城镇打工1年的总收入为17000元左右。民族地区返乡农民工创业收入明显高于外出打工收入。根据我们在乳源瑶族自治县必背镇进行的38位返乡创业农民工个案调查，创业年总收入在10万元以上占10.5%，在10万元以下的占55.3%，而且，我们深度调查发现，一般来说，返乡创业农民工对于自己的创业收入等较为敏感的话题，都较为保守，估计得较低，同

[1] 姚上海：《中国农民工政策的回顾与思考》，《中南民族大学学报》2009年第3期。

[2] 《粤北乳源瑶乡返乡农民工致富有招》，中国新闻网（www.chinanews.com），2009年5月21日。

[3] 《2009年农民工监测调查报告》，国家统计局农村司，国家统计局网站（2010年3月19日）。

时，对于10万元以下，绝大部分也是在10万元左右。（见表16） 如乳源瑶族自治县种烟大户返乡创业农民工李群国说："今年租地种了100亩黄烟，预计纯收入最少都有10万元"。[1] 其三、农民工返乡创业对于民族地区经济社会发展最为明显的作用，就是开辟了一条民族地区农村剩余劳动力就业的新渠道。农民工外出打工不仅收入不高，还造成家庭分离，远离亲人，疏于亲情，农村大量出现"空壳家庭"、"空巢老人"、"留守妇女"、"留守儿童"等所谓的"386199"现象，对我国农村发展带来深刻影响。返乡农民工创业创办的企业为农村剩余劳动力就近就地就业提供了机会，创造了条件。特别对于农村"40·50"人群，更是提供了一条有效的就业新路子。其四、通过返乡农民工创业提供的就近就业机会，使得一部分民族地区农民工可以在自家门口就业，这样，他们不仅可以就近上班，获得打工收入，还可以利用打工间隙，耕种、经营自家承包土地，获得农业经营收入，为民族地区农民工创造更加丰富多样的增收途径。

（二）民族地区农民工返乡创业带动了资金、技术、经验以及市场观念等要素资源流向欠发达的民族地区，为民族地区带来了充满生机的发展"基因"，促进了民族地区的经济社会发展。

"流动是发展的动力，而不是欠发展的征兆。"[2] 在我国绝大部分地区，农业仍然是弱势产业，比较效益相对较低，所以，一般来说，农村剩余劳动力向城镇转移就业是一种由农村向城镇、农业向非农产业的上向流动，是社会进步的一种表现。但是，在农村剩余劳动力城镇转移就业的流动过程中，也表现出农村优质资源的流失和乡村经济要素的低效利用。如农村人才资源的流失，农民工打工资金回流农村后的使用低效，农业投入严重不足，农业经营粗放，农村"空壳化"现象严重等，农民工返乡回流创业发展恰恰有效地弥补了这一转移流动带给广大农村的缺失。在民族地区乳源瑶族自治县，返乡创业农民工带着在外打工挣到的"第一桶金"和打工就业过程中学到的知识技术、管理经验和市场观念以及城市生活方式等，回到家乡创办企业，无论是对于当地的经济发展、产业转型、新农村建设、城镇化推进，还是对于当地农村思想观念的转变、生活方式的改进等，都具有明显的启迪和示范作用，农民工已经成为民族地区乳源县经济社会发展进步最可宝贵的"人矿"资源。在对乳源瑶族自治县返乡农民工创业资金来源情况的调查中，有

[1] 《粤北乳源瑶乡返乡农民工致富有招》，中国新闻网（www.chinanews.com），2009年5月21日。

[2] 《中国流动人口发展报告2011:"80后"渐成流动大军主角》，《人民日报》2011年10月10日第九版。

41%的返乡创业农民工创业启动资金依靠的都是自己打工带回的“自有资金”，（见表25）带回资金规模在2万元以上的有55.7%.（见表18）我国民族地区一般属于欠发达地区，受交通条件、自然地理环境、气候等因素的制约，“招商引资”一直非常艰难，工商服务业等二、三产业发展进程缓慢，其中最主要的因素还是缺乏推动地区经济社会发展的、充满生机与活力的“新鲜血液”，这种“新鲜血液”就是民族地区发展最为缺乏的资金、技术、人才、观念等。在民族地区乳源瑶族自治县的调查证明，农民工返乡创业为破解这一局面带来了契机。如乳源瑶族青年盘古，高中毕业后外出打工，从一个建筑工地干着粗重的力气活，到发现“电焊工的工资是他的好几倍，第一次感受到技术的含金量”，打工的亲身感受与强烈的现实感受，促使其思想发生重大转变，再到立志回家创业，思想发生质的飞跃，最后在家乡成功创业，发展成为一个固定资产达20万元、雇佣8名下岗人员的乡镇企业。

（三）民族地区返乡农民工创业促进民族地区农业发展方式转变，使民族地区丰富的农业资源得到有效利用，加快了民族地区农业现代化步伐。

农业是农民最熟悉的产业，因为民族地区的农业发展水平较低，也是对从业劳动者技能要求较低的行业，加上民族地区农村地域偏僻，土地资源价格较低，还是创业进入门槛较低的产业。所以，民族地区返乡农民工创业时，选择农业产业者占比较大，东部民族地区乳源瑶族自治县返乡农民工创业行业选择中，也呈现出这一特点，但不是很明显，占比为14.1%，（见表10）相反选择商业与服务业的占68.6%.而我们在乳源瑶族聚居地之一的必背镇的深度调查中显示，必背镇的返乡农民工创业行业选择中选择传统农业的占42.8%.显然，在农民工返乡创业行业选择行为中，同属民族地区的一般地区与少数民族聚居地也是有较大的差别的。

民族地区返乡农民工创业时选择农业产业对于民族地区农业特色资源开发利用、农业发展方式转变与农业现代化转型促进作用巨大，主要体现在如下几个方面：其一、民族地区农民工返乡创业选择传统农业时，一般都是紧紧依托当地的农业资源优势，开发种植特色农业产品，推动民族地区特色农业发展。如乳源烟叶种植产业是适合于当地土质、气候等条件的特色农业产业，返乡创业农民工成为该县烟叶种植主力。该县2009年全县种烟一万亩，大部分是农民工大户所种，农民工成为烟叶生产的主流，成为瑶乡的“金凤凰”。[1] 其二、农民工返乡创业的一个重要形式是选择与商品农业的发展相结合，他们创办的传统农业生产经营企业，一般都是规模经营，他们通过转租、转包、交换、入股等方式，对农村土地、林地、水塘等农业生产资源进行适度集中，按照产业化生产的规律进行生产开发，这对我国民族地区传统农业是一种根本性改造。这种农业发展方式的转变，破解了长期以来困扰我国农业包括民族地区农业的“土地细碎化”与经营效益、“小户经营”与大市场的矛盾和难题。其三、民族地区农民工返乡创业还有较大的一部分人是选择农村农产品的加工、流通、服务等，他们通过创办这些农业生加工企业，发展农产品生加工，拉长民族地区农业产业链条，提高了民族地区农业资源的利用效益，推进农业深度开发，为民族地区现代农业发展奠定了基础，提供了“雏形”。

（四）农民工返乡创业为民族地区提供了一批较高素质的经营能手、技术骨干和管理精英，成为民族地区社会发展与经济建设的实用人才，有利于推进民族地区社会主义新农村建设步伐。

农民工通过外出就业在城镇二、三产业打工，经受了现代工商服务业、城市生活、市场运行等先进“场域”的锻炼，素质得到大大提高，视野更加开阔，思想更加开放，创业发展与致富意愿更加强烈。打工这个“大学堂”，不仅造就了一批新型产业工人和一线技术管理人员，也培养了一大批新型的现代农民。民族地区乳源瑶族自治县农民工在外出打工从业过程中经受了锻炼，学习了技术，提升了才干，为返乡创业发展提供了有效的基础和必要的准备，（见表7、表8）成为乳源乡村发展与建设的骨干力量。其一，返乡创业农民工通过开办企业对当地的经济发展提供了直接的推动作用。其二，返乡创业农民工自身的创业实践对当地社会发展起到了示范效应。其三，返乡创业农民工中的部分人还成为了当地乡村领导干部和技术专业人才，为解决我国新农村建设中基层人才缺乏问题提供了有效途径。可见，农民工返乡创业对于民族地区社会主义新农村建设的深化与推进具有重要的战略意义。

[1] 冯昶、李凌、赖南坡、蔡明清：《粤北乳源瑶乡返乡农民工致富有招》，中国新闻网2009年05月21日。

（五）农民工返乡创业带动人口、资金、劳动力等经济要素向城镇聚集，有利于推动民族地区的城镇化进程。

改革开放后我国农村劳动力城镇转移就业的实践证明，农民工已经成为我国城镇化的主体。国家发改委城市和小城镇改革发展中心主任李铁表示，中国城镇化发展过程中“进城农民工是主体”。数据表明，在北京、上海、浙江、天津等地，农村人口净流出对城镇化的贡献率均在30%以上。[1] 在进城农民工成为我国城镇化发展主体的同时，农民工返乡创业则成为推动我国中西部地区城镇化发展的一种有效机制。返乡创业农民工一般都把自己的企业创办在镇上或离家较近的村庄，（见表21、表22），为我国农村传统集镇发展成为小城镇或传统村庄提升为小城镇提供产业支撑。产生聚集效应，推动人口、劳动力、资本等生产要素向小城镇集中，扩大小城镇经济规模。同时，进一步推动小城镇基础设施建设、公共服务设施建设以及配套产业建设，提供更多的就业机会，吸引更多的人口与劳动力以及资本等经济要素的聚集，使小城镇发展成为良性循环。

三、乳源瑶族自治县农民工返乡创业面临的主要困难

农民工返乡创业标志着我国农村劳动力城乡流动进入一个由单向输出到双向流动的新阶段，为我国有效解决城乡差异、缩小区域差距提供了一个新的途径，为城乡统筹发展战略的深入实施提供了一个新的思路，为促进“城市支持农村、工业反哺农业”提供了一个新的渠道，为进一步提高国家强农惠农政策效益提供了一个新的载体。民族地区农民工返乡创业还是一个新生事物，面临着许多困难，存在不少问题，需要政府社会大力扶持。返乡农民工创业过程中遇到的困难既有政府政策层面的，也有企业融资、企业用地、信息服务、企业招工等层面的，还有农民工自身素质层面的，课题组根据已有的农民工返乡创业研究文献资料和国内同行的相关研究思路，把农民工返乡创业可能遇到的困难分为“企业审批或立项手续繁多、辗转多部门”、“政府部门收费”、“企业负担重”等11个主要指标，并根据乳源瑶族自治县劳动就业部门的相关调查统计资料进行分类整理，得到“乳源瑶族自治县返乡农民工创业面临的最大

[1] 《中国流动人口发展报告2011:“80后”渐成流动大军主角》，《人民日报》2011年10月10日第九版。

困难”统计情况。（见表 23）

表 23　返乡创业农民工创业面临的最大困难（N=856）

项目	数量	比例
企业审批或立项手续繁多、辗转多部门	62	7.2%
政府部门收费	67	7.8%
企业负担重	61	7.1%
吃大户的太多	75	8.8%
经营环境差	87	10.2%
信息不畅	75	8.8%
交通不便	71	8.3%
市场规模太小	81	9.5%
资金筹集困难	155	18.1%
缺乏配套产业	66	7.7%
人才不足	56	6.5%

乳源瑶族自治县返乡农民工创业过程中面临的最大困难是：除“资金筹措困难”占比为 18.1%，稍微较高外，其他各种困难占比大体相同，都不是很突出。但我们再进一步分析这些困难，属于政府公共服务不到位造成的企业创业软环境方面的困难占比最高，问题最为突出：“企业审批或立项手续繁多，辗转多部门”，占比 7.2%；因“政府部门收费”等原因造成经营困难的占比为 7.8%；明确表示“企业负担重”这一困难的占比为 7.1%；明确表示“吃大户的太多”的占比为 8.8%；明确表示“经营环境差”的占比为 10.2%；这五项都属于政府公共服务欠缺，共占比 41.1%. 可见，虽政府多次强调要扶持和大力支持返乡农民工创业发展，也做了大量工作，但工作的改进余地仍很大。属于因民族地区客观自然条件所限带来返乡农民工创业困难的如“信息不畅”占比 8.8%，“交通不便”占比 8.3%，“市场规模太小”占比 9.5%，三者共占比 26.6%. 属于民族地区经济社会水平不高带给返乡农民工创业困难的如“缺乏配套产业”占比 7.7%，“人才不足”占比 6.5%，两者共占比 14.2%. 总体来说，民族地区经济发展环境仍然欠缺，政府服务有待大力改进。

同时，我们又将农民工返乡创业面临的困难作为我们深度访谈的重点，在乳源瑶族聚居地必背镇进行调查，（见表 24） 在接受调查并做出有效答卷的 38 位返乡创业农民工中，有 42.3% 的返乡创业农民工存在“资金困难”，其次是存在“技术困难”（19.7%）和“行政审批困难”（14.1%），同时也存在“用地难”（9.9%）和“招工难”（8.5%）。

表 24　您创业中的主要困难（可多选）　　（N=38）

资金困难	技术困难	招工难	用地难	行政审批难	其他
30	14	6	7	10	4
42.3%	19.7%	8.5%	9.9%	14.1%	5.5%

（一）资金筹措困难

资金制约既是一般中小企业、民营企业、个体私营企业发展中的共有难题，也是农民工返乡创业中遇到的最大困难，民族地区农民工返乡创业地点一般选择在农村乡镇，同样面临资金困难，甚至更加突出，在我们的调查中这一点也得到了印证。调查中，返乡农民工明确表示创业资金困难的比例非常高，在全县总体情况调查中，明确表示有“资金困难”的返乡创业农民工占比最高为 18.2%．（见表 23）在必背镇开展的个案情况深度访谈调查中，明确表示“资金筹措困难”的占比更高，达 42.3%．（见表 24）

返乡农民工创业发展资金困难主要表现在如下三个方面：

一是返乡农民工创业资金主要来自于自有资金，资金来源渠道单一。农民工返乡创业资金来源渠道一般有依靠自有资金、向正规金融机构贷款、亲戚朋友间借用、民间互助这样 4 种情况。对此，我们既深入民族地区乳源瑶族自治县农村劳动力转移流动管理部门收集了全县的总体情况，（见表 25）也深入农民工返乡创业现场开展个案问卷调查 .。（见表 26）从调查中可以看出，返乡农民工创业资金来源渠道单一，主要依靠“自有资金”。在表 25 的总体情况调查结果中，农民工返乡创业依靠“自有资金”者占 41%，向商业银行、农村信用社等正规金融机构贷款的占 32.1%，向亲戚朋友等私人借用的占 21.6%，民间互助的占比为零。在表 26 的个案问卷调查结果中，农民工返乡创业依靠“自有资金”者占比更高达 47.8%，向商业银行、农村信用社等正规金融机构贷款的仅占 13.1%，向亲戚朋友等私人借用的占 39.1%，来自于民间融资渠道的占比为零。

表 25 返乡创业农民工创业资金来源情况（N=856）

项目	数量	比例
自有资金	351	41%
商业银行贷款	84	9.8%
信用社贷款	191	22.3%
亲戚朋友、私人借用	185	21.6%
民间互助会	0	0
其它	45	5.3%

表 26 您创业启动资金来源渠道（可多选） （N=38）

自己或家庭积蓄	向亲朋好友筹款	向银行筹款	民间融资渠道	其他
22	18	6	0	0
47.8%	39.1%	13.1%	0	0

二是返乡农民工创业资金规模较小。创办企业一般属于微型企业，以个体私营小门店经营为主，少部分为民营企业。采用股份合作制形式的较少，并且多为农业经营企业。农民工返乡创业资金规模较小，81.2% 的创业企业启动资金规模在 10 万元以下，在 51 万以上的没有，（见表 27） 创业启动资金规模在 3-5 万元的占比最高达 50%. 这进一步说明，返乡创业农民工创办的企业一般都是采用小门店经营的微型企业，私营企业、个体工商户为主，属“谋生型”的创业。

表 27 您返乡创业启动资金规模 （N=38）

2 万元以下	3-5 万元	6-10 万元	11-20 万元	21-50 万元	51-100 万元	101 万元以上	未回答
6	19	6	4	1	0	0	2
15.6%	50%	15.6%	10.5%	2.6%	0	0	5.3%

三是持续发展支持能力不足。受民族地区农村融资能力不足与筹资渠道单一的制约，绝大部分返乡创业农民工的创业资金是自己打工期间的积蓄，并且，仅有的积蓄一般都集中用于创业前期的租地建厂和设备投资等事宜

上，开业后缺少流动资金现象普遍，加上民族地区金融信贷滞后，资金外流等，资金支持能力严重不足，影响民族地区返乡农民工创业的持续发展。

（二）政府公共服务乏力

从表 23“返乡创业农民工创业面临的最大困难”的调查中，如果我们对调查结果进一步分类深入分析，在农民工返乡创业面临的 11 项困难中，“企业审批或立项手续繁多、辗转多部门”、“政府部门收费”、“企业负担重”三项共占比 22.1%．“吃大户的太多”、“经营环境差”两项共占比 19%．这五种因为政府公共服务缺乏而导致的“人为”困难共占比 41.1%，可见，当前民族地区返乡农民工创业环境进一步改进的空间巨大，需要政府有更大、更好的作为。“办事难”仍然是当前民族地区广大返乡农民工创业发展中面临的主要困难。

在我们深入必背镇进行的“您创业过程中，政府提供了哪些政策支持”的个案问卷调查中，（见表 28）明确表示“没有支持”的有 19 人次，占比最高达 50%，这也即是说，在接受我们现场调查的 38 位返乡创业农民工中，有一半的农民工“没有得到当地政府的任何创业帮助”。这一情况出乎我们预料，也出乎当地政府部门同志的预料，调查中，我们发现当地政府对于农民工返乡创业态度很积极，工作也很投入，特别是 2008 年国际金融危机爆发后，出台了一系列具体帮扶返乡农民工创业的政策，为什么农民工没有感受到，且“不领情”呢？

表 28　您创业过程中，政府提供了哪些政策支持　（N=38）

加大创业指导力度，提供创业信息	5	13.2%
开展创业技能培训	3	7.9%
降低农民工创业门槛	1	2.6%
在用地、收费、税收等方面给予优惠政策	1	2.6%
在工商注册、审批等开辟了绿色通道	2	5.3%
财政贴息的支持	3	7.9%
没有支持	19	50%
未回答	4	10.5%

结合我们的现场访谈，对调查表进一步深入分析发现，问题主要出在政府对返乡农民工创业的帮扶政策针对性不强，为农民工提供具体的、实实在在的、能立竿见影见效的帮扶政策较少，所以农民工感受不深。在接受调查的 38 人中，明确表示当地政府“加大创业指导力度，提供了创业信息”帮助的仅 5 人；明确表示接受了当地政府“开展的创业技能培训”的仅 3 人；明确感受到当地政府“降低了农民工创业门槛”的仅 1 人；明确接受过政府“在用地、收费、税收等方面给予优惠政策”的仅 1 人；明确表示创业过程中感受到“在工商注册、审批等开辟了绿色通道”的仅 2 人；明确表示获得过政府“财政贴息的支持”的仅 3 人；占比都非常低。进一步的“您目前还需要政府提供哪些方面的政策支持”调查中，返乡创业农民工对各项扶持政策的需求占比分布非常均匀。（见表 29）我们在调查问卷中共明确列出了 5 个选项，调查结果中各项的占比均在 20% 左右，占比最高的是“在收费、税收方面给予优惠”（占 23.4%），其次是“提供能帮助企业经营发展的服务和信息（如产品销路等方面的信息）”（占 22.1%）和“对企业员工免费培训”（占 22.1%）。显然，农民工的需求具有很强的现实性，这对于民族地区地方政府如何进一步大力扶持返乡农民工创业具有重要的借鉴意义。一般来说，返乡农民工创办的企业多紧紧依靠当地的资源、能源优势与特色，集中在劳动力密集型产业，规模较小，技术要求不高，见效较快，所以，他们的政府需求也就以“短、平、快”式政策为主。

表 29　您目前还需要政府提供哪些方面的政策支持（可多选）（N=38）

对企业员工免费培训	17	22.1%
在经营用地上给予支持	12	15.6%
在收费、税收方面给予优惠	18	23.4%
提供能帮助企业经营发展的服务和信息（如产品销路等方面的信息）	17	22.1%
贴息支持	13	16.8%
其他	0	0

同时，我们在乳源瑶族自治县必背镇针对返乡创业农民工创办企业的用地情况调查中发现，（见表 30）返乡创业农民工创办的企业选址在“村镇工业园、开发区”内的很少，仅占 7.9%，租用村庄集体荒地的占 26.3%，企业

选址自家庭院或房屋内创业的占10.5%，租用或购买小城镇土地的占21.1%，这一调查结果对我国农村小城镇建设思路和农村土地改革战略的选择无疑都有重要的参考价值。

表30 您所创办企业的用地情况 （N=38）

家庭庭院或房屋	租用村庄集体荒地	租用或购买小城镇土地	村镇工业园开发区土地	承包地	其他
4	10	8	3	0	13
10.5%	26.3%	21.1%	7.9%	0	34.2%

（三）正规金融机构支持力度不够，民间筹资渠道单一

资金筹措困难是返乡农民工创业发展中最大的困难，是返乡农民工创业企业持续发展的主要瓶颈之一，但调查结果表明，近8成（73.8%）难以得到正规金融组织的贷款扶持。（见表31）

表31 您创业获得的银行贷款种类 （N=38）

小额农贷	小额信用贷款	担保贷款	抵押贷款	质押贷款	其他	无	未回答
1	3	4	1	1	6	14	8
2.6%	7.9%	10.5%	2.6%	2.6%	15.8%	36.8%	21.2%

在表31中，返乡创业农民工创业发展过程中，明确表示得到过金融机构贷款帮助的仅占全部调查对象的19.7%，不到五分之一。这些银行支持中，包括“小额农贷”（1人，2.6%）、“小额信用贷款”（3人，7.9%）、“担保贷款”（4人，10.5%）、“抵押贷款”（1人，2.6%）、“质押贷款”（1人，2.6%），各项获益人数都非常低，说明在民族地区农村金融产品已远远不能满足农村经济的发展需要。同时，在我们的调查中，明确表示没有获得过银行贷款的有14人，占36.8%，回答“其他”（6人，15.8%）与“未回答”（8人，21.2%）也属于没有得到过银行贷款，只是在接受我们调查时选择了“回避策略”。这从我们对返乡创业农民工对银行贷款的满意度的调查中能进一步感受到。（见

表 32）在“您获得的贷款等资金能否满足您创业发展需要”的调查中，明确表示银行贷款能满足自己资金需求的仅占 5.3%，这这一比例相当低。94.7% 多的被调查返乡创业农民工表示“不能满足”或选择“未回答”方式回避。显然，返乡创业农民工不能从正规金融机构获得满意的金融支持。

表 32　您获得的贷款等资金能否满足您创业发展需要 （N=38）

能满足	不能满足	未回答
2	16	20
5.3%	42.1%	52.6%

金融机构对返乡创业农民工创业支持不足，主要表现在：

一是银行组织金融服务意识淡薄，对于返乡农民工的创业发展支持严重不够。从表 33 我们对民族地区乳源瑶族自治县必背镇返乡创业农民工的调查中发现，返乡创业农民工在创业过程中，银行提供的各种服务中，“贷款利率优惠”获益人数最多，占 26.3%；其次是“针对农民工创业的小额贷款”，占 18.4%，这一情况主要是在必背镇返乡创业农民工大多开展农业特色产品开发，依托于国家对农业产业化发展的扶持政策；其他如“简化贷款审批手续”、“提供了汇兑、票据等支付手段的便宜”、“金融咨询和信息服务”获益人数都非常少，占比很低，特别是在我们的调查中有 36.8% 的人选择了“没有支持”，说明当地金融组织服务于返乡农民工创业的意识不够、主动性不强。（见表 33）

表 33　您创业过程中，银行提供了哪些金融支持 （N=38）

项目	人数	比例
针对农民工创业的小额贷款	7	18.4%
贷款利率的优惠	10	26.3%
简化贷款审批手续	2	5.3%
提供了汇兑、票据等支付手段的便利	2	5.3%
金融咨询和信息服务	1	2.6%
没有支持	14	36.8%
未回答	2	5.3%

二是银行组织金融服务产品没有体现返乡农民工的创业需求特点，针对性不强。我们在必背镇开展的“您认为不能获得贷款的原因”调查中，我们根据在必背镇的个案调查情况，把返乡创业农民工没有获得银行贷款的原因总结

为"没有合适的创业项目"等7项，调查结果反映出当地金融机构的金融产品严重滞后于返乡农民工的创业需求，农民工创业发展过程中不能获得贷款的主要原因在银行，如"审批手续过于繁琐"（占20.8%）、"贷款条件过于严格"（占18.8%）、"银行不重视对农民工创业的资金支持"（占18.8%）、"银行贷款利率太高，难以承受"（占15.8%）、"适合农民工创业的金融产品太少"（占12.9%），总占比高达87.1%. 返乡创业农民工认为没有获得银行贷款的原因出自于农民工自身的仅占10.9%，其中认为"没有合适创业项目"的占6.9%，认为"对金融服务和产品知之甚少，不懂如何获得金融支持"的占4%.（见表34）

表34 您认为不能获得贷款的原因（可多选） （N=101）

没有合适创业项目	7	6.9%
对金融服务和产品知之甚少，不懂如何获得金融支持	4	4%
贷款条件过于严格	19	18.8%
审批手续过于繁琐	21	20.8%
银行不重视对农民工创业的资金支持	19	18.8%
适合农民工创业的金融产品太少	13	12.9%
银行贷款利率太高，难以承受	16	15.8%
其他	2	2%

三是返乡农民工创办企业后续发展资金严重缺乏，银行组织对农民工返乡创业持续支持不够。农民工返乡创业一般都是倾其所有，创业发展进程中严重缺乏后续支持资金，同时，农民工创办的企业规模都较小，大多属于"生存型"创业，资金的自我循环能力欠缺，再次，返乡农民工创业地点一般选择农民工家乡农村乡镇或县城中心镇，地区内资金规模本身严重不足，民间资金支持能力有限，这些因素促使农民工创业对银行等正规金融组织的支持依赖性很强，而我国银行在商业化过程，缺乏相应的政策创新，对农民工返乡创业持续支持不够。

（四）民族地区经济社会条件带来的发展约束

我国民族地区大多属于边远山区，环境气候等自然条件艰苦，交通通信不发达，对民族地区经济发展的约束明显，这一点在东部民族地区的乳源瑶族自治县表现也很突出，对农民工返乡创业的制约性也存在，在表23"返乡创业农民工创业面临的最大困难"调查中，有8.8%的人表示"信息不畅"是最大困难，有8.3%的人表示“交通不便”是最大困难，有9.5%的表示“市场规模太小”是最大困难，有7.7%的人表示“缺乏配套产业”是最大困难，有6.5%的人表示“人才不足”是最大困难，这些制约因素加起来共有40.8%人次在“发展困难”调查选择中选择了与民族地区经济发展自然条件有关的回答。

四、乳源瑶族自治县返乡农民工创业支持政策需求

对农民工返乡创业的支持政策主要有“产业政策”、“财政政策”、“信贷政策”、“公共服务政策”这四个方面。我们就此在乳源瑶族自治县开展调查，得到如下调查结果。（见表35）

表35 返乡创业农民工政策需求情况（N=856）

项目	产业政策	财政政策	信贷政策	公共服务政策
数量	216	116	412	112
比例	25.2%	13.6%	48.1%	13.1%

我们调查中，明确表示需要“信贷政策”扶持的比例最高达48.1%，也就是说，在乳源瑶族自治县返乡创业农民工的政策需求情况调查中，有近一半的人表示需要提供信贷扶持政策；其次是明确表示需要“产业政策”扶持的，比例为25.2%，明确表示需要“财政扶持政策”和“公共服务政策扶持”的比例都较小，分别为13.6%与13.1%。

金融机构提供融资服务是返乡创业农民工最大的需求，在这些金融服务中，返乡创业农民工最需要的具体服务是什么呢？（见表36）

表36 您目前还需要银行提供哪些方面的金融支持（可多选）（N=55）

用于购买原材料的短期	7	12.7%
用于厂房、设备等扩大再生产的中长期贷款支持	1	1.8%
贷款利率优惠	26	47.3%
简化贷款审批手续	14	25.5%
汇兑服务	1	1.8%
签发银行汇票和票据贴现服务	1	1.8%
金融咨询、理财和信息服务	4	7.3%
保险服务	0	0
其他	1	1.8%

由表36中的调查结果发现，返乡创业农民工创业过程中对银行提供的金融支持主要是“贷款利率优惠”（占47.3%）和“简化贷款审批手续”（占25.5%），两者共计72.8%.

同时，我们在乳源瑶族自治县必背镇开展返乡农民工创业个案调查时，我们又对返乡创业农民工的心情进行了深入调查。（见表37）

表37 您目前的心情（可多选） （N=43）

平静	失望	焦虑	痛苦	愤怒	其他
20	6	11	3	2	1
46.5%	14%	25.6%	7%	4.7%	2.2%

表中，我们设计了“平静”、“失望”、“焦虑”、“痛苦”、“愤怒”、“其他”共6种情形供调查对象选择，其中选择“平静”的比例最高，达46.5%，表明当前乳源瑶族自治县返乡创业农民工能认同自己的创业选择，能平静地对待创业中面临的困难与挫折。其次选择“焦虑”、“失望”、“痛苦”、“愤怒”等负面心情的有51.3%，选择绝对负向心态“痛苦”与“愤怒”的比例为11.7%. 做出这样的绝对性负向选择，表明创业者创业行为选择极度“失败”，这至少表明，民族地区对农民工返乡创业行为还需要大力扶持，包括精神鼓励。

五、乳源瑶族自治县返乡农民工创业扶持政策措施

2008年国际金融危机后，广东省为了有效应对本次国际金融危机的影响，“化危为机”，推动东部沿海地区产业的现代转型，提出并实施了劳动力与产业“双转移”[1]战略。乳源瑶族自治县属粤北山区，地处东中部结合地带，在这一战略中首先受益。在这一“双转移”战略的实施中，扶持与支持返乡农民工创业发展是一个有效载体，所以，该县制定和出台了多份与此相关的政策支持文件，建立了返乡农民工创业的扶持政策体系。

[1] “双转移”是广东提出的“产业转移”和“劳动力转移”两大战略的统称，具体是指珠三角劳动密集型产业向东西两翼、粤北山区转移；而东西两翼、粤北山区的劳动力，一方面向当地二、三产业转移，另一方面其中的一些较高素质劳动力，向发达的珠三角地区转移。

（一）建立支持返乡农民工创业的组织领导体系，广泛宣传，深入动员，大力营造扶持返乡农民工创业的发展氛围

农民工返乡创业在民族地区经济发展进程中具有重要作用，起步较晚、困难较多，迫切需要政府的大力扶持。广东省乳源瑶族自治县根据当地经济社会发展状况与农民工返乡创业的需求，成立了由该县主管就业工作县领导牵头、劳动就业部门具体组织的县就业创业工作组织领导体系，在全县广泛开展农民工返乡创业宣传，大力营造支持返乡农民工创业发展的氛围。

一是建立返乡农民工创业扶持工作联席会制度。成立由政府领导负责、劳动就业、工商管理、税务金融等相关部门参加的农民工创业工作领导小组，设立专门的返乡农民工创业支持工作办公室，定期召开联席会议或专题会议，研究农民工返乡创业扶持工作。

二是深入调研农民工创业中遇到的困难和需求，制定农民工创业扶持政策文件，将农民工创业纳入县经济社会发展总体规划之中，推动农民工返乡创业发展。

三是建立由工商联、总工会、共青团、妇联、残联以及各行业协会、企业家协会等社会组织共同参与的农民工创业工作协调机制，为农民工返乡创业提供有理保障。

四是大力开展创业文化、创业精神、创业典型宣传活动，为促进返乡农民工创业营造良好氛围，产生示范效应与激励效果。

（二）完善返乡农民工创业扶持政策体系，强化服务意识、优化创业环境，引导返乡农民工创业发展走入良性循环通道

返乡农民工创业是全民创业的一个重要组成部分，是发展之源、富民之本、和谐之基。正是基于这一清醒认识，乳源瑶族自治县明确要求县政府各相关部门加强与外出务工经商人员的联系，鼓励他们充分利用在资金、技术、市场、信息、管理等方面的优势，回乡投资创业，兴办项目，外出务工经商人员回乡创业的，与外商投资企业享受同等政策。并提出“围绕加快工业化进程推进创业、围绕加快农业产业化进程推进创业、围绕大力发展旅游业带动创业、围绕加快城镇化进程推进创业”[1]的五大具体创业发展方向，有效指

[1] 中共乳源瑶族自治县委 乳源瑶族自治县人民政府【2007】（23号）文件《关于大力推进全民创业促进富民兴县的实施意见》。

导返乡农民工创业发展。并制定具体的支持政策措施，引导和扶持返乡农民工创业。

一是制定并实施放宽创业企业市场准入条件，将返乡创业农民工创业支持纳入全民创业支持系统，采取具体措施，支持返乡农民工创业发展。具体有：（1）放宽民间投资领域，降低创业企业准入门槛，拓宽创业企业准入领域，进一步消除返乡农民工创办的大量非公有制经济体发展中的体制性障碍。（2）放宽返乡农民工创业企业登记条件，采取具体措施，推动返乡农民工创业发展。如允许公司注册不受行业限制，投资注册创业公司注册资本最低限额为 3 万元，且分期缴纳出资，首期出资只需达到注册资本的 20%；个人独自创业企业、合伙创业企业不作最低注册资本限制；允许 1 名自然人或 1 个法人投资成立一人创业公司。（3）放宽市场主体资格确认条件，对于返乡农民工自主创办的小商贸、小加工、小制造、小修理、小服务等生存型创业企业，工商部门给予一定的宽限期，宽限期内免予工商税务登记；个体工商户、私营企业只要备案即可申办进出口经营权。（4）放宽经营场所限制，凡符合安全和环保要求的，允许以家庭住所为经营场所。在我们的调查中，乳源返乡农民工创业企业进入开发区、工业园区的仅占 23%，绝大部分企业的经营场所选择“租用或购买小城镇土地”（30%）与“租用村庄集体荒地”（12.3%）以及利用“家庭庭院或房屋”作为创业经营场所（11.4%），（见表 38）三者共占 53.7%. 对此，乳源在支持农民工创业扶持政策中，做出如下优惠规定：将返乡农民工创业纳入建设用地规划，积极提供土地保障，凡允许协议出让的建设用地，出让金可以按照协议出让最低标准执行；凡获得创业土地使用权的，可依法转让、抵押、出租、折价入股。

表 38　返乡创业农民工创业经营场所用地情况（N=856）

经营场所的获取途径及方式	数量	比例
家庭庭院或房屋	97	11.4%
租用村庄集体荒地	105	12.3%
租用或购买小城镇土地	257	30%
村镇等工业园区、开发区	197	23%
承包地	91	10.6%
其它	109	12.7%

二是对于返乡农民工创业发展实行财政扶持及税收优惠，引导返乡农民工自主创业。（1）鼓励返乡农民工从事规模化种植业、养殖业、农产品加工业以及创办民办农场、民办林场和农产品流通经营，支持返乡农民工发展非农产业；对于返乡创业农民工中具有一定规模的种植户、养殖户，优先安排贷款，优先提供技术服务和技术指导，减半收取防疫、改良收费，并免征国家政策规定经营项目的个人所得税；对于返乡农民工创业从事机械化作业、排灌、植保、家畜和疾病防治项目以及相关技术培训的收入，免征营业税；对于返乡创业农民工组织的农业专业经济合作组织，从事向农户提供产前、产中和产后技术服务和劳务所取得的收入，免征企业所得税；对于返乡创业农民工兴办的农产品流通企业，自开业之日起免征企业3年所得税；对于返乡创业农民工兴办的自产自销农产品企业，免征增值税；对于返乡创业农民工新办独立核算的农村信息服务机构，自开业之日起免征企业3年所得税；允许进城创业农民工继续参加农村新型合作医疗。（2）在县财政支出中安排创业专项扶持资金，从2008年起连续5年内，县财政每年安排100万元资金作为包括返乡创业农民工在内的全民创业发展基金，5年内按照一定比例逐年增加。并出台一系列具体的对于包括返乡创业农民工在内的全民创业财政扶持措施：对科技含量高、附加值高、固定资产投资在100万元以上的新产品开发项目，由财政、科技部门积极向上争取贷款贴息；对于开发生产旅游纪念品的创业企业，经旅游和财政部门确定后，3年内对其所得税地方留成部分，由县财政给予50%的补贴；对于从事农副产品加工、精深加工和保鲜技术开发应用的返乡农民工创业企业，可享受农业产业化龙头企业贷款贴息和科研开发项目补贴，3年内对其税收地方留存部分，由县财政给予补贴；对于返乡农民工创业创办企业投产后5年内，根据企业对地方的贡献，按其上年税收的地方财政留成部分，在现有的财税分成体制不变的情况下，每年由县财政按15%至30%的不同比例奖励給企业。

三是优化金融服务，扩大小额担保贷款的对象范围和贷款额度，健全并全面落实小额担保贷款政策和操作方法。返乡农民工创业发展中最大的困难是资金困难，最大的制约是资金支持中银行难以发挥应有的作用，最大的期盼是创新担保贷款产品，这些是返乡创业农民工对金融服务优化的最大要求。（1）乳源瑶族自治县按照政府扶持、企业参与，市场化运作、社会化服务的方式建立信用担保机构，缓解绝大部分返乡创业农民工创办的中小企业、微型企业的贷款难、担保难的问题；鼓励中小微型企业开展联户担保，促进互助型融资担保；扩大银企合作范围，通过项目推介、贷款授信、简化抵押等方式，为企业发展提供融资服务。

四是加强金融创新，提升返乡农民工创业过程中对于国际金融危机的应对能力。爆发于 2008 年、始发于美国的这场国际金融危机对世界经济影响深刻，对我国也产生了较大的影响，特别是对于我国出口密集的东南沿海地区，影响尤其深刻，对于地处中部的民族地区乳源瑶族自治县，其影响又如何，特别是对于当地的农民工就业、创业又有什么样的影响呢？对此我们开展了专题调研，（见表 39） 调查中，认为“有影响，但不是很大”的占 44.8%，做出“对创业是一个机会”这一积极反响的仅有 10.5%，认为“没有任何影响”的仅占 7.9%，而有 36.8% 的返乡创业农民工表示本次国际金融危机对自己创业发展“影响很大”。

表 39　2008 年国际金融危机对您创业的影响　（N=38）

影响很大	有影响，但不是很大	对创业是一个机会	没有任何影响
14	17	4	3
36.8%	44.8%	10.5%	7.9%

作为农民工返乡创业重要支持机构的金融组织应提供什么样的支持？在我们进一步深入开展“您认为，在国际金融危机环境下，银行应提供哪方面服务”调查中，（见表 40） 认为“不需要提供针对金融危机方面的金融服”的仅为 1.2%，可见，绝大部分返乡创业农民工在应对国际金融危机中，期盼银行等金融机构提供必要的帮助和支持。在他们需要的帮助与服务中，“加大对返乡创业农民工的贷款支持力度”占比最高，需求表现最为强烈，占 35.8%. 其他几项需求占比大体相当，这又说明返乡创业农民工对于金融机构的需求是全方位的。

表 40　您认为，在国际金融危机环境下，银行应提供哪方面服务（可多选）（N=38）

多宣传国际金融危机相关知识	17	21%
提供如何应对金融危机的相关金融咨询服务	16	19.8%
加大对返乡创业农民工的贷款支持力度	29	35.8%
开发适合返乡农民工创业的金融产品	18	22.2%
不需要提供针对金融危机方面的金融服务	1	1.2%
其他服务	0	0

（三）设立定点创业培训机构，建立创业培训基地，落实创业培训补贴政策，健全返乡农民工创业培训体系

广泛深入调研返乡创业农民工，掌握农民工、返乡农民工及返乡创业农民工生活状态、技术特长、就业创业意愿、创业项目、创业困难等各方面情况，充分发挥各种教育培训机构的作用，积极开展对返乡农民工、以及返乡创业农民工的适用技术培训与创业知识培训。同时，采用专门培训师授课、播放相关软件、技术能手讲解等方式，组织当地“土专家”、“田秀才”等实用技术人才现场讲解，提高返乡农民工技能水平与创业意识。

一是建立返乡农民工创业定点培训机构。将有创业意愿与培训要求的返乡农民工以及广大农村劳动力纳入创业培训与实用技能培训对象范围，设立实用技术培训与创业培训相结合的培训辅导课程，激发返乡农民工创业发展意识，提升返乡农民工创业能力，做到对有培训要求的返乡农民工创业者实现创业培训全覆盖。

二是建立返乡农民工创业定点培训基地，充分发挥当地农村劳动力培训条件与职业技术教育条件以及远程教育网络资源优势以及“农村党员干部现代远程教育网”等培训渠道的作用，在返乡农民工创业培训中发挥主导作用。

三是落实创业培训补贴政策。设立财政专户，落实专项补贴资金，对创业培训合格者，提供就业指导、创业规划、项目开发和跟踪服务等“一条龙”服务，积极做好返乡农民工创业指导与后续服务工作。

（四）改善行政管理，强化部门职责，构建创业服务体系

政府在返乡农民工创业指导与服务中具有重要的作用，政府的作为既有利于为返乡农民工创业搭建一个优质的硬环境，也有利于返乡农民工创业的软环境建设。

一是成立返乡农民工创业指导服务机构，配备专职工作人员、设置专门工作场所，负责对返乡农民工创业工作的综合管理、服务及创业指导技术的开发。

二是成立返乡农民工创业指导与服务队伍，由在创业和经营管理方面丰富经验的成功企业家、经营管理专家、经济学者、法律专家及政府职能部门工作人员组成的创业服务队伍，指导返乡农民工成功创业。

三是建立返乡农民工创业公共服务平台，为返乡农民工创业开辟“绿色通道”：推行联合审批、限时办结和“一站式”办公服务，向返乡农民工提供

项目开发、方案设计、风险评估、开业指导、融资服务、跟踪扶持等“一条龙”创业服务，降低返乡农民工创业成本和风险，提高返乡农民工创业成功率。

四是建立返乡农民工创业项目库，根据乳源本地经济基础、产业特色、发展规划、等实际情况建立返乡农民工创业项目库，建立有效创业项目评估和推介制度，共返乡农民工创业选择。

五是建立返乡农民工创业者信息管理服务系统，为返乡创业农民工的创业活动提供及时有效的后续跟踪服务，保障返乡农民工创业的持续发展。

六是创业服务工作站点延伸到乡镇，根据乳源返乡农民工创业地点有很大一部分选择在乡镇的特点，（见表22）将返乡农民工创业服务延伸到乡镇、社区和村庄，开展创业政策宣传、项目推介、技能培训等。

七是设立返乡农民工创业孵化基地（创业园区），形成集群效应。

（姚上海　邓嘉翔　陈露倩）

报告三

后危机时代返乡农民工创业现状及帮扶政策研究[1]

——基于广西壮族自治区南宁市那马镇的调查

目前，国际金融危机的影响逐渐减弱，国内经济形势也持续好转，然而依然有大量农民工滞留在农村，失去生活来源的他们给当地财政造成了严重负担，也容易成为影响社会稳定的不安因素。因此如何解决他们的就业问题，改善他们的生存状况就成为政府面临的首要任务。

为了全面细致地了解民族地区返乡农民工的就业现状，课题组将对广西邕宁县那马镇进行调研。调研主要采取以下几种形式：（1）访谈或座谈。对象包括乡政府领导及相关部门（财政、金融、劳动、人事、教育、农业、科技等）、具有一定代表性的学校、企业及返乡农民工；（2）问卷调查。共发放问卷300多份，收回有效问卷268份；（3）文字数据资料收集。包括近年县乡（镇）政府及相关部门的国民经济和社会发展计划、政府工作报告、工作总结及统计数据等；（4）实地考察。参观考察了具有代表性的职业学校、金融单位、乡镇企业和农民工等。

本课题有两个考察目标：一是为有关政府部门决策提供参考意见，二是通过个案剖析探究返乡农民工与社会主义新农村建设的关系，为科研教学服务。

[1] 本报告是2011年国家民委民族问题研究项目《民族地区返乡农民工创业研究》（MSY11011）分报告之一。

一、广西壮族自治区南宁市那马镇概况

自然环境及社会经济发展水平是返乡农民工再就业尤其是创业所必须考虑的环境因素，在这里作简要介绍。

（一）自然环境

那马镇位于广西壮族自治区的邕宁县，属亚热带季风气候。总面积168平方公里，耕地面积2313公顷，其中水田1570公顷，旱地742公顷，山塘水库200公顷，森林面积4420.7公顷，森林覆盖率为25%，城镇建设规模为1.6平方公里。

（二）社会经济发展情况

2007年，那马镇地区生产总值2.09亿元，同比增长17%；固定资产投资9037万元，同比增长102%；消费品零售额9460万元，同比增长16.5%；财政收入966万元，同比增长141%，其中非税收入547万元；农民人均纯收入3885元，同比增收525元，增长17%.

第一产业。农业总产值15890万元，同比增长13.2%. 粮食种植面积2471公顷，总产量1万吨，同比增长4.2%；花生种植面积535公顷，总产量0.87万吨，与上年持平；甘蔗种植面积1144公顷，原料蔗产量8.2万吨，同比增长0.3%；木薯种植面积650公顷，总产量1.3万吨，与上年持平。无公害蔬菜、名优水果、畜牧水产、速生丰产林等四大特色农业产业加快发展。蔬菜种植面积1956公顷，总产量4.43万吨，同比增长22%. 水果面积3839公顷，总产量4.3万吨。牛存栏4150头，其中役牛2455头，水奶牛330头，能繁殖母牛330头；生猪存栏14000头，出栏26600头；家禽存栏25.2万羽，出栏136.3万羽。肉产品总产量0.45万吨；水产品养殖面积200公顷，总产量0.3万吨；林产品产值881万元。

第二产业。工业企业总产值1373万元。工业主要有百大丝绸厂和广西水产研究所中试基地水产养殖饲料厂。乡镇企业、私营企业共8家。

第三产业。第三产业总产值5010万元。那马镇的旅游业较为发达，拥有大王滩和八尺江的优质资源。

（三）人口情况

2007年，那马镇辖社区1个，村委会7个，自然坡68个，村民小组211个，年末总人口23229人，其中农业人口21903人，占总人口的94.3%，非农业人口1326人，仅占5.7%，是一个典型的以农业产业为主的乡镇。

二、广西壮族自治区南宁市那马镇返乡农民工基本情况

此次问卷调查的对象是那马镇有1年以上外出务工经历，目前返乡归来的乡镇居民。课题组共发放调查问卷300份，回收有效问卷265份，回收有效率为88.3%. 依据回收的265份问卷，课题组对那马镇返乡农民工基本情况进行了统计，具体分析如下：

（一）从性别年龄分布来看，男性青壮年占绝大多数

目前返乡农民工男性所占比例为60%，女性比例为40%. 80%以上为16-45的青壮年，20岁以下及45岁以上所占比例不足20%.

表1 农村劳动力资源普查资料

指标 年龄段	人数	所占比例%
16-35周岁劳动力	133	50.3
36-45周岁劳动力	88	33.2
46-60周岁劳动力	44	16.5

（数据来源：邕宁县劳动局普查资料）

（二）从受教育状况看，文化程度普遍不高

小学文化程度及以下的占39.4%，初中文化程度的占50.5%；具有高中文化程度的只占10.2%，大专文化程度以上的，在100户农村住户中没有发现。可见，相比较而言，返乡农民工的素质还是比较低的：高中以上文化程

度占劳动力人口的比例比全国少 1.98%.

表 2 那马镇返乡农民工文化程度结构及其比较（单位：%）

指标＼地区	那马镇	广西自治区	全国
小学及以下	39.4	33.4	38.5
初中文化	50.5	53.1	49.3
高中（中专）	10.2	13.0	11.7
大专及以上	0	0.5	0.5

（数据来源：国家统计局农村调查总队调查报告、中国三农信息网和邕宁县统计局）

（三）农民工就业流向范围遍布发达地区

在 265 人中，除了有 36 人在广西省务工以外，绝大多数集中于广东、广州和福建。

表 3 那马镇农民工外出务工省份统计

省(市)	北京	上海	重庆	天津	广西	广州	广东	福建	港澳地区	其他地区
人数	5	8	3	6	36	98	64	37	0	0

（四）从事行业多而杂，缺乏竞争力

邕宁县中小企业发展局 2007 年的调查显示，在外兴办企业资产达 1000 万元、或者在大中型企业从事高级管理的那马籍人只有 12 名，电子电工，计算机应用等专业技术人员也较少。

表 4 那马镇返乡农民工从事行业列表

行业	电器维修	服装业	医药制造	农产品加工	交通运输业	电子电工	计算机应用	营业员	杂货零售	建筑业	住宿餐饮业
人数	25	37	15	45	25	10	4	14	22	42	25

（五）收入普遍较低，属生存型水平

从务工收入来看，月收入不足 1 千元的外出务工者仍然有 17% 的比例，大多数务工者的月收入均处于 1000-3000 元区间，只有 15% 以上的外出务工者月收入在 3000 以上。这从一个侧面表明，那马镇外出务工人员竞争力相对较弱。导致这一状况的原因，除劳动力文化程度外，还与观念落后、缺乏劳务品牌等因素有直接关联。

表 5 那马镇返乡农民工务工收入情况

月收入（元）	人数	比例（%）
1000 以下	45	17
1000-2000	93	35
2000-3000	87	33
3000-4000	32	12
4000 以上	8	3

三、广西壮族自治区南宁市那马镇返乡农民工帮扶政策现状及存在问题

2008 年金融危机爆发以来，农民工返乡在就业及创业问题越来越受到全社会的广泛关注。根据邕宁县劳动与社会保障局统计，2007 年末，全县农村劳动力 16.11 万人，常年外出务工人员 6.1 万人，占农村劳动力的比例达 37.9%，比广西平均水平高 9.5 个百分点，比全国平均水平高 12.5 个百分点。

那马镇农村劳动力1.9万人，常年外出务工人员0.85万人，占该镇农村劳动力的45.1%，比该镇的所在县高出7.3个百分点，比广西平均水平高出16.8个百分点，比全国平均水平高出19.8个百分点。

表6 那马镇农村劳动力外出务工人员数量及其比较（2007）

指标 \ 地区	那马镇	广西市	全国
农村劳动力（单位：万人）	1.9	78.9	52145
常年外出务工人数（单位：万人）	0.85	34.92	13212
常年外出务工人数占农村劳动力的比例（%）	45.1%	38.3%	25.3%

（数据来源：国家统计局网站、广西市统计局网站和邕宁县劳动局普查资料）

（一）那马镇返乡农民工再就业情况

广西省各级政府采取了多种措施，使返乡农民工尽快实现再就业。

1. 帮扶农民工再就业工作的不断推进

自治区各级党委、政府领导非常重视帮助返乡流动党员和农民工解决实际困难和问题。目前，所有的自治区党委常委和党员副主席都建立了帮扶农民工就业创业联系点，全区县以上的党员领导干部8500多人共建立了联系点1.012万个，还有9042个县（市、区）直部门单位、1126个乡镇和1.8506万个乡镇机关单位挂点包村，实现了全区行政村全覆盖。同时，全区还有3万多名社会主义新农村建设指导员已与4万多名流动党员结成帮扶“对子”，保证他们实现就业创业。

在南宁市，政府在全国率先开展村级劳动保障工作平台建设，截至2009年9月21日，有1392个村级劳动保障工作站在努力帮助返乡农民工就业。市政府将新农村建设、重点项目建设和促进返乡农民工就业有机结合起来，加强就业指导、职业介绍和就业信息发布等服务，积极组织用工企业开展“招聘进村”“送岗下乡”“就业直通车”等活动，努力实现返乡农民工“在家门口就业”。

2. 返乡农民工技能培训的大力开展

2009年2月10日，“广西返乡农民工技能培训行动”在来宾市启动。此次活动由自治区劳动和社会保障厅、自治区总工会联合主办，充分利用了各级劳动保障、工会培训机构和其他培训机构，根据返乡农民工、用人单位的需求，分期分批对返乡农民工开展技能培训，从而实现转移就业。据统计，到2009年1月底，广西农民工返乡人数达到198.5万人。据此，自治区政府批准从自治区本级仅存节余的就业专项补助资金中拿出3000万元，补助给全区每个县（市）和有农村的城区各20－30万元，用于返乡农民工的技能培训和就业服务工作。通过第一期培训就业行动，解决约10万农民工技能培训问题，并努力帮助他们重新实现转移就业，缓解全区就业压力。

南宁市政府也搭建了培训平台，制订了《南宁市百万农民就业培训活动方案》，特别是根据农民工培训实际需求，把企业生产设备带到劳动力比较集中的村屯，积极开展驻村培训，建立“门口办班、就地培训、就地转移”的企业“后方培训基地”，提高了返乡农民工培训效率。同时，在免费为返乡农民工培训的基础上，还对返乡农民工培训期间给予适当生活补贴，大大提高了返乡农民工参加培训的积极性。截至目前，全市免费为广大返乡农民工举办各类培训班118期，培训返乡农民工11.8万人次。

3. 出台政策帮助中小企业度过难关

企业是农民工的衣食来源，支持农民工再就业就必须维持它们在金融危机中屹立不倒。广西企业中99%是中小企业，2009年第1季度共有1632家私营企业注销，是2008年同期的2.6倍。面对严峻形势，广西先后出台了《加快中小企业发展的若干意见》《支持工业企业应对当前国际金融危机的若干意见》《关于进一步支持中小企业融资的意见》等政策文件，从融资、技术、人才等方面对企业进行全面帮扶，使得经济实现了逆势上扬。自治区工商联在2009年中的一份抽样调查显示，90%的非公有制企业认为“在金融危机中企业能够顺利渡过难关”，这与2008年12月份65%的非公有制企业认为“相当一部分企业将在危机中破产”形成鲜明的对比，企业发展信心明显增强。

4. 春节出现的“用工荒”缓解了就业难问题

2011年春节过后，无论是南方发达地区，还是中西部的用工单位，普遍感觉到今年的“用工荒”愈发严重，据统计，仅广东的用工缺口就超过400万人，转移到偏远山区的劳动密集型企业更是因此而愁眉不展。据企业的招工情况看，用工缺口主要集中在电子制造业、建筑也、餐饮服务业、物流配送和加工业，这些行业正是农民工所熟悉甚至精通的行业，一时间早出务工的农民工炙手可热。尽管“用工荒”现象的出现不乏有农民工主观方面的原因，总体来说，还是很大地解决了农民工的就业问题，在一定程度上也使农民工务工收入得到提升。

在政府的引导下，加上国内就业形势的明显改善，2008 年返乡的 200 多万农民工基本实现了重新就业，到 2009 年 8 月，广西实现城镇新增就业 32.83 万人，提前超额完成目标任务，如下图所示，2008 年 12 月份，那马镇返乡农民工达到最低谷，然后逐渐回升，至去年 12 月份，除了那些留乡创业的，已基本接近金融危机爆发之前的水平。

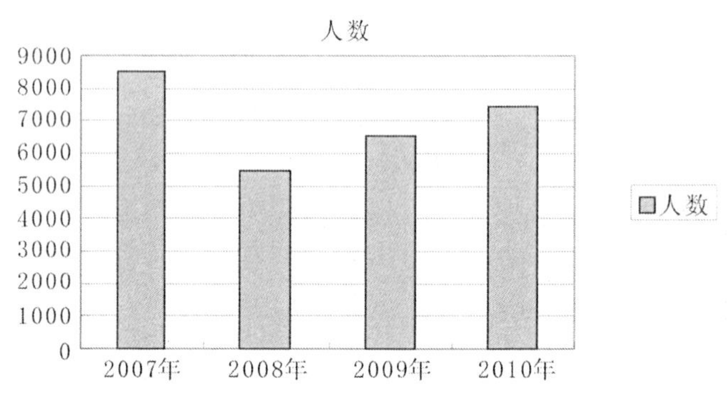

图 1　那马镇 2007 至 2010 年外出务工农民工人数统计（12 月份）

（数据来源：《那马镇政府干部经济工作手册》）

（二）那马镇返乡农民工创业情况

受金融危机影响，2009 年广西返乡农民工总数达 284.3 万人，占外出务工总数的 36%；大量的大中专院校毕业生同样面临就业难的问题。面对少有的严峻形势，自治区政府安排 10 亿元设立返乡农民工创业就业基金，并颁布了《广西壮族自治区促进全民创业若干政策意见》，通过实施“零注册、零收费、减税负、贷款贴息、培训补贴”等多项创新措施推动全民创业，对返乡农民工初次创业所发生的工商、税务、卫生等行政事业性收费给予全额补助。创业基金一是用于创业补贴。对返乡初次创业的农民工，所涉及的行政事业性收费给予全额补助；对开展规模种养的，给予一次性补贴 2000 元。二是用于贷款贴息、小额贷款担保。金融机构等部门对返乡农民工开展规模种养、新创办经济实体给予贷款和小额信贷担保；对吸纳农民工就业，且与其签订劳动合同半年以上的企业和单位，采取以奖代补的方式，按每用工1人补贴1000元[1]。

广西地税局也从2009年1月22日起出台若干措施对2008年7月1日后返乡创业就业的农民工给予个人所得税、营业税、城市维护建设税等税种不同程度的减免，为推动广西广大农村地区流动人员返乡创业就业创造优良环境，包括：①返乡农民工[2]免收税务登记证件工本费。②返乡农民工从事个体经营的，其营业税起征点为月营业额5000元，达不到起征点的，不征收营业税及随营业税征收的城市维护建设税、教育费附加。③对各类教育和培训机构为返乡农民工进行农业机耕、排灌、病虫害防治等技术培训取得的收入，免征收营业税及随营业税征收的城市维护建设税、教育费附加。对政府举办的高等、中等和初等学校（不含下属单位）为返乡农民工举办进修班、培训班取得的收入并全部归该学校所有的，免征营业税及随营业税征收的城市维护建设税、教育费附加。④对返乡农民工提供代种植物、代养动物、林木养护、林木砍伐和病虫害防治等劳务取得的收入，免征营业税及随营业税征收的城市维护建设税、教育费附加。⑤返乡农民工用自有房产和土地从事生产经营的，免征房产税和城镇土地使用税。⑥对返乡农民工初次创业所获得政府部门给予的补贴，不属于税法列举的应税项目，不计征个人所得税。7、返乡农民工办理税务事项享受优先待遇，各级地税机关办税服务大厅要开通绿色通道，为返乡农民工提供优质、高效、便捷的税收服务。

一系列措施使农民工返乡创业的环境逐步得到改善，返乡农民工的创业热情也不断高涨，创业类型不断拓展，创业规模也呈现扩大的趋势，具体表现在：

1. 创业存量及增量丰富

课题组调研的265份问卷中，231人正在创业，22人有创业意向，其余12人仍有外出打工的想法。从创业实体类型来看，创办个体工商户的有171户，占创业总人数的74%, 创办私营企业的有60户，占26%. 从增量上看，除了发送问卷的22人有创业意向，通过访谈课题组还了解到，由于食品价格的持续高涨，外出务工的待遇却提升有限，实际收入也因此不断减少，所以

[1] 资料来源于广西壮族自治区人民政府门户网站 http://www.gxzf.gov.cn/.

[2] 指初次创业办理税务登记时，县级劳动和社会保障部门认定，并颁发《广西返乡农民工优惠证》的农村居民，下同。

有不少正在外出务工的农民工都打算近期回来发展。

2．运用务工学到的技术、积累的经验和资金，发展现代农业

创业优惠措施的出台，使返乡农民工意识到，只要有技术，有知识，在哪都能发展，在那马镇有不少农民工就把打工学到的技术和积累的经验运用到以前从事的传统农业中来，通过改变种植物种，改进种植方法提高产出，通过改变农产品销售渠道等方式增加收入，发展了现代农业，实现了农业产业化，转变了发展方式。

那马奶水牛场位于良庆区那马镇共和村，是全广西最大的私营奶水牛养殖场，是良庆区水牛奶业开发的龙头示范基地。养殖场占地面积650亩，建有牛舍3栋，建筑面积近2000平方米，牛床位300多个，现奶牛存栏276头。该养殖场通过推广养殖新模式，带动养殖户发展，同时大量收购农产品废料，带动了那马镇及周边地区农业产业结构调整，扩大甘蔗种植面积5000多亩，扩大玉米和牧草种植3000多亩，木薯10000多亩，自2008年金融危机爆发以来，解决了近50名返乡农民工的再就业问题，并通过产业化带动其他产业发展，为农业增效、农民增收发挥了积极作用。据了解，由于土地肥沃，气候湿润，该镇还有无公害蔬菜、菠萝、萝卜、水库鱼等种养殖业等几大特色产业。

那马镇连山村的一位返乡农民工何雨鸿原本在浙江打工，2008年12月，受金融危机的影响，她成为返乡农民工大军的一员。后来何雨鸿多次从媒体上看到养殖甲鱼致富的报道后，产生自己养甲鱼的念头。经过多年的循环投入和科学喂养，何雨鸿逐渐摸索出了从幼苗孵化、幼苗养殖到成品繁育一整套养殖技术，养殖规模和销路不断扩大，自己办起了甲鱼养殖场。据了解，该养殖场占地面积1亩左右，养殖甲鱼1000多只，按每斤甲鱼市场价格60—70元/斤计算，今年何雨鸿可售出的甲鱼有500只左右，年纯收入可以达到2万元。

3．经营“农家乐”等涉农服务业

那马镇的休闲旅游特色明显，有南宁市首家温泉酒店——绿都温泉，有风光旅游的大王滩度假村，有别具特色的天鹅表演，有浓郁乡村风情的竹泉岛，有集休闲健身于一体的跑马运动，各具特色，展示出那马独特的城郊型休闲旅游新概念。那马镇政府近年来也积极利用这些旅游资源优质，引进旅游项目建设，搞好优质服务，改善对外关系，为投资经营单位和个人创造良好的投资环境。当地群众与开发商关系融洽，以竹泉岛文化村为中心的旅游

观光、休闲度假区的服务功能日益完善，在南宁市区初具知名度，并拥有一定数量的稳定客源。

面对家乡日渐红火的旅游业，不少返乡农民工借助这些环境优势，在旅游景点附近经营起了“农家乐”餐馆和旅社，吸引了不少旅游观光者的到来，这不仅对原有旅游业项目是一种丰富，更解决了不少返乡农民工的就业创业问题。在接受课题组调研的 265 人中，有 56 人从事此类涉农服务业。

（三）返乡农民工创业帮扶政策存在问题分析

从以上数据可以看出，从整体来说农民工返乡创业还处于起步阶段，创业规模小、水平底，竞相创业的氛围远未形成；创业环境的改善、现有的政策制度与返乡农民工的现实需求还存在着很大差距。具体表现在如下几个方面。

1. 返乡农民工就业创业政策缺乏连续性

不可否认，2008 年金融危机爆发以来，返乡农民工生计问题受到各级政府的高度重视，也一度成为那马镇政府工作的首要任务，返乡农民工也确实享受到许多优惠政策。然而伴随着金融危机影响的逐渐减弱及就业形势的持续好转，返乡农民工问题也慢慢地淡出公众视野，农民工帮扶工作也不再被各级政府所重视。

首先，返乡农民工技能培训举办次数越来越少。多数农民工朋友表示，政府举办的农民工技能培训系列活动，给了他们一个很好的相互学习和交流的机会，对他们提升技艺、找到合适工作帮助很大。但这种培训活动举办次数越来越少，据统计，2010 年以来，针对返乡农民工的技能培训活动仅有 1 次。

其次，农民工创业优惠政策时限较短，多为半年到 1 年。如广西地税局对 2008 年 7 月 1 日后返乡创业就业的农民工的个人所得税、营业税、城市维护建设税等税种不同程度的减免措施等政策的执行期限为自 2009 年 1 月 1 日起至 2009 年 12 月 31 日止。这就意味着，自 2010 年起的返乡农民工家乡创业就享受不到相应的优惠政策，使返乡农民工创业面临的负担明显加重，这极大地打击了他们的积极性。

2. 创业帮扶政策对返乡农民工宣传不到位

在调研中，我们发现，返乡农民工创业帮扶政策对农民工的宣传不到位，加上农民工思想守旧、文化有限，一般情况下不会主动通过网络或去政府部门了解政府的帮扶政策，于是一些优惠政策的出台和实施不为返乡农民工所知晓。265 人中，21% 的农民工表示不知道或 2010 年后才知道政府会帮助返乡农民工介绍工作再就业。33%的返乡农民工表示不知道或2010年后才知道省市内有免费农民工技能培训培训活动。38%的农民工表示不知道广西地税局2009年1月1日起至2009年12月31日的税收减免政策。有44%的返乡农民工表示不知道创业时可以去银行办理小额信用贷款。

3. 返乡农民工创业融资困难

不少农民工返乡创业，有技术，有经验，有热情，却缺乏资金的支持。在调研中，我们发现，尽管政府出台了不少贷款优惠政策，但返乡农民工进行创业面临的首要问题依然是融资困难。

金融机构服务不到位。一些金融机构创新意识不强，服务理念落后，金融产品单一，营销方式简单。金融机构推出的信贷品种少利率高，且尚无适合返乡农民工创业特点、需求的信贷品种，如中国农业发展银行是为农业和农村经济发展服务的政策性银行，其主要职责之一就是支持农业产业化经营，然而南宁市农业发展银行并没有支持返乡农民工发展现代农业的贷款品种。在那马镇，仅有农村信用社和邮政储蓄银行面向创业农民工发放小额信用贷款。

农村金融服务体系不够完善。除农村信用社、邮政储蓄银行在基层乡镇设置营业网点，其余银行均只会在城镇设立网点。

申请小额贷款的流程复杂。农民工返乡创业，需经农村信用社对其进行评级授信和办理相关担保手续后才能得到贷款支持。如南宁地区农村信用社的小额担保贷款从提出申请到银行发放贷款共有8个步骤。

金融机构提供的优惠贷款附加条件过多。南宁地区对创办企业的资金和人员规模都有要求，甚至要求雇多少返乡农民工等。由于返乡农民工实力有限，创办的大多是规模较小的家庭作坊企业，因此这些附加条件使大批返乡农民工难以获得劳动密集型小企业贷款政策等优惠贷款。

4. 返乡农民工创业帮扶渠道单一

就目前来看，那马镇返乡农民工创业帮扶工作主要是由政府牵头和负责的，从这种模式的推行成果来看，这种单一的帮扶渠道使政府投入了过高的成本，也未能达到最佳效果。返乡农民工生计问题意义重大，政府部门责无旁贷的应担当起帮扶他们的重任，并发挥主导作用，但政府不应该是也没有能力是返乡农民工帮扶资源的唯一提供者。

首先，政府部门掌握的资源有限。在法定政府规模的限制下，各级政府的人力、物力、财力都是受到限制的，其所能运用的资源也是有限的，排除日常运行的消耗，单纯留给返乡农民工的空间就非常有限。所以，农民工安置工作在一定时间范围内可能会是政府工作的中心任务，随着形势的好转，以及接连不断新任务的需要，政府能给返乡农民工提供的资源也就越来越少，以政府为唯一提供者的安置模式也是农民工帮扶政策缺乏连续性的原因之一。其次，单一供给模式下，相关资源提供的针对性难免有所欠缺。自金融危机爆发以来，对于年龄不同、行业不同、务工流向各异、返乡时间不同，返乡之后对于未来又各有打算的农民工，政府作为唯一的提供者，是很难在一定时间范围内以一种或几种标准来满足返乡农民工的不同需求的。如在帮助农民工再就业上，技能的培训没有从市场需求出发，也没有针对农民工从事行业的不同和掌握技能的熟练程度因材施教，对技能培训后产生效果也缺少反馈。在农民工创业支持上，未对返乡农民工创业的政策需求进行调研，出台的政策主要集中于费用减免和税收减免，对返乡农民工创业的资金需求，用地需求考虑的较少。

5. 返乡农民工创业帮扶工作评估与监管缺位

返乡农民工创业帮扶工作只对上级政府负责，缺少对返乡农民工满意度的考虑。农民工创业帮扶工作的评估方式单一，仅对上级政府部门负责，以致有些基层领导在农民工就业创业支持上不从返乡农民工的实际需求出发，而是为应付上级检查甚至谋求政绩，盲目地做空做大，浪费了许多公共资源，得不到应有的效果。返乡农民创业帮扶工作，其主旨是解决返乡农民工的生计问题，采取措施增加他们的收入，鼓起他们对未来生活的信心。因此返乡农民工创业帮扶工作评估的重要标准就是返乡农民工的满意度，政府部门尤其是基层部门要通过与返乡农民工接触，通过农民工的真实想法了解现有工作取得的成效，并认真倾听返乡农民工对创业帮扶工作的其他诉求，以期对原有工作进行改进，提升返乡农民工的满意度。在那马镇的调研中，未发现政府工作人员回访返乡农民工调查满意度的情况，创业帮扶政策的效果仅仅通过一些粗略的数据得出，缺乏科学性和真实性。

对返乡农民工创业帮扶工作开展而产生的财政支出及专项资金缺乏有效的监管，难以保证相关资金运用的透明度。农民工的安置及培训少不了大量资金的投入，如广西省政府划拨的10亿元设立返乡农民工创业就业基金，农民工技能培训活动举办的财政投入，及各级政府给予返乡农民工创办企业的工商、税务、卫生等行政事业性收费的补助，这些专项资金从投入使用到最终结算，均未有在各级政府部门的网站反映出来，因此不能保证这些资金切实运用到解决返乡农民工困难上去而不是被挪用和浪费。

四、改进返乡农民工创业扶持措施的政策建议

（一）改进返乡农民工就业创业帮扶机制的必要性和紧迫性

农民工阶层位于社会结构的基层，不仅在经济上处于弱势地位，其阶层利益的表达渠道也并不畅通，因此除非处于特定的社会环境，否则其利益的实现很容易被社会所遗忘。伴随着农民工就业形势的好转，各级政府在返乡农民工问题上花费的精力也越来越少，以前的各项帮扶政策也大都过期，然而，伴随着国内国际经济形势新的变化，农民工帮扶机制的改进很有必要。

首先，国际上，美国国债危机的爆发致使国际评级机构美国标准普尔公司把美国主权信用评级从顶级的 AAA 级下调至 AA+ 级。加上早期的欧洲国家的主权债务危机，使得投资者对经济发展持悲观态度，这种担忧情绪又导致欧美股市大跌等连锁反应。8 月 18 日纽约股市暴跌，道琼斯指数跌 400 点以上，标准普尔跌幅近 4.5%，纳斯达克指数跌幅超过 5.2%. 美国劳工部于同一天对外发布的数据显示，上周美国首次申请失业救济的人数增加 9000 人至 40.8 万人。[1] 种种迹象表明，新一轮国际性的经济危机随时都有可能爆发，在经济全球化影响下，沿海各省出口依存度高的手工业和制造业必然首当其冲遭受冲击，企业不得不停产减员，而这些劳动密集型行业也是农民工流入最多的行业，所以说，农民工返乡潮有可能再次袭来。

其次，在国内，2011 年上半年南方中小企业也面临着不少危机，甚至有着“中小企业倒闭潮”的说法。部分中小企业生产经营困难的原因是多方面的，和原材料和劳动力成本上涨、国家经济结构调整、企业规模过快扩张、海外市场动荡、一些企业投资经营战线拉得太长等问题有关。在标普下调美国信用评级后，南方各省中小企业的形势更是雪上加霜：下调前，中小企业还有一些对美订单；下调后，对美订单便锐减，有些外国企业开始推迟订单，甚至退单。东莞纺织服装行业协会会长陈耀华认为，东莞企业已经达到 2008 年以来最危险的时期。另据报道，素有“牛仔之都”美誉的广东省佛山市均安镇，近半年来约 100 家牛仔企业先后倒闭。

[1] http://finance.qq.com/a/20110818/008344.htm.

（二）改进返乡农民工就业创业帮扶机制的具体措施

1. 建立返乡农民工帮扶的长久机制

建立返乡农民工帮扶长久机制，就要对农民工技能培训长抓不懈。第一，强化政府在培训上的主体作用，逐步建立有利于返乡农民工再就业培训的宏观政策和教育培训体系，把返乡农民工教育培训纳入到当地经济社会发展的总体规划当中。第二，通过调整产业结构，创造再就业机会，通过广泛宣传教育、典型示范等形式，让返乡农民工逐渐意识到接受教育培训对改善自己生存发展状况的必要性和重要性，进而激发农民工参加培训的热情；第三，整合各类职业教育培训资源，建设适合农民工不同层次需求，符合劳动力市场需求的教育培训体系。

建立返乡农民工帮扶长久机制，就要坚持农民工创业优惠政策长期性与适应性的统一。农民工创业优惠政策的长期性是指创业优惠政策不会因为“返乡潮”的消退而结束，而是对任何时候返乡的农民工放开，使所有返乡后有志于支援家乡发展的农民工都有享受优惠政策的均等机会，激发返乡农民工的创业热情。广西自治区于2011年06月22日出台的《关于大力发展微型企业的若干意见》就提出了发展“微型企业”[1]为低收入群体提供创业机会，其中城镇失业人员、被征地拆迁户、残疾人等八类人群创办的微型企业尤其能享受到优惠政策，可以获得政府直接资金补助，享受资本金、税收、培训、融资、行政规费等方面的多项优惠政策。所谓的适应性是指返乡农民工的安置政策应该从实际出发，依据返乡农民工总体就业形势的变化而有所调整，在农民工返乡趋于平淡的时候对原来的一些临时性应急性的政策进行必要的调整，保证安置政策能起到应有效果。

2. 加大创业优惠政策对返乡农民工的宣传力度

鉴于返乡农民工在创业优惠政策上的封闭性与被动性，政府部门应该主动采取措施，加大相关政策的宣传力度。首先，丰富宣传渠道。运用政府部门网站，地方电视台、地方广播、地方报刊等公共传媒，使返乡农民工能够全面及时地了解政府出台的相关政策。其次，运用自身资源宣传。县乡政府、村委会也应该在办公地方张贴告示，必要时也可以采取去公共场所发放传单的方式。公务人员也应该深入基层、群众，与返乡农民工接触时积极的向他

---

[1] 广西扶持的微型企业界定为：从业人员（含投资者）20人及以下、出资数额或注册资本10万元及以下的依法注册登记的个人独资企业、合伙企业、有限责任公司。

们宣传和解释政府的优惠政策。最后，强化与返乡农民工的互动。在强化政策宣传的同时还应该强化与农民工的互动，公务人员与农民工当面接触时，可以询问返乡农民工对家乡创业的有关顾虑和对政府的其他要求，以通知、告示传单为形式的宣传方式可以留下信箱，热线为返乡农民工提供反馈的渠道，以对后期工作加以改进。

3. 依托地方优势，运用智慧创业

经过调研我们发现，那马镇农民工返乡之前在各行各业均有涉猎，所在地也遍布全国，因此农民可以善用自己在外出务工获得的先进管理理念、经营方式、技能技术等，返乡后充分发挥自己的创造性，运用自己的智慧创业。另一方面，创业农民工也应该依托地方经济上、文化上、自然环境上优势，规避相应的劣势，从家乡的实际情况出发确定自己的创业方向和创业规模。那马镇气候温暖湿润，风景宜人，所以返乡农民工从事的现代农业和涉农服务业取得了良好的效果。

4. 完善农民工帮扶工作的监督机制及责任追究机制

首先，深入实施帮扶工作的政务公开。政府部门要严格执行政府信息公开条例，主动、及时、准确公开帮扶工作相关财政预算决算，包括花费开支的时间、方式，公开的内容要详细全面，逐步细化到“项”级科目，使农民工帮扶专项资金接受公众监督，保证相关资源运用的透明、规范和效率。其次，加强对帮扶工作的监督考核。把返乡农民工帮扶工作纳入行政组织和领导干部的绩效考核范围中来，细化考核评估标准。建立舆论监督和群众监督体系，充分发挥人大代表、政协委员、民主党派、人民团体和新闻媒体的监督作用，强化社会监督，对农民工帮扶工作实现全过程监察。高度重视人民群众监督，认真解决农民工投诉反映的问题。建立健全激励和问责机制，对农民工安置工作落实到位、群众满意度高的地区和部门要予以奖励；对帮扶工作落实不力的，要进行诫勉谈话，限期整改；对贪污挪用农民工帮扶专项资金，损害农民工权益、造成严重后果的，要严格追究责任；坚决避免农民工就业创业扶持工作流于形式，确保农民工帮扶各项政策落到实处。

5. 整合多种社会力量支持农民工返乡创业

政府部门掌握资源的有限性决定了仅依靠政府来解决返乡农民工问题是不可行的。所以政府在发挥主导作用的同时，也应该培育多种社会力量共同解决返乡农民工就业创业问题。如培育农民工协会，老乡会等民工自治组织，能为农民工提供就业招工信息、工作技能的交流传播、维护农民工权益及相关法律咨询等服务，其建立有利于扩大农民和农民工参与社会事务的范围，实现农民工的利益。政府也应该为农民工自治组织的建立提供相应的指导与信息服务，给予它们发展壮大的空间，实现这些组织在实际运行过程中规范化、高效化、法制化。

又如在农民工创业融资上，银行可以更新观念，创新金融产品，提供一些适合返乡农民工创业的贷款品种。针对农民工技能培训，可以增强地方职校技校的社会责任感，鼓励这些学校对前来培训的返乡农民工实行学费减免的优惠政策，使农民工能花费较小的成本实现同等条件的培训。

（姚上海　陈露倩　张　燚）

报告四

民族地区农村实用人才队伍建设调查研究[1]

——以湖北省恩施土家族苗族自治州为例

引　言

在人类所拥有的一切资源中，人力资源是第一宝贵的，农业实用人才更是广大农民的优秀代表，社会主义新农村建设的生力军。而所谓的农业实用人才是指在农村具有一定的知识和技能，能够起到示范带动作用，具有一定的创造性，为当地农业和农村经济发展做出了积极贡献，并得到群众认可的农村劳动者。没有数量充足、素质优良、结构合理的农业实用人才队伍作支撑，就难以实现农业发展方式的转变，难以提升农业产业的竞争力，难以实现农业和农村经济社会的又好又快发展。

少数民族地区主要是在欠发达的边疆地区，农业人口比重大，农业和农村经济社会发展的整体水平低。因而，少数民族农村经济社会的持续健康发展，对我国各民族共同团结奋斗，共同繁荣发展，共建和谐发展更具有重要意义。胡锦涛总书记指出，加快少数民族和民族地区经济社会发展，逐步缩小发展差距，实现区域协调发展，最终实现全国各族人民共同富裕。这是党的民族政策的根本出发点和归宿，是我国社会主义制度的本质要求，是加强民族团结、巩固祖国边防，维护祖国统一的必然要求。我们要切实落实民族地区全

[1]　本报告为2011年中南民族大学中央高校基本业务费专项基金研究生资助项目，湖北省教育厅人文社科项目湖北省“民族地区农村实用人才队伍建设研究”项目阶段性成果。

面建设小康社会的各项基本任务，使民族地区的面貌更快得到改变，让改革发展的成果更好惠及各族群众。[1]近年来，党中央、国务院和省委、省政府对农业实用人才队伍建设工作高度重视，出台了相关政策。具体到地方来看，2008年恩施州委办公室、州政府办公室印发的《关于进一步加强农村实用人才队伍建设和农村人力资源开发的实施意见》（恩施州办发 [2008]28 号），对今后一个时期农业实用人才队伍建设作出了全面部署。贯彻中央、省委、州委精神，落实科学发展观和科学人才观，努力开创农业实用人才队伍建设的新局面，已成为摆在有关部门面前的一项重要而艰巨的任务。

因此，民族地区农村人才队伍建设的任务极为繁重。如何从少数民族地区新农村经济社会建设的实际情况出发，制定科学有效的农村人才队伍建设机制，对我国少数民族地区的社会主义新农村建设有着重大战略意义。针对这些问题，中南民族大学马克思主义学院的部分老师和研究生，在学院院长阎占定的带领下，于2011年8月对恩施州民族地区进行了专题调查，初步掌握了西部民族地区农村实用人才队伍建设方面的第一手资料。调研报告尝试对其中发现的问题进行深入地分析和梳理，以期为政府完善农村政策和改进措施提供参考，为民族地区农村人才队伍建设工作提供理论与现实依据 。

一、调研地区的概况、调查意义、方法与样本选择

（一）调查地区概况

本次调研，我们选取了湖北省的长阳土家族自治县（以下简称长阳县）、恩施土家族自治洲（以下简称恩施州）作为调研的地点。长阳县居于承东启西的重要地理位置，地处鄂西南清江中下游，云贵高原东延尾部，武陵山余脉。东连宜都，西接巴东，南抵五峰，北邻秭归和宜昌。总面积3424平方公里。境内山峦起伏，沟壑纵横，东高西低。全县辖11个乡镇。435个村，3502个村名小组，125668户，412844人，其中农业人口357212人，土家族占人口50.29%. 该县农业资源丰富，2001年，全县耕地面积355.61万亩，牧草场面积4.22万亩，水面面积16.87万亩。长阳是天然的动植物宝库，生物物种资源十分的丰富，诸如资丘木瓜，山羊板皮，金福红栀果、红山茶、棕片等地方特色传统土特产，不仅在全国有名，而且在国际上享有盛誉。

[1] 胡锦涛在中央民族会议上的讲话，2005年5月27日。

恩施州位于湖北省西南边陲，东接湖北宜昌，西邻重庆万州、黔江，南连湖南湘西，北靠湖北神农架，是全国最年轻的少数民族自治州，也是全省唯一享受西部大开发政策的地区。所辖六县两市均被国务院定为扶贫开发工作重点县。全州有 88 个乡、镇、办事处，2515 个村，22735 个村民小组；国土总面积 2.4 万平方公里，其中耕地面积 382 万亩（水田 106 万亩）；总人口 388 万，其中乡村人口 339.63 万，占全州总人口的 87.53%。在乡村人口中，有农村劳动力 193.79 万人，占乡村人口的 57.06%；农业从业人员 180.88 万，占农村劳动力的 53.25%．境内居住着土家族、苗族等 28 个少数民族，少数民族人口占全州总人数的 52.6%．这里是民族文化的厚土、中国革命的红土、资源富集的沃土、正在开发的热土和最具成长性的旅游目的地。

在长阳县和恩施州，农业是最基础的产业，农村是最大的社区，农民是最大的社会群体。解决好农业、农村、农民问题，始终是各级党委和政府工作的重中之重，始终是全面建设小康社会的重点和难点。加快发展农业、农村经济，全面建设小康社会和社会主义新农村，关键要提高广大农民群众的整体素质，培养造就有文化、懂技术、会经营的新型农民。

农民是新农村建设的主体，农业实用人才是广大农民的优秀代表，是人才队伍的重要组成部分，农业人力资源开发是农业实用人才队伍建设的基础和前提。当前，该地区农业农村发展正处在关键时期。全面开发农业人力资源，大力加强农业实用人才队伍建设，是建设现代农业的必然要求，是推动农村经济发展的有力保障，是实现农村社会和谐进步的迫切需要，是促进城乡经济社会一体化发展的现实途径，是建设社会主义新农村的重要任务。

恩施州和长阳县都是少数民族聚集地，又都处于武陵山区，农业人口占总人口的比例较大，各县市大部分是贫困县。农业资源，第一产业在当地国民经济中具有重要地位，符合我们此次调研主题的要求。

（二）调研意义

开展农村实用人才队伍建设研究，是准确掌握农村各类实用人才现状，着眼培养适应发展现代农业、建设社会主义新农村需要的各类人才，大力加强农村实用人才队伍建设和人力资源开发的工作要求，是深入贯彻落实科学发展观，全面推进农业和农村经济持续稳定发展的战略举措。开展农村实用人才队伍建设研究，是准确掌握农村各类实用人才现状，着眼培养适应发展现代农业、建设社会主义新农村需要的各类人才，大力加强农村实用人才队伍建设和人力资源开发的工作要求，是深入贯彻落实科学发展观，全面推进农业和农村经济持续稳定发展的战略举措。具体可以从以下几个方面展现出来：

一是加强民族地区农村实用人才队伍建设，是贯彻落实科学发展观的内在要求。我国政府多次对农村实用人才队伍建设工作做出重要指示，特别连续发出的8个关于“三农”问题的1号文件，都强调要抓好社会主义新农村建设工作。近年来，中央和地方专门下发了关于加强农村人才建设的文件，如：中办发〔2007〕24号、鄂办〔2008〕15号文件的政策措施，这些指示和部署对农村实用人才队伍建设工作提出了明确要求。在2009年召开的第四届全国杰出专业技术人才表彰大会上，习近平同志强调指出，人才是兴国之本、富民之基、发展之源。胡锦涛在全国人才工作会议上也指出，人才问题是关系党和国家事业发展的关键问题。人才是先进生产力中最活跃的因素，是先进文化的创造者和传播者。加强民族地区人才队伍建设，大力开发人才资源，最广泛最充分地把全体工作者的积极性创造性调动起来，把各类人才的智慧和力量凝聚起来，这对于贯彻落实科学发展观，增强民族地区的软实力，具有决定性的意义。

二是加强民族地区农村实用人才队伍建设，是适应我国人才强国战略、尽快改变农民整体科技文化素质低下状况的现实需要。我国农村地区的人才队伍总量不足，民族地区的人才队伍资源更是匮乏，而社会主义新农村建设需要数以亿万计的高素质人才。从总体看，我国农民整体科技文化素质还是相对较低，技术技能缺乏，科技创新能力不高已成为制约农村经济社会发展和增强国内外竞争力的一个主要瓶颈。仅就拥有的农村实用人才数量看，2006年8月16日《人民日报》报道：2005年，全国共有农村实用人才579万人，仅占全国农村劳动力总数的1.2%. 这种状况若不尽快改变，就会影响“三农”问题的解决，阻碍新农村建设和现代化建设的进程。

由此可见，人才资源才是第一资源，在人类社会发展进程中，人才是社会文明进步、人民富裕幸福、国家繁荣昌盛的重要推动力量。而在我国农村转型发展过程中，严重存在着对农村实用人才的需求与农村实用人才短缺的矛盾冲突。因此，在2010年《国家中长期人才发展规划纲要（2010-2020）》中，首次把农村实用人才队伍建设上升到国家人才战略的层面，明确把培养农村实用人才作为国家重点建设的六类人才中的一支，提出到2020年，农村实用人才队伍总量要达到1800万人。[1]

三是加强农村实用人才队伍建设，有助于加强党的领导、巩固党的执政地位。党的十七届三中全会指出：进一步加强农村基层干部人才队伍建设，着力建设一支守信念、讲奉献、有本领、重品行的农村基层干部人才队伍。农村基层干部人才队伍是党和国家联系农民群众的纽带，是党在农村各项政策的宣传者、贯彻者和执行者，是广大农民群众发展现代农业、推进社会主义新农村建设的带头人。提高民族地区农村基层干部人才队伍素质，充分调动民族地区农村基层干部人才队伍工作积极性，加强民族地区农村基层干部人才队伍建设，显得尤为迫切和重要。只有密切联系群众、紧紧依靠群众、忠实服务群众，才能凝聚执政力量、巩固执政地位。在新的历史时期，党的群众工作也面临许多新情况、新问题，亟需创新和发展。在民族地区农村基层工作中引入社会工作专业化的理念和方法，充分发挥民族地区农村基层干部人才与人民群众密切联系、第一时间反映人民群众需求的专业优势，把党和政府的温暖以人民群众易于接受的科学方法送进千家万户，这对于提高基层工作实效性，密切党同人民群众的血肉联系，进一步扩大党的群众基础、增强党的执政能力、巩固党的执政地位具有重要意义。

四是加强农村实用人才队伍建设，是经济社会发展规律的基本要求。经济社会发展阶段理论告诉人们，自然经济、农业经济和工业经济中的第一资源分别是自然条件、土地和技术资本，而在知识经济时代，人才资源是第一资源。特别是随着经济全球化深入发展，科技进步日新月异，知识日益成为提高综合实力和区域竞争力的决定性因素，人才资源已成为推动经济社会发展的战略性资源的情况下，面对我国农民素质依然偏低的现状，只有着力加强农村人才队伍建设，培养和造就数以亿计的高素质劳动者、数以千万计的专门人才和大批拔尖创新人才，才能适应经济社会发展规律的客观要求，提高农业科技创新和推广能力，促进经济发展方式转变，推动经济社会又好又快发展。

五是加强民族地区农村实用人才队伍建设，是建设社会主义和谐文化的客观要求。民族地区只有加强农村实用人才队伍建设，培养一批能够真正深入理解和谐文化的实用人才，一批积极推动和谐文化向前发展的领导者，一批积极投身和谐文化实践的先行者，才能激励广大农民把握鲜明主题，牢记使命，

[1] 《国家中长期人才发展规划纲要》（2010-2020年）［DB/OL］. 新华.http://news.xinhuanet.com/politics/2010-06/06/c_12188202.htm. 2010-6-6。

自觉投身和谐社会建设的伟大实践，积极推进民族地区的文化繁荣，为构建社会主义和谐社会作出自己的贡献。再者，加强民族地区人才队伍建设，是破解文化发展瓶颈的迫切要求。各少数民族在长期的社会历史发展进程中，创造了灿烂的民族文化，成为促进和推动本民族文化事业繁荣发展的骨干力量，一批享誉中外的杰出艺术家脱颖而出。可以说，少数民族文化的发展和特色，更多地体现在少数民族某一方面、某一领域的优秀人才上。但同时，民族文化生态环境日益恶化，民族民间文化的生存屏障受到现代化的冲击，民族文化人才相当缺乏，民族民间文化后继乏人。民族地区只有加快文化人才队伍建设，把培养少数民族文化人才摆在重要的战略位置上，培养一大批优秀的少数民族文化技术人才、艺术人才和管理人才，才能打破文化发展瓶颈，满足民族地区文化事业发展的人才需要。

六是加强民族地区农村实用人才队伍建设，有助于增强我国的国际竞争能力。国际竞争要求我们必须加强民族地区农村实用人才队伍建设。我国加入WTO后，农业发展既面临着机遇，也面临着挑战。我国是个多民族的国家，民族地区的农业产品更是各有特色，深受国内外市场的青睐，但是，大量国外农业产品涌入我国市场，竞争更加激烈。市场竞争实际上就是农业产品科技含量的竞争，农产品科技含量高、产品质量好、成本低，才有竞争力。如果我们无法扬长避短，没有高质量的农产品，不但无法打入国际市场，就连国内市场也难站得住脚。而高质量民族地区农产品的研制、开发必须依靠农业科技人才。因此，加强农业科技人才队伍建设有着重要的意义。

（三）研究方法

本研究试图深入和全面地研究现阶段我国民族地区农村人才队伍建设情况，避免只有理论研究而没有实证，研究将以理论分析、实证研究相结合，并尽量汲取相关研究成果，从而达到学以致用的目的，在研究方法上主要从以下几方面入手：

第一，文献分析。课题组搜集有关恩施州发展农村人才队伍建设的有关资料，查阅相有关民族政策、民族工作的理论著作和相关文献，分析民族地区农村实用人才队伍建设发展过程中出现的问题，总结它们的成功经验。

第二，实地调查。根据本课题的选题需要，课题组在2011年暑期深入湖北恩施开展实地调查。调查的内容包括：农村人才队伍建设的现状、相关机制和政策等内容。同时，课题组采取查阅资料、座谈专访、印发问卷等形式开展调查，获取第一手资料。

第三，采用定量分析、数理模型和实证研究的方法。我们运用专业统计学的理论、方法，采用数据分析软件，对所收集的资料进行定量分析。之后，我们建立起数学模型，将量化的结果纳入系统，在此基础上，我们依据有力的、客观的数据证明，对所要分析的问题进行实证研究。

第四，个案分析。我们在发放调查问卷的基础上，深入广大农户之中，对农户进行采访，并走访当地若干农民专业合作经济组织，了解具体细节，形成个案访谈记录，深化和丰富通过实地调查和文献分析所得出的成果。

（四）调研样本的选择

调研小组在仔细研读中央和地方关于民族地区农村实用人才队伍的相关政策和措施的基础之上，还查阅了大量的文献资料，制定了周详的调研计划，选择了一定数量具有代表性的调查地区和对象，设计了调查问卷，在当地有关部门的积极配合与支持之下，深入农村田间地头，广泛接触农户和农村各界人士，采取了问卷调查、深度访谈与实地考察等方式，获得了比较全面的第一手资料。调查抽样采取非概率抽样方式，利用2011年暑期社会实践的机会进行调研，涉及到湖北省的民族聚集地的4个县市，包含不同农业生产条件，不同经济发展水平的广大农村地区。通过个案分析，试图对近些年西部民族地区落实中央农村政策的基本情况进行分析；在调查样本的选择方面，我们从不同角度、不同层面将能够反映近期民族地区农村实用人才队伍建设方面的主题列入调查样本。同时，依据全国人才队伍建设中长期规划纲要编制工作办公室制定的主体人才队伍（三支队伍、两类人才）统计指标中确定的主要类型和解释标准，对该地农业实用人才划分以下四大类型十八种农业实用人才，符合全国标准。

第一，农业生产型人才。包括种植业人才、养殖业人才、农产品加工人才等。具体是规模种植户（平原、丘陵地区种植规模在30亩以上；经济作物如蔬菜、茶叶10亩以上；山区种植规模10亩以上）；规模养殖户（水产养殖：大水面养殖100亩以上；精养鱼池养殖50亩以上；网箱养殖100口以上。畜禽养殖：养猪年出栏30头以上；肉鸡、肉鸭年出笼万只以上；蛋鸡、蛋鸭年出笼5000只以上；养羊年出栏30只以上；肉牛年出栏10头以上；养蜂50箱以上）；农产品经营流通人才中的农产品初加工专业户。

第二，农业经营型人才。包括农业企业经营人才、农村经纪人、农民专业合作组织带头人等。具体是农村产业化经营职业经理人、农民回乡创业领办人、农村劳务经纪人、农民企业家（年产值50万元以上）、农民专业合作组织人才、农产品经营流通人才。

第三，农村科技服务性人才。包括村级畜禽防疫员、植物保护机防员、农机作业驾驶员、农机大户（农机价值10万元以上）、农村能源建护员、农业生产资料经营者、农村生活资料经营者、村级金融保险员和农村社区民政人才等。

第四，农村技能带动型人才。包括农村能工巧匠、农业科技示范户（县市级农业科技示范户）等。

民族地区农村人才队伍建设成果的主要服务对象是农民，农村实用人才队伍的建设情况如何，感受最深、看得最清楚、最有评判权的是他们。因此，农民是我们主要的调查对象。民族地区农村实用人才队伍建设主要目的在于缩小城乡差距，促进农村经济社会的发展，在农村中从事其他职业的人士感受也是我们关心的问题，因而，他们也是我们的主要调查对象之一；农村实用人才队伍建设的宏观层面，如对地方对相关人才的扶植力度、人才队伍的结构调整、农村人才的培训情况，局内人比局外人更清楚，掌握的数据和资料更多，因而，我们将有关政府官员也作为调查对象之一。持此调查我们总共发放调查问卷230份，回收问卷178份，有效问卷150份。深度访谈与大小座谈共10余次，调研历时将近1个月。此次调研的调查样本的概况见表1。

表1 恩施州调研样本基本情况 (N=150)

样本分布特征		频数	百分比	社会特征		频数	百分比
分布地区	巴东县	38	25.33	文化程度	博士研究生	1	0.67
	长阳县	32	21.33		硕士研究生	4	2.67
	恩施市	28	18.67		大学本科	18	12
	来凤县	42	28		大专	32	21.33
年龄	35岁以下	65	43.33		中专	23	15.33
	26-45岁	58	38.67		高中以下	72	48
	46-50岁	20	13.33	职业面貌农	农业生产人才	43	28.67
	50岁以上	7	4.67		农村管理人才	27	[illegible]
性别	男	105	70		农村经营人才	38	25.33
	女	45	30		技能带[illegible]才	32	21.33

二、调查结果分析

（一）恩施州地区在宏观层面上农村实用人才队伍建设的现状

改革开放以来，随着农村生产力发展和生产关系调整，恩施州一大批农业实用人才脱颖而出，在示范农业技术、引导农业产业结构调整、带领农民走向市场、带动农民增收致富和促进农村繁荣稳定等方面，发挥了不可替代的重要作用。

1. 农村实用人才队伍的总量和结构特征

我们结合研究关于恩施州8县、市的农业人才资源抽样统计调查。根据官方的调查结果汇总推算，截至2008年底，恩施州农业实用人才总数为7.6万人。农业实用人才呈现出以下结构特征：

（1）人才总量：全州各类农村实用人才总量为76057人，占农村人口的3.92%，占农村劳动力的2.24%.

（2）人才结构：性别结构，男性58468人，占77%，女性17589人，占23%； 年龄结构，16至20岁2180人，占0.03%；21至30岁8565人，占11%；31至40岁28517人，占37%；41至50岁26348，占35%；51至60岁10447，占14%.（见图1）

（3）从业结构，生产型人才27010人，占总量的35.5%；经营型人才6918人，占总量的9.1%;科技服务型人才16902人，占总量的22.2 %；技能带动型人才25227人，占总量的33.2%.（见表1）

(4) 人才层次：小学文化程度10189人，初中文化程度34065人，高中及中专30498人，大专及以上1305人，分别占13.4%，44.8%，40.1%，1.7%.（见图2）

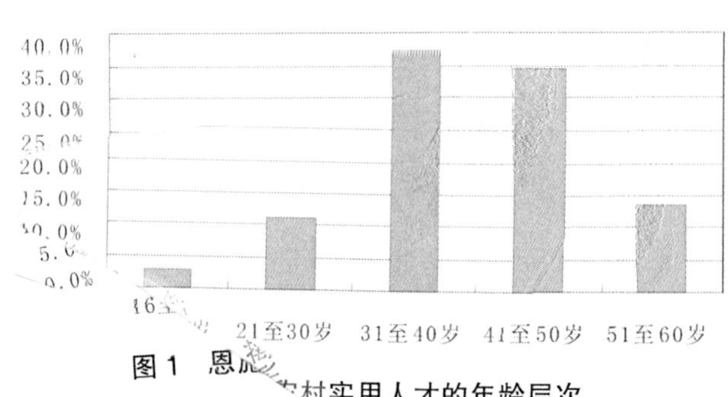

图1 恩施州农村实用人才的年龄层次

业系统根据企业对生产、加工、市场营销等方面知识的需求，选派农业专家深入企业和专业合作组织对技术工人、生产营销人员进行培训，增强专业本领，同时，组织龙头企业参加各种展会，组织湖北长友、巴山土家等多家龙头企业参加了第六届中国国际农产品交易会、第五届中国武汉农业博览会等活动。通过参展使营销人员增长专业知识，增长营销才能。

（4）通过发展特色产业、兴办农村能源、推广农业机械化培养农村实用人才。全州现有茶叶、林果、蔬菜、药材等特色农产品基地521.5多万亩。恩施州农业局组织农业专家围绕特色产业和农业生产编印《恩施州十大农业实用技术》手册4000多本，发放到农民手中。2009年，恩施州共落实农机具购置补贴资金1450万元，完成全年计划的52.7%，带动农民投入资金6000多万元，补贴机械18600台套，受益农户1.58万户。

恩施州通过组织实施生态家园项目，以提高沼气池建设质量为重点，通过举办培训班，落实项目扶持政策，认真抓好沼气工安全生产和节能技能培训，全州共新建沼气池13593口；同步完成“三改”5453户；新建村级后续服务网点451个。同时，通过举办培训班和入户指导，对5万沼气用户开设了沼气安全使用和“三沼”综合利用以及“猪沼果、猪沼鱼、猪沼粮、猪沼菇”多种生态农业模式等综合利用技术培训，深受广大农民的欢迎。

（5）开展农村实用人才评选表彰。为贯彻落实人才强州战略，大力开发农村人才资源，培养一支扎根农村的人才队伍，为全州农业农村经济发展提供智力支持和人才保证，根据《中共恩施州委恩施州人民政府关于大力优化人才环境的决定》、《恩施州优秀人才选拔管理办法》，在州委人才办的指导下，我局制定了《恩施州优秀农村实用人才选拔管理办法》，明确了选拔原则、选拔范围和对象、选拔条件、选拔程序、有关待遇和管理办法等，使选拔管理工作走向了规范化和制度化。组织县市推荐农村优秀实用人才候选人42人，组织专家评审从中推荐进入考核22人，最终有20人将被评为恩施州首届农村优秀实用人才，由州委、州政府表彰。

（二）恩施州地区在微观层面上新农村建设农村实用人才的现状

1. 人们对民族地区农村实用人才队伍建设情况的认知情况

由于民族地区人才队伍建设所涉及的内容十分广泛，调研小组从其中选取几个具有代表性意义的方面加以分析。大家的切身感受才是人才队伍建设情况的最直接体现，因此，相关方面的问题也是我们这次调查的重中之重。

表 3 民族地区所需要的农村实用人才种类 (N =150)

问题	您认为当前民族地区农村最需要哪一类人才？				
选项	农业产业带头人	农村建设管理带头人	能带动当地农民就业的企业负责人	能授人以技能的技术人才	具有当地民族特色的专门人才
频数	48	44	28	52	19
比例	32%	29.3%	18.7%	34.7%	12.7%

（1）民族地区最急需的人才种类。如表 3 显示，当前我国民族地区的新农村建设是离不开实用人才的，并且大家都表示十分欢迎各种各样的实用人才，认为相关人才给他们的生产生活带来了很大的便利。32% 的农民表示当前民族地区农村最需要的是农业产业带头人来带领他们来搞好农业生产。29.3% 的农民认为目前民族地区的人才队伍仍呈零星式、松散型分布，人才的示范辐射作用还不能充分发挥，仍需要一批农村建设管理带头人来加强农村农业的生产。18.7% 的村民表示当前农村需要能带动当地农民就业的企业负责人起领头带动作用。有 34.7% 的村民表示希望有相关的技术人才来帮助他们提升自己的农业生产技能，这也是广大农民中呼声最高的，值得大家重视。最后，还有 12.7% 的村民表示需要具有当地民族特色的专门人才来带领他们走出一条具有民族特色的农业生产之路。现有农村实用人才的专业结构也不尽合理，文史、政治等专业人才较多，理工、经济等专业农村实用人才较少，特别是缺少电子商务、金融法律等专业农村实用人才。在乡镇第一线就职的农村实用人才以及在工业经济一线工作的专业技术农村实用人才不足 30%，而大量农村实用专业技术人才多聚集在党政机关中，现有的农村实用人才远远满足不了少数民族地区农村经济结构调整和农业产业化发展的需要。

表 4 农村实用人才培训状况 （N=150）

问题	当地政府部门是否组织过对“农村实用人才”的专门培训？			
选项	经常组织	偶尔组织	没有组织	不清楚
频数	39	45	39	27
比例	26%	30%	26%	18%

（2）民族地区农村实用人才培训状况。如表 4 所示，只有 26% 村民认为当地政府经常组织农村实用人才的专门培训，有 30% 的村民提出当地政府偶尔组织相关的农业技能培训，还有 26% 的村民表示当地政府没有组织过相关的农村实用人才培训。最后，还有 18% 的村民表示不清楚具体的培训情况。进而结合调研小组的访谈得知，现在真正通过农业技术推广机构和农业职校培养出来的实用人才不多，大多数农村实用人才是靠长期实践经验积累而自然成长起来的“土专家”、“田秀才”。政府部门组织的专家服务团送科技下乡针对的是普通人群，讲的是常规技术和知识，像蜻蜓点水，一鳞半爪。现有的“阳光工程”培训仍然还停留在种植、养殖等传统产业的基本技术上，对农产品加工、品牌营销、农村建设、信息技术服务、农村经纪人、合作社带头人等的培训还没有跟上去，这些都直接导致了少数民族地区农村实用人才分布不均匀、结构不合理，无法适应农村产业多元化发展的需求。

表 5　农村实用人才投入总体情况　　(N=150)

问题	本地人才投入的总体情况		
选项	投入力度大	投入力度适中	投入力度太小
频数	17	60	73
比例	11.3%	40%	48.7%

（3）实用人才投入的总体情况。如表 5 显示，民族地区农村人才队伍整体投入程度还是偏小。从调研小组发出的有效问卷结果显示：只有 11.3% 的村民认为当地政府重视投入，力度大，投入幅度超过经济增长水平；40% 的人们觉得投入的增长幅度基本能与经济增长水平相适应；48.7% 的村民认为当地政府投入偏低，增长幅度明显低于经济增长水平。所以，通过以上的数据可以明显地看出，大部分的人们认为各地政府对实用人才队伍的投入还不够的。

与此同时，调研小组还对民族地区农村人才的数量、学历和专业知识结构能否满足和适应当前社会主义新农村建设的需要进行了更深层次的调研。通过调查显示，仅有 6.7% 的农民表示当地农村人才能够适应和满足当地的社会经济发展需要；有 46.7% 的农民表示该地区的农村实用人才基本适应和满足当地的发展需要；同样有 46.7% 的农民表示该地区的农村实用人才不能适应和满足当地的发展需要。结合我们和个别的农户的私下访谈得知，整个村子里直接在乡村一线工作的只有少数部分，而在乡（镇）工作的农业技术人员则更少。近几年来，由于编制问题和机构精简，一批优秀的农业大中专毕业生被拒之门外，从事一些与农业无关的工作。目前基层农业技术人员中，有相当一部分人因待遇差而另谋发展，真正服务农村的农业技术人员已非常少，这些都严重影响民族地区农村实用人才队伍建设的进程。

表 6　农村实用人才管理情况　　（N=150）

问题	您所在的县、乡、村，有无“农村人才”管理组织？		
选项	有	没有	不清楚
频数	39	62	49
比例	26%	41.3%	32.7%

（4）实用人才的管理情况。如表 6 所示，大部分的农民认为自己所在地区缺乏相关实用人才的管理组织，调研小组也认为这点是影响民族地区人才队伍建设的重要因素之一。仅有 26% 的村民知道自己的县、乡、村，有“农村人才”管理组织，而更多的 41.3% 明确表示该地区没有相关的农村人才管理组织，同时还有 32.7% 的人们表示对具体管理情况不清楚。通过个别的访谈得知，农民希望有一个系统的人才队伍管理组织来进一步开发农业人才资源。村民提供的具体解决措施主要有以下几方面：一是进一步明确落实县以下农村实用人才领导体制，逐步建立健全县（市）、乡镇、村三级农村人才信息库，按照农村实用人才的不同类型，颁发农村实用人才证书，把农村实用人才纳入政府工作的管理和服务对象，开发和利用并重；二是结合当地产业情况，以优势产业带动或以示范基地建设带动农村实用人才开发。鼓励采用“公司 + 基地 + 农户”、“协会 + 基地 + 市场 + 农户” 等的形式，由公司、协会提供技术指导和专业培训，将技术、人才、市场结合起来开发民族地区农村实用人才。

表 7　落实中央加强人才队伍建设的政策情况（N=150）

问题	当地贯彻落实近年来中央下发的有关加强人才队伍建设的政策文件的情况		
选项	高度重视	一般重视	重视不够
频数	43	67	40
比例	28.7%	44.7%	26.7%

（5）政策落实情况。“三农”问题是中央工作的重中之重，近年来中央连续出台了一系列的加强支持农业的政策，农村实用人才队伍建设理所当然也是我国农业宏观调控的受益者之一。但是，通过我们的调研数据显示，有很多地方没有真正落实中央下发的有关加强人才队伍的政策文件，仅有28.7%的农民认为当地政府高度重视，贯彻落实了中央有关加强人才队伍建设的政策文件，很有成效；有44.7%的农民认为当地政府重视程度一般，中央有关加强人才队伍建设的政策文件落实不多，成效一般；而更有26.7%的农民地方政府认为重视不够，政策没有落实，没有成效。这些都表明，有关部门出台的一些政策意见比较宏观，虽然指导意义很强，但可操作性较差，相对应可操作性强的实施办法没有及时出台，致使政策作用发挥没有达到预期效果。

（6）民族地区农村实用人才队伍建设的满意程度。民族地区的人才队伍建设是取得了一定的成就的，同时调研小组通过访谈得知大部分的农民对民族的地区的人才队伍建设是感到满意的。但是，还是有一部分的农民表示在人才队伍建设的过程之中出现这样或者那样的问题。一是，在有些地方在农业生产中缺乏公平性，往往和村领导有关系的村民才会得到更好的政策支持，而一些有真才实干的村民往往得不到其应有补助。二是有关资金投入、奖励、支持等方面的配套政策措施不完善。三是经费投入上的局限性。农村人才资源开发工作在经费上常常捉襟见肘，高新精的农业科技难以全面推广和有效实施，难以发展农业经济的深度开发和规模经营，在一定程度上迟滞了农业产业化的进程。这些问题往往也是造成很多地方留不住相关农业技术人才的重要原因，值得大家深刻反思。

表8 民族地区农村实用人才队伍的作用发挥情况 （N=150）

问题	您觉得民族地区农村人才队伍在当地的作用如何？			
选项	很重要	一般	不重要	不清楚
频数	69	56	13	12
比例	46%	37.3%	8.7%	8%

（7）民族地区农村实用人才队伍的作用发挥情况。根据表8所示，有

46% 的农民认为农业人才在日常的生产生活中起到了至关重要的作用，这表明多数民族的地区的农民渴望得到相关农业人才的帮助，从另一面也表明当今相关的农业技术人才在民族地区还是相当的稀缺。大家都知道民族地区经济社会发展滞后，很难吸引人才的，所以我们必须创造有利于相关人才发展的良好环境。因而我们需要根据本地实际和发展需要，健全农业人才引进渠道，研究制定相关人才引进政策，在工资、住房等方面给予优惠待遇，吸纳优秀农业技术人才。“要努力消除束缚人才合理流动的体制性障碍，制定更加优惠的政策，采取灵活多样的措施，创造良好的用人机制和环境，鼓励、支持和吸引各级各类人才到民族地区发展创业，贡献聪明才智。”更需要充分利用区外的智力资源，提升民族地区的学术研究和文艺创作水平。

进而我们详尽调研了民族地区实用人才作用的具体发挥方式：有 64% 的农民表示农村实用人才可以带动村民共同致富；有 39.3% 的村民表示农村实用人才可以为广大村民提供生产、生活保障，是大家的生活的水品得到进一步的提升；28% 村民表示农村实用人才可以带领大家把人际关系处理的更好，营造了和谐乡村的氛围；38% 的村民表示实用人才沟通了相关职能部门与农户，发挥了中介作用；3.33% 的村民表示实用人才是是宣传本村的一张名片，代表着整个村子的形象。由此，我们不难发现民族地区实用人才的作用是巨大，而且他们的功能性可以渗透到农民生活的各个方面来。这更能说明我们实用人才使我们新农村建设的“顶梁柱”，也表明我们必须进一步加强民族地区农村人才队伍建设紧迫性和重要性。

（8）民族地区农村实用人才的社会地位。众所周知，民族地区农村一般都是地理位置相对偏远、生产能力比较低、生活环境一般的地区，而很多实用人才之所以愿意来到这些地方，往往都是希望实现自己的个人理想和人生价值，因而社会的认同感对他们来说是十分重要的。通过我们调研小组回收的有效问卷显示：41.3% 的农民觉得当地的实用人才在各个方面都得到了应有的重视；42% 的村民表示当地人才仅仅是在自己的专业技能方面受到尊重；15.3% 的农民认为农业相关就是有一技之长，没有什么特别，不需要特别受到尊重；仅有 1.3% 的农民表示当地的农业实用人才没有得到重视。总的来说，大部分农村是有人才在当地是得到了其应有的地位的，在个人价值和专业技能上都得到了认可。但是，还是有个别不重视相关农业人才的现象时有发生，这是应该值得大家注意的。

三、民族地区农村实用人才队伍建设中存在的问题与对策

（一）恩施州地区在农村实用人才队伍建设中存在的主要问题

尽管近几年以来恩施州农业实用人才队伍建设工作取得了一定的成绩，积累了一定经验是，但通过调研小组这次的调查结果来看，恩施州农业实用人才队伍建设仍存在着一系列问题需要解决。

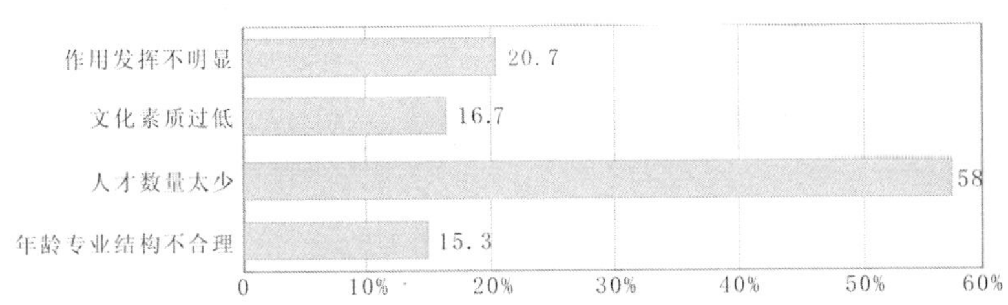

图 3 民族地区农村实用人才队伍的作用发挥情况

1. 总量依然不足

如图 3 所示，有 58% 受调查者反映民族的实用人才过少，这也是民族地区人才队伍建设的最大难点所在。预计到 2015 年，恩施州农业实用人才总共需要 12.7 万人，其中生产型人才 4.7 万人，经营型人才 1.0 万人，科技服务型人才 2.6 万人，技能带动型人才 4.5 万人。其中初中学历 3.2 万人，高中学历 7.3 万人，大专及以上学历 2.2 万人。到 2020 年，恩施州农业实用人才总共需要 20.4 万人，其中生产型人才 8.3 万人，经营型人才 2.0 万人，科技服务型人才 3.2 万人，技能带动型人才 6.9 万人。其中初中学历 3.5 万人，高中学历 11.5 万人，大专及以上学历 5.6 万人。

因而，到 2015 年恩施州农业实用人才总缺口 5.1 万人，其中生产型人才 2.0 万人，经营型人才 0.3 万人，科技服务型人才 0.9 万人，技能带动型人才 1.9 万人。到 2020 年我省农业实用人才总缺口 12.8 万人，其中生产型人才 5.6 万人，经营型人才 1.3 万人，科技服务型人才 1.5 万人，技能带动型人才 4.4 万人。[1] 所以，如何吸引更多的相关农村实用人才服务于民族地区农村是我们的当务之急。

[1] 《恩施州农村农业各类实用人才分布现状及需求预测表》，资料来源于恩施州农业经济管理局，2011年8月24日。

2. 人才队伍建设的相关机制不科学

通过结合调研小组的问卷调查和私下访谈得知，当前民族地区人才队伍培养机制方面有如下问题：有 48.7% 的受访者表示人才培养与使用目标结合不紧密、人才供需脱节；有 42% 的受访者表示该地区的人才培养方式单一，导致人才培养质量不高；有 51.3% 的受访者表示人才培养的投入资金少，直接造成了培养效率低；有 28% 受访者表示相关职能部门对用人单位加强人才培养缺乏政策激励。目前，实用人才大多是自然成长起来的“土专家”、“田秀才”，靠的是由实践积累而来的专业技术，具有专业技术职称的不多，且多数为初中或初中以下文化水平，很难适应当前农村经济发展的需要。虽然在实用人才的培养上，相关行业主管部门、协会组织等开展了一些工作，但就整体情况看，由于人员相对分散，技术种类繁多，培训专业的设置还停留在种植、养殖等大众化项目的培训上，致使培训没有针对实用人才队伍现状和农村经济发展需求来开展，培训往往事倍功半，实际效果欠佳。

同时，在调研的过程当中发现在某些地区的人才选拔过程当中存在着以下问题：36.7% 的受访者表示该地区选拔人才视野不宽、渠道不畅，仍存在着户籍、身份、所有制等障碍；48% 的受访者表示该地区选拔人才重学历、职称，轻能力、实绩的倾向仍然比较明显，导致许多具有真才实学的人才得不到重用；52.7% 的受访者表示该地区缺乏公平竞争的机制和环境，优秀人才难以脱颖而出，特别是在选人用人上个人说了算，任人唯亲的现象仍然比较突出。如果在人才的选拔上都出现这样或者那样问题的话，那么这对民族地区农村的生产发展不能不说是个巨大隐患。

再者，通过这次调研我们了解到当下恩施州某些地区同样没有重视人才队伍建设中的激励问题。调研小组设计的问卷对这一问题有以下的反馈：46% 的受调查表示当地人才激励方式单一，不适应人才的真正需求，对调动人才积极性的作用不大；54.7% 受调查者反映相关人才在收入分配上，平均主义与收入差距过大并存；27.3% 受访者表示激励的部门过多，标准不一，造成相互攀比，激励起不到真正效果；78% 的受调查者表示人才激励缺乏鼓励创造和创新的政策措施。

综上所述，现行的农村实用人才使用制度“培养机制”、“选拔机制”、“激励机制”总体上缺乏科学性，制约了人力资本作用的充分发挥。在环境上，“重视知识、尊重人才”的社会氛围尚不浓厚，吸引、留住人才建功立业和调动人才积极性的社会人文环境和创新创业环境有待于进一步提高。体制机制的缺陷与障碍，严重挫伤农业科技人员的工作热情、积极性和创新力，加剧了人才资源的流失、浪费和相对过剩，所有这些，都成为建设民族地区农村实用人才队伍的桎梏。

3. 人才队伍缺乏稳定性

根据调研小组的调查了解到，由于有些地方政府对农业科技重视不够，财政投入严重不足，相关人才的工资、待遇、福利、地位等普遍偏低，工作、生活环境艰苦，存在制度缺陷以及政策导向的偏差等，导致农业科技队伍的极度不稳定，并进一步使人才培养的效率大打折扣；或一方面不惜一切代价引进人才，另一方面则对人才流失束手无策，或漠然视之。特别近几年来随着科技体制改革的不断深化，以及“稳住一头、放开一片”和“开放、协作、流动、竞争”等政策的相继出台，尤其是聘用制的推行和养老保险制度的行将改革，已经或必将使农业科技人才的流失呈愈益加剧和更加多元化、多途径之趋势。除了大量正常或非正常以及提前退休人员和大量农业高校优秀毕业生“离农”，更有众多主动或被动调入、提拔到各级党政机关、行政管理部门者，还有许多出国或留学不归、跳槽、分流、辞职、改行等人员以及专家、学者官员化倾向的隐性流失等。高素质、高层次、年富力强的科技骨干和新生力量、后备人才持续不断地大量流失，使我国民族地区农村人才队伍建设困难重重、步履维艰。

（二）恩施州进一步加强农村实用人才队伍建设的对策

农村实用人才培养是一项长期的系统工程，必须立足当前，着眼长远，认真谋划，稳步推进。改革开放30多年来的实践告诉我们：加强农村实用人才队伍建设，完善政策是关键，组织健全是基础，经费落实是保障，措施到位才能真正取得实效。正如胡锦涛在2010年第五届亚太经合组织人力资源开发部长级会议开幕式致辞中所讲的，“要健全面向全体劳动者的职业技能培训制度，形成有利于劳动者学习成才的引导机制、培训机制、评价机制、激励机制，全面提高劳动者职业素质和技能水平。”[1]只有这样才会为农村实用人才的产生提供肥沃的土壤、发育成长的空间和可持续发展的保证。

为此，我们必须牢固树立科学的发展观和人才观，根据统筹城乡经济社

[1] 胡锦涛在2010年第五届亚太经合组织人力资源开发部长级会议开幕式致辞《促进体面劳动构建和谐劳动关系》［DB/OL］.中国新闻网.http://news.sina.com.cn/c/2010-09-16/142221115574.shtml. 2010-09-16.

会协调发展的求，建立开发农村实用人才的长效机制，努力把农村丰富的人力资源转变为人才资源优势。

1. 健全农村实用人才培养体系，进一步加大教育培训力度

（1）建立健全农民职业教育培训体系，全面开发农村人力资源。要根据民族地区大多地处偏僻、交通不便、信息不畅等特点，鼓励高校毕业生到民族地区从事文化科技工作。要继续发挥民族地区高等院校和民族院校的作用，开办少数民族农村实用人才培训班，加强对少数民族农业实用技能的培训。从而逐步建立起一个结构合理、功能齐全、设施完备，多层次、多渠道、多形式的农民科技教育培训体系，形成“政府统筹、农业牵头、部门配合、社会参与、体制健全”的新型农民科技教育培训运行机制。完善农业职业教育体系，加快职业学校的建设，逐步形成农业高、中、初级职业教育体系；完善农业远程教育体系，充分利用农业广播电视教育、网上教育、函授等远程教育手段，打破空间和地域限制，增加农民接受各层次教育培训的机会；完善农民培训教育体系，充分利用农业科院院所、农业、畜牧兽医、水产、农机、能源技术推广中心等站所的教育培训资源，在农业生产的重大环节，适时对农民开展各类适用技术培训，把学校办到农民的家门口，把知识送到田间地头，加强具有针对性强的培训，让农民真正把技术落实到生产实践中，全面提高农民的文化素养和运用科学技术的能力，培养不同层次的高素质、技能型、应用型的农村实用技术人才。

（2）发挥农村实用人才之间的传帮带作用。充分发挥民族地区农村实用人才在新农村建设中的示范带动作用，是抓好农村实用人才工作的关键。首先，开展结对帮扶，把农村实用人才“干给群众看”和“带领群众干”有机结合起来，在农村实用人才中广泛开展“传技术、带民富、比贡献”活动，带领群众共同致富。其次，发挥示范带动和辐射拉动作用。在发挥人才自身优势，积极引导他们创办企业、领办农民专业合作社的基础上，还可以把农村实用人才队伍建设与农村基层组织后备干部队伍建设结合起来，通过将其优先发展成党员、重点培养成村干部、培育成农村致富带头人三步走战略，使其由个人带头致富向带领群众共同致富转变，提高村级班子带领群众致富的能力，以增强少数民族地区农村实用人才的实际操作技能。

（3）积极引进优秀的农村实用人才资源。少数民族地区要建立和完善农村实用人才引进机制，充分利用少数民族地区高校等各种师资力量，例如湖北民族学院等，千方百计做好“穿针引线”工作，将科研机构、高等院校或

科技实体的科研成果引向农村，将科技信息带到农村，使之服务于农业生产第一线。并且积极鼓励、支持农业技术人员分流领办、创办各类科技示范基地，形成样板，做给农村实用人才看，带着农村实用人才干。这不仅有利于增强农村实用人才队伍的实际操作技能，也有利于促进少数民族地区农村实用人才队伍建设。对农业和乡镇企业需求的人才，无论从哪里来，采取什么方式来，都应支持，给予方便，并积极为他们办理各种手续，建立引进的“绿色通道”。

2. 强化服务管理，充分发挥农村实用人才的就业创新能力和辐射带动作用

(1) 为农业实用人才创新创业搭建平台

启动农业实用人才创业促进计划。各级政府和有关部门要在创业培训、科技立项、审批办证、税收、信贷、金融服务等方面，对农业实用人才实行倾斜和优惠政策。鼓励和支持有条件的种养大户实行适度规模经营，优先承包土地、山林、鱼塘、草场等；鼓励和支持农业实用人才创办优质农产品示范园和产业化龙头企业，兴办科研和经济实体，领办农村合作经济组织和各类农民专业协会，从事农产品加工业、服务业、农村运销业；鼓励农业实用人才开展技术引进、开发、推广和成果转化等创新活动，开办实用技术培训班、农业技术研发和中介服务机构，依法保护其知识产权和合法权益；引导和扶持专业技能高、经营管理水平强的外出务工人员返乡创业；农业实用人才可优先获得农业开发项目、农业贷款贴息、良种和农机具设备等方面的支持，优先接受农业科技专家提供的服务。

(2) 建立健全面向农村实用人才的服务体系

积极推进农村人才市场建设，逐步形成以县市人才市场为依托，以乡镇人才服务站为网点，辐射广大农村的、城乡贯通的农村人才市场体系。面向基层和广大农民开展就业指导、人才代理和信息服务活动，充分发挥市场在农业人才资源配置中的基础性作用。建立完善农业科技信息服务网络，通过建立联系实用人才制度、开通农技服务热线等方式为农业实用人才提供技术支持。加强农村公共信息网络建设，通过报刊、广播、电视、网络等媒体及时发布农业实用人才生产经营需求的信息。县、乡两级成立农村实用人才协会或服务中心，积极开展各种形式的服务活动。

(3) 逐步规范农村实用人才认证评价工作

建立以知识、能力、业绩、贡献为主要指标的农业实用人才认证体系，健全以评价组织社会化、评价标准科学化、评价方式市场化为目标的人才评

价制度。以生产实绩、技术水平以及带领周围群众脱贫致富的能力为主要依据，广泛开展农技推广员、农民技术员、乡镇企业技术员以及农村其他行业职称评定工作。对具有特殊专长、贡献突出的农业实用人才可以破格晋升农民技术职称，颁发相应的资格证书。面向新农村推广职业资格证书制度，鼓励农业实用人才参加相关职业的培训鉴定，适当降低收费标准。各级政府和有关部门要把取得农民技术职称、获得职业资格证书作为农业实用人才认定、扶持和使用的重要依据。加强农业实用人才信息库建设，建立全州农业实用人才档案，州级农业实用人才可以纳入高层次人才库，实施重点管理和服务。

(4) 加大对农村实用人才的激励力度

为了鼓励农村实用人才留在少数民族地区农村发展，要制定农村实用人才表彰奖励制度，定期评选和奖励有突出贡献、有示范辐射和带动作用的农村实用人才，以稳定少数民族地区农村实用人才队伍。因势利导，鼓励各类“田秀才”、“土专家”兴办民办科研实体和发展型经济实体，各级政府要在经济上给予一定的扶持资金。对农村经济发展作出突出贡献的乡土人才，政府部门应给予精神和物质奖励，并优先选任村干部或纳入村级后备干部，优先承包农村资源，优先获得农业开发项目、农业贷款、技术资料、先进农机设备等。在技术推广、新品种试验等方面也要给予倾斜，使乡土人才的作用得到充分的发挥。

3. 落实工作责任，进一步加强对农村实用人才队伍建设工作的组织领导

（1）转变观念，树立“实用人才是农村第一资源”的理念

要转变民族地区对农村实用人才存在的模糊认识，打破传统的农村实用人才开发理念，牢固树立“人才是农村第一资源”的理念。要提高对农村人才队伍建设重要性的认识。这些农村人才是在少数民族地区农业、农村经济发展中做出了积极贡献并得到了群众认可的新型农民。他们是农业、农村可持续发展的骨干力量，是社会主义新农村建设的“农村第一资源”。

（2）加大对农村人才队伍建设的投入力度

要坚定地落实党的十七届三中全会提出的“坚持工业反哺农业、城市支持农村和多予少取放活方针”，大力加强政府公共财政对民族地区农村实用人才开发的投入力度，扩大公共财政覆盖范围，按照城乡经济社会发展一体化和基本公共服务均等化的要求，要实施对农村实用人才开发的公共财政支持力度，逐步向城区水平靠拢的倍增计划；更要打破平均主义的资金配置模式，

把农业开发和扶贫资金向农村实用人才开发倾斜，使公共财政的转移支付向落后和边远民族地区村镇倾斜，向困难农民倾斜。各级财政在年度预算中要安排专项经费，用于农业实用人才队伍培训培养、创业扶持和载体建设，并要摸索建立逐年增长的农业实用人才投入机制。鼓励和支持企业、个人、社会等各方面力量加大对农村人才工作的投入，逐步健全多元化的投入机制。有条件的地方可以建立农业实用人才生活补助或岗位津贴制度。

（3）加强对农村实用人才队伍建设工作的表彰和宣传

坚持精神奖励和物质奖励相结合，定期表彰在农业和农村经济发展中做出突出贡献的农业实用人才和农业实用人才工作先进单位、先进个人，大力宣传他们的先进典型事迹，努力在全社会营造尊重、爱护、激励农业实用人才的良氛围。

（阎占定　王　镇　赵泽林　蔡正平　谭向阳）

报告五

关于中西部民族地区农村[1]发展特色经济的调查报告

——以湖北省长阳、巴东为例

前　言

民族地区农村发展特色经济是建设中国特色社会主义新农村的题中之义。民族地区农村发展特色经济要“坚持把发展现代农业、繁荣农村经济作为首要任务”，“走中国特色农业现代化道路”[2]。我国民族高山地区面积广大，但耕地少、人居分散，气候比较恶劣，不利于经济发展。如何因地制宜，实现当地发展，是一个理论和实践课题。改革开放以来，民族地区处于前所未有的发展机遇期。在一些高山高寒地区，当地的民族群众以地理位置、自然生态的独特性和优势，发展高山蔬菜、柑橘、茶叶等特色经济产品，不仅实现了脱贫致富，还初步实现了民族地区的特色农业规模化、产业化、现代化，发展了民族地区的经济水平和社会文化，形成了有特色的经济形态。特色经济的发展为我国同类型地区发展经济提供了思路和借鉴。然而特色经济也面临着资源瓶颈、资金短缺、劳动力层次低、产品特色不明显等一系列问题，制约特色经济发展的发展速度、经济水平和民族群众的生活质量。转变经济发展方式必须解决这些问题。为了进一步总结民族地区发展特色经济的经验，寻找解决技术困难、生态问题、资金投入不足等问题的办法，为其他

[1]　本文是2010年在对湖北长阳、巴东特色经济调查基础上的再调查。

[2]　胡锦涛：《高举中国特色社会主义伟大旗帜 为夺取全面建设小康社会新胜利而奋斗》。

同类型地区的经济发展出谋划策，探寻民族地区实现经济发展方式转型的方法。2010年8月，“民族地区发展特色经济研究”课题组一行4人在2009年对湖北长阳发展高山蔬菜调研的基础上，再一次深入到湖北省长阳、巴东、五峰等县，实地调研了民族地区高山蔬菜、茶叶和柑橘等特色产业发展现状。通过问卷调查、座谈会、深入农户访谈等方式，与当地政府和群众一起，就发展特色经济的方式方法和困难等进行研究、讨论，写成此报告。

一、调研基本情况

（一）调研地情况

1. 巴东县的自然条件、社会概况

湖北省巴东县地处长江巫峡和西陵峡之间，居恩施土家族苗族自治州东北部。东连兴山、秭归、长阳，南接五峰、鹤峰，西郊建始、重庆巫山，北靠神农架林区。县政府所在地信陵镇。巴东县是典型的山区县[1]，全县海拔1200米以上的高山地区占全县国土面积的40.34%；海拔800-1200米的二高山地区占全县面积的31.55%；海拔800米以下的低山地区占全县面积的28.11%．该县最高处海拔3032米，最低处海拔66.8米。山高、坡陡、切割深是地貌特征。该县水资源和生物资源丰富，条件得天独厚，有利于当地开发优势产业和特色农业。

巴东县集“老、少、边、库、劣”[2]于一体的贫困县，面积3219平方公里。全县辖12个乡镇，491个村（居）委会，2008年末总人口49.10万人，境内分布着土家族汉族、苗族、白族等20个民族，少数民族占总人口的44.3%.

2008年，巴东县三大产业结构比例为31：35：34。近几年来，巴东县把水果产业作为农村支柱产业来抓。2007年，该县的柑橘产业已经进入省级规划板块，柑橘板块基地11万亩（其中高标准柑橘示范园1500亩），柑橘结果面积4万亩，年产量4万吨[3]。主要特色柑橘产品是脐橙和椪柑[4]。此外，

[1] 习惯上把巴东县按照海拔的高度分为低山（海拔800米以下地区）、二高山（海拔800-1200米）和高山（1200米以上地区）三个类型。后文中涉及的低山和高山以此为据。

[2] 也有“老、少、边、穷、库”的提法。

[3] 巴东县农业局：《巴东县“十二五”时期农业发展规划（2011-2015）》（初稿）。

[4] 《恩施自治州水果产业现状及发展对策》http://www.hbesagri.gov.cn/html/article_show.php?article_id=390.

茶叶是巴东县的传统农业产业，2009年种植总面积23095亩，产量517吨，涉及12个乡镇，262个村。该县2006年有茶叶加工厂67家，加工机器247台[1]。截止2010年6月底，全县在工商注册登记农民专业合作社达160家，2010年新发展50家。全县入社农户21257户，带动相关产业农户近4万余户[2]。其中：蔬菜15家，占总数的9.38%，干鲜果7家，占总数的4.38%，茶叶2家，占总数的1.25%.

2. 湖北长县阳的自然条件、社会概况

长阳土家族自治县位于湖北省西南部、清江中下游，紧临长江。县城龙舟坪距省会武汉300余公里。地形上属于典型山区，境内山峦起伏，1200米以上的高山面积107万亩，占境内总面积的20.9%。长阳县国土面积在宜昌市位居第一，但是耕地面积少，仅有760115.9亩，占全县土地总面积的14.82%.[3]

2004年，湖北长阳土家族自治县的高山蔬菜生产已经形成了以火烧坪乡为中心的覆盖5个乡镇，30个村，150个村民小组，近2.5万个农户在内的连片1万多公顷，产量30万吨，产值2亿元的蔬菜生产基地。全县高山蔬菜产区规模在安徽、云南、湖南、江西等5省17个同类种植地区名列首位，是名符其实的“全国高山蔬菜第一县”[4]。火烧坪乡的蔬菜生产是最早发展高山蔬菜的发源地之一，再加上“火烧坪”的辐射带动效应，已经为长阳发展高山蔬菜产业的一大优势[5]。长阳县农村专业合作组织发展较快，2009年有86家，截至2010年8月，长阳县农村经济合作组织有202家[6]，其中蔬菜行业的农民合作组织接近30%. 目前长阳县也在大力发展柑橘行业，建立了省级的柑橘示范基地。

（二）研究基本思路和研究方法

1. 研究思路

本调研以党的新农村建设理论为指导，从研究影响经济增长和农村经济发展的要素出发，以研究农村经济增长方式转变为主线，结合民族地区发展高山特色经济的现状，通过对长阳、巴东两县的高山蔬菜产业、茶叶和林果

[1] 巴东县农业局：《对巴东茶叶发展的调查与思考》2010年5月。

[2] 巴东县农民专业合作经济组织指导工作领导小组：《巴东县农民专业合作发展情况汇报》。

[3] 王功平：《长阳县情概览》[M]，北京：中国文史出版社2006年7月版，第1-13页。

[4] 韩定荣、孟胜远等：《长阳特色蔬菜产业发展现状与对策》[J]，《中国农业信息》2004年8期。

[5] 李银国、田继寿：《长阳县发展高山蔬菜的优势及策略》[J]，《长江蔬菜》2004年6期。

[6] 简永华:《农村专业合作组织项目简介》，长阳县项目库资料备存。

产业的特色经济发展情况进行实地调查，对民族地区发展特色经济的成绩、经验和问题进行研究，通过走访、问卷、座谈等方式研究民族地区特色经济发展情况，在后期通过撰写调查报告和研究论文等方式研究特色经济发展，为民族地区发展特色经济出谋划策。

2. 研究方法

研究运用文献分析、田野调查、实证分析、定量分析、个案分析与比较分析等研究方法。一是查阅文献资料。调查组搜集整理有关长阳县、巴东、西峡等县发展特色经济的有关文献，查阅有关少数民族经济、民族工作的相关原理著作和马克思主义经济学的有关文献，分析民族高山地区发展特色经济的问题，总结该地经济发展的成功经验。比较同类型地区发展特色经济的异同。

二是进行实地调查。根据本课题的选题需要，课题组在暑期赴长阳、巴东、西峡等县进行实地调查。调查的内容包括对当地的高山蔬菜产业、林果业的经营状况、当地农民的经济收入状况、社会主义新农村的建设状况、农民合作组织、交通通讯基础设施建设状况、生产力发展情况等。课题组将采取查阅资料、座谈专访、印发问卷等形式开展调查，获取第一手的资料。

三是进行了个案分析和比较分析。对高山蔬菜产业的基地、若干农户和经营企业进行个案分析，了解他们在经济发展过程中的收益、生存状况和需求。本次调研工作除了对民族地区的特色经济发展现状进行调查，对特色产品的经济效果进行甄别比较，还对一些具有同质性的非民族地区的特色经济发展现状进行分析。这样做的目的是要通过对民族地区特色经济的发展经验和优势进行实证分析，起到推广的效果。

二、中西部民族地区农村发展特色经济的现状分析

（一）中西部民族地区农村发展特色经济取得的成绩

在科学发展观的指导下，民族地区发展特色经济取得了相当大的经济效益和社会效应，促进了经济社会的全面发展，也为民族地区实现经济发展转型和特色经济的可持续发展提供了条件。

1. 促进了民族地区的经济发展，提高了群众的生活生产水平

首先是收入增加。以巴东县的柑橘产业为例，经过几十年的发展，巴东的

柑橘在 2007 年纳入省级产品基地板块，年产值达到 6400 万元[1]。对特色经济带来的实惠，民族群众有着深刻的认识，群众认为个人和家庭从特色经济中获益最大的是“收入增加”的选项。从图中可以看出，民族地区发展特色经济使民族群众从中获得的收益首先是经济收入的增加，普遍提高了民族群众的经济水平。

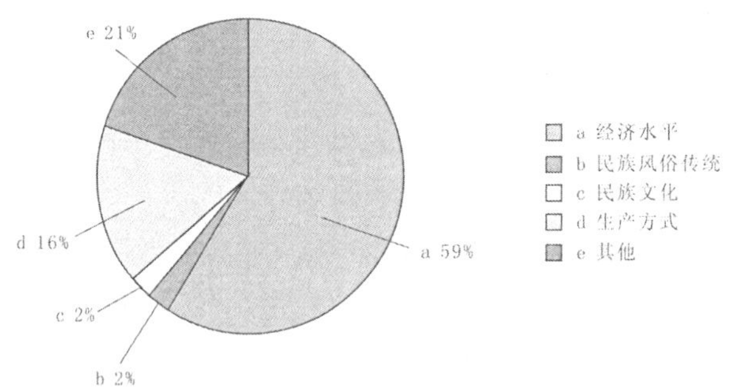

图 1　特色产业对本民族影响最大的是什么

其次是总体经济水平提高。有资料显示，民族地区发展特色经济是当地群众的收入水平大幅增长。以高山蔬菜产业的发展为例，火烧坪乡在 1985 年人均纯收入仅为 54 元，1986 年该乡开发高山蔬菜，到 2005 年全乡共发展蔬菜面积 5 万亩，蔬菜收入 1 亿元，人均 10204 元[2]。民族群众真正通过发展特色经济实现了增产创收。近年来，湖北省高山蔬菜种植面积居全国首位，高山蔬菜产业成为山区群众致富的一条途径。统计结果显示，有 88.68% 的民族群众认为发展特色经济能够促进本民族的经济水平。发展特色经济对当地影响的认识中，（图 1）59.70% 的受访者认为经济水平影响最大。有 15.87% 的人认为发展特色经济对当地的生产方式影响最大。可见特色经济的发展确实促进了经济社会等方面的进步。

另外，当地的民族文化和风俗传统反过来会推动农村特色经济的发展。（图2）受访者中有 58.49% 的人认为本民族的文化传统对发展特色经济有直接的推动作用，24.53% 的群众认为民族文化传统有间接地推动作用。总的来说，有 83% 的民族群众对民族文化传统在发展特色经济中的作用是认可的。民族地区的经济文化等社会因素对特色经济的影响是显而易见的。以长阳县为例，该县已经连续两年举办高山蔬菜文化节，2010 年又一次举办了蔬菜文化盛会[3]，“生吃蔬菜比赛”等

[1] 资料来源于巴东县农业局：《巴东县“十二五”时期农业发展规划（2011-2015）》（初稿）。

[2] 资料来源：《湖北高山蔬菜产业优势凸显》http://www.hbesagri.gov.cn/html/article_show.php?article_id=4297.

[3] 杜强、陈红丽：《长阳火烧坪高山菜农比赛生吃蔬菜》，资料来源于湖北省农业厅湖北省农业信息网 http://www.hbagri.gov.cn/tabid/64/InfoID/8950/frtid/648/Default.aspx.

活动和高山蔬菜集团成立仪式共同在蔬菜文化活动中进行，体现了民族地区文化社会因素对高山蔬菜产业的深刻影响。

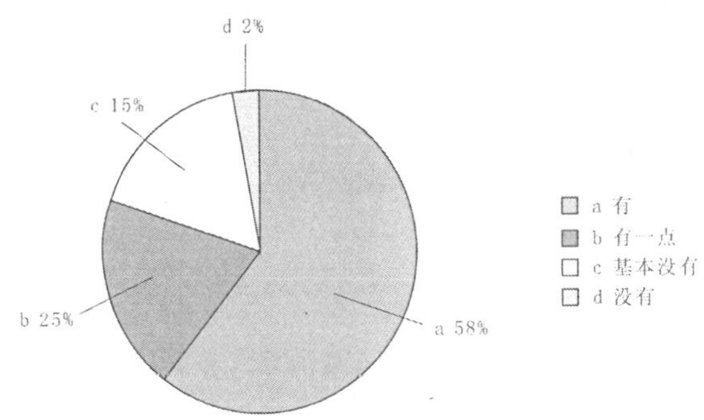

图 2 民族文化传统对特色经济推动作用

2. 促进了经营者自身的改变，培养了现代农民和农民组织

首先是农业经营者具备了较为雄厚的经济基础，为产业结构的升级换代提供了物质基础。经营者通过特色经济致富后，开发了更多的土地，很多经营者由原来单一的农业种植户，摇身一变成为集经营土地承包、商铺、冷库租赁等行业于一身的“致富能人”。更有当地的菜农到火烧坪以外的地方承包高山湿地。2001 年，长阳县“球白菜大王”李小年到“华中屋脊”神农架，在海拔 1700 米的我国南方著名“高原湿地”大九湖，承包近万亩“湿地”发展蔬菜。同年长阳已有 100 多位开发商来这里，我们将以大九湖为基地，以点带面，星火燎原，带动整个神农架发展高山蔬菜[1]。农业经营者已经不是单纯的土地耕作者，在经营方式上发生了根本性的变化。

其次是催生了现代农村经济合作组织的产生。特色经济产业的发展，为农村经济专业合作组织的产生提供了可观条件。在特色经济发展较好的地区，农村经济合作组织也发展较早。以长阳县的蔬菜专业合作社为例，发展较早，也是比较具有代表性的。该县的蔬菜专业合作组织在农民生产管理和销售组织等方面发挥着积极作用。

再次是提高了民族群众的生活方式和教育水平。以长阳县青树包村为例，该村有 1000 余户村民，在 2007 年就有 100 多户村民将私家车开回了家中[2]。据不完全统计，目前该村拥有私家车的农户达到三分之一以上，在交通出行基本上实现了“安车代步”。富裕后的农民对自身教育业比较重视。笔者在长阳县火烧坪乡进行调研

[1] 《“火烧坪模式”能走多远》摘自《农民日报》2003年10月31日。

[2] 《长阳青树包村百户农家开上私家车》，源自http://news.cnhubei.com/hbxw/ycxw/200711/t150777.shtml.

的过程中了解到，该乡大约有20%的农民在富裕后到长阳土家族自治县城和宜昌市购房，主要是照顾孩子在城市读书。当地群众还在本地建立了农民技术培训学校，提高农民的生产水平。

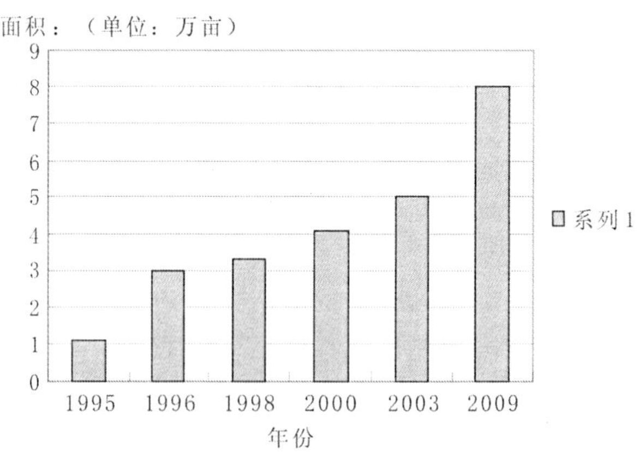

图3 火烧坪乡蔬菜发展面积一览[1]

3. 改变了当地的生产方式，促进了生产变革

首先，在生产上实现了规模经营，管理上系统形成农业协作与分工。以高山蔬菜为例，生产规模逐年增加，实现了局部的规模化生产。在长阳县和巴东县，已经形成了生产、清洗、冷藏的初步加工体系。在火烧坪乡的农田中，从全国各地到这里种田、务工的人每年有上万人。这些做工的人主要从事农田的生产劳动和蔬菜的采收、清洗、包装、运输等工作。这些细致的分工成为当地蔬菜产业链中的关键环节。

其次，实现了生产工具的机械化和工作方法的标准化。农作物的生产不同于工业产品的生产，要收到自然环境、气候、土地质量、农业技术等多方面的影响和制约。因此，要进行科学的耕作，做到农业劳动的精细管理、精确记录和精准指导就必须实行标准化的种植模式。火烧坪乡推广蔬菜标准化生产的“五个规范”和“五个标准”，运作模式上实行“十个一”即：一条路，一片梗、一条沟，一盏灯，一口池，一张板，一个认证，一本档案，一份定单，一个合作社的做法。

再次，特色产品的品牌效应出现。特色经济的品牌是农业管理和品质优势的标志，民族地区形成了一系列著名的品牌。特色产品品牌的建立，极为

[1] 阎占定，姚上海等：《中国民族地区发展问题调研报告（I）》，武汉：湖北人民出版社，2010年，第242页。

民族地区带来了荣誉，也给当地带来了实惠。以高山蔬菜为例，2008 年奥运期间，“火烧坪”蔬菜则直供北京奥运会餐桌。火烧坪的高山蔬菜成果的取得给该乡带来了众多的荣誉。2010 年，火烧坪品牌的蔬菜又直供世博园。符合世博品质的蔬菜，市斤价比其他地区的无证蔬菜高出 0.2~0.3 元，高山菜农每天可以多收入 100 万元，农民成为最大的受益者 。

4. 促进了当地农业生产技术的革新

首先，加大了生产示范园的建设力度，农户的生产规模扩大利于技术革新。基地建设已经成为当地政府部门的主要任务。以巴东县为例，在未来五年发展规划中，柑橘产业和高山蔬菜产业的首要任务就是加大生产基地的建设，对加工技术的建设力度也是非常大，主要集中于建立初级打蜡生产线和包装厂。调研结果显示，在长阳县种植规模在 30 亩以上的农户达到 49.06% 的比例。种植规模在 10 亩以下的农户则相当的稀少。现代化的农业生产对经营者的生产规模提出了一定的要求，规模化生产耕作既有利于经营者使用机械进行耕作，引入科技因素，又避免了传统上小农生产所带来的经营效率低下的缺点。

其次，与科研单位的联合，增加新品种。以蔬菜的生产和加工为例，火烧坪乡分别与湖北省农科院、华中农业大学、县农业技术监督局等部门建立联系，共同克服技术难关。对柑橘产业来讲，目前的技术难题是深加工的问题。特色经的发展注重与科研机构和农业技术部门的联合，促进了质量提高和生产效率。以高山蔬菜为例，以往单一的球白菜品种并不能满足当地发展蔬菜产业的生产需求，在当地县委农科所、湖北省农科院和华中农业大学等相关部门的技术支持下，走发展新品种、推广新技术的道路，使该地的高山蔬菜产业品种扩展到 10 余种，取得了更大的经济效应。

再次，对农民进行科技知识培训。农业经济合作组织定期对农户的技术培训在生产活动中起到了推动的作用。越是在科学研究所和技术推广站较多的特色经济发展区，农民接受技术培训的机会越多，特色经济的品种门类就越多样化，产品更新的速度就越快，因此经济效益就越好。调查显示，就一般农户而言，参加过农业技术培训的群众仅占到调查群众的 60.38%，农民接受科学技术培训的次数也不一定，对参加农村合作组织的人来说，这种培训则是有规律的和固定的。

5. 为民族地区实现农业现代化积累了资本

首先是产生了一大批先富的代表人物。依靠种菜使当地农民中涌现出大量的农业现代化经营典型。他们在深度开发特色经济过程中起了举足轻重的地位。例如对冷库的投资就是一例。1997年县国有土地林场在主管部门的支持下，投资80多万元，率先建起了冷库2座，日处理蔬菜近100吨，当年冷藏贮运蔬菜5000吨，实现利润35万元。国有林场冷库的兴建，证明了在产地发展蔬菜冷藏既具可行性，更具广阔的市场潜力和发展空间，增强和吸引了当地农民投资发展的信心和热情。根据《火烧坪乡集镇建设实施办法》，集镇南边的水泥路建设成功。国营土地岭林场第一个冷库建成后，很多农民闲不住了，纷纷在集镇南路兴建冷库。短短几年时间，冷库发展到30多家，拥有100多个库门，集镇南路两边，冷库一家接一家。

其次是改善了当地的基础设施建设。以修路为例，20多年来，火烧坪乡的农民在当地政府的坚强领导下，共斥资1500万元，投义务工100多万个，全乡4000余劳动力发扬愚公移山精神，10年投工100多万个，兴修乡村公路490余华里[1]，村以下公路里程达到了280公里，实现了村村通、组组通、户户通，并且将公路修到了田间地头[2]。

再次是政府的投资行为推动了经济健康发展。长阳土家族自治县和火烧坪乡两级政府于2004年再次投资250万元，进一步完善以火烧坪乡为主的产地批发市场，对集镇道路、供电等方面的设施进行改善，并引资300万元建起了日供水达1000吨的自来水厂，这些措施和建设成果为投资者创造良好的经营环境，也为当地的农户生产生活带来了很大的方便。

此外，特色经济吸引客商，引进资金，盘活经济。积极通过特色经济论坛或文化节吸引客商投资，促进了资本的流通。以高山蔬菜为例，在2009年的蔬菜文化节上，省内外的大型的批发市场单位有11个。蔬菜文化节上，订货总额25万吨，销售额达2亿元人民币。

（二）中西部民族地区农村发展特色经济的经验总结

1. 科学管理和标准化生产为特色经济发展提供品质保证

首先，提高劳动者的管理水平是关键。柑橘产业和高山蔬菜产业需要生产中实现精细管理和深度管理，实践证明，管理水平的提升增加了经济效益。其次，标准化农业生产是实现特色经济产业健康发展的前提。在生产和加工

[1] 《特色农业与农村基层政府公共政策创新》[Z]，http://www.5151doc.com/jjlw/Society/country/200807/170699.html.

[2] 《长阳火烧坪乡20年修公路280公》，源自http://www.yc.chinanews.com.cn/2006-06-05/4/28674.html.

过程中，标准化的生产管理实现了产品总体质量的提升。例如高山蔬菜的“十个一”工作标准，这些措施保证了蔬菜的品质。再次，特色产品示范基地的建设促进生产的规范化和普及性。

2. 加大科研投入力度，实现特色产品的品牌化

科技投入的增加保证了特色产品生产的科学性和技术性，这是实现产品质量建设和品牌建设的关键。巴东县的柑橘产业发展较早，脐橙较为有名，通过对这一品牌的开发利用，有利于实现柑橘产业的品牌化经营。长阳县政府注意加强与科研部门和大专院校的合作，实现了高山蔬菜产业的品种更新，及时满足市场需求，实现了品牌多元化。

3. 县域经济的整合为高山特色经济发展提供保障

首先，发展高山蔬菜具有偶然性，但是政府部门的大力扶植发挥了关键作用，使这种生产行为由“星星之火”发展成“燎原之势”。这种行为不是简单的市场行为，而是由政府参与进来带有“计划”的性质。以县域为单位发展特色经济具有负担小、好调整、起点低的优势。长阳的高山特色经济成功为其他高山地区提供了经验。其次，县域内的农业特色经济的发展需要对一、二、三产业架构的调整重新规划，农业产业大有可为，可以促进二、三产业的发展。

4. 产业政策调整为高山特色经济发展带来新的生机

调整产业政策，适时推进了特色经济的整体升级。近年来，随着竞争压力和进出口情况的变化，柑橘产业和蔬菜产业的发展趋势区域品牌化、精品化，这为特色经济的发展提出了更高的要求。政府部门要在宏观上当好政策调整的舵手。火烧坪乡成功发展以高山反季节蔬菜为有特色的农业经济的一个重要原因是把握时机，进行产业政策的调整，推进了蔬菜产业的发展。从火烧坪乡的蔬菜产业发展历程来看，20多年来经历了起步阶段、发展阶段、升级阶段和品牌阶段。特别是在2000年至2006年的升级阶段和2006年以来的品牌阶段，当地政府准确地把握了时机，进行产业政策调整，大力发展蔬菜冷藏，建设蔬菜冷库一条街，创建火烧坪乡的蔬菜品牌，为蔬菜产业的发展提供了好的机会。

5. 相对健全的基础设施和相对完备的产业链发挥了基础作用

高山蔬菜产业的发展得益于其基础设施比较完备，建立了相对完备的产业链。首先体现在交通上，在辖区内形成了纵横交错的硬化路面，与高速公路和铁路接近、水泥路修到田间地头等这样的交通运输条件在很多地方都难

以实现。其次体现在水电设施和通讯设施的提供方面。1988年，县广电局与火烧坪乡政府签定《关于火烧坪广播电视发射基地承建协议书》，火烧坪乡就有了卫星电视地面接收站。第三体现在冷库一条街的建成为火烧坪的蔬菜产业发展提供了“升级”保证。因此在火烧坪乡形成了标准化生产、专业采收、冷藏、加工、运输为一体的产业链。第四体现在集镇的形成。为了满足蔬菜产业发展的要求，火烧坪乡制定《火烧坪乡集镇总体规划》，鼓励农民可以保留乡下住房另在集镇建房，形成农民一条街。先富裕起来的农民纷纷在政府所在地的公路两旁建设住房，集镇雏形形成。第五体现在蔬菜产业发展后，带动了二、三产业的繁荣。

6. 土地相对集中集中为规模化经营提供了条件

巴东和长阳发展高山蔬菜得益于土地的相对集中。首先，火烧坪的土地量大、土地集中，容易形成规模化集约化经营。这是是该乡发展特色农业的优势所在。火烧坪有80000亩的土地可以用来种植高山蔬菜，而在整个火烧坪乡仅有3000户人家，这就意味着每户人家平均有20多亩土地。然而在火烧坪乡发展蔬菜产业最开始的时期很多人家自有土地加上开荒后的土地达到100多亩。这么大规模的土地集中有利于土地集约经营，提高了农民种植蔬菜的积极性。其次，规模化经营使当地农民在经济发展初期能够做到以量取胜，赢得了当地经济发展的先机。

7. 外来务工者和客商成为高山特色经济发展的主导力量

吸引外来资金和劳动者，主导了特色经济的发展。客商为民族地区发展特色经济提供了资金和市场；外来务工者提供了充足的劳动力。长期以来，长阳土家族自治县、火烧坪乡积极用优惠的政策吸引外地来的客商到火烧坪买菜。对于那些对高山蔬菜产业有杰出贡献的客商，当地政府还给予表彰和奖励。这大大激发了外地客商到火烧坪做生意的积极性。在第二届中国·长阳火烧坪高山蔬菜文化节上，地方政府还表彰奖励了5名“火烧坪”高山蔬菜营销“金牌客商”和10名“突出贡献个人”。此外，良好的经济发展势头也吸引了上万名外地打工者到火烧坪的高山农田“淘金”。

8. 自然资源和地理优势是特色经济发展的客观条件

长阳县和巴东县发展特色经济依据本地的高山地形和气候，形成了自然禀赋优势。这种自然禀赋具有一定的不可复制性，但是对同类型地方来讲，特色经济产品具有可移植性，生产方法和管理经验可以普及，种植技术和品种更新可以继续。因此，发展特色经济首先是依据本地的自然优势。

（三）中西部民族地区农村发展特色经济的问题和制约因素

中西部民族地区的发展现实决定了在当前总体生产力水平比较低下的情况下，发展民族特色经济存在着相当多的困难，在劳动力资源、生产的经营管理、技术水平、资源优势和资本投入等方面都不能够满足人民群众对经济增长的强劲需求，制约了农业发展从粗放型的生产经营模式向集约化经营模式的转变。

其一，面临严重的生态问题和资源发展瓶颈，要解决优势转化的问题。

首先是生态问题。对蔬菜产业来讲，生态问题是目前面临的最严峻问题。土地的过度开发已经导致当地可以利用的土地绝迹，水土流失严重。这从客观上决定了高山蔬菜规模扩张的瓶颈。因此高山特色经济的发展面临的问题是如何向有限的土地要效益。

表 1　高山蔬菜生态事件一览

时间	事件	事件性质	原因
2001	泥石流冲毁了青树包村几十户农民的房屋和菜地	自然灾害	40 分钟的暴雨；掠夺式垦荒；超过 20° 的坡地开荒
2004	泥石流冲毁菜地	自然灾害	暴雨
2002	黑虫子吃光了火烧坪许多村庄的蔬菜、树叶	生态失衡	粗放经营，缺少轮作，土壤元素失衡，病虫害加剧
2006	退耕还林近 5000 亩	人为事件	维护生态平衡
2010	泥石流冲毁菜地，失踪 1 人	自然灾害	过度耕作

（资料整理来源：荆楚网 http://finance.sina.com.cn，2010 年调研）

其次是资源瓶颈。种植面积限制。对柑橘产业和高山蔬菜产业来说，种植面积已经趋于最大化，没有更多的土地开发，特别是退耕还林政策实施以来，坡度 25° 以上的土地必须还林还草。以往靠扩大土地面积来取得效益的增长方式必须改变。

再次是优势转化的问题。全国同类型地区的增多，使原本的资源“绝对优势”转化为相对优势，需要转变观念，实现优势转化。湖北省的高山蔬菜生产区已经超过50万亩，长阳和巴东的高山蔬菜市场竞争结构也发生了变化。因此，要继续保持优势，必须在特色上下功夫。

其二，受到经营者自身的影响，提高经营者发展面临问题。

农业经营者的文化程度较低，组织化程度低成为制约农业现代化的直接原因，也是根本原因。如何提高农民的文化层次和创新能力成为亟待解决的问题。此外，从业者老龄化的现状成为不得不担心的问题。

（1）特色产业经营者的基础脆弱表现在农户经济力量薄弱，农业生产资料不能够满足现代化农业生产的需要。一是经营农户经济力量薄弱。民族地区特色经济经营者的特点是生产规模小，农户的经济实力有非常有限。在调研农户中，种植规模在30亩以下的农户数量占比为51%，这一方面说明经营者规模较小，土地不集中，另一方面说明民族地区发展特色经济是以劳动密集型为特征的，具体表现在以家庭为单位，将所有的家庭劳动力投放在有限的土地上。另外，特色经济的经营者经济基础差。调研发现，经营者的个人家庭收入水平较低，有45%的受访者在5000元以上。还有13%的受访者家庭收入水平在1000元以下。因此，特色经济的经营者在总体上实力还比较弱，基础不牢。

二是经营农户经济负担较重。自从国家减免农业税以来，农户经营特色经济的税费负担基本上没有了，但是农户在特色经济的经营方面还存在负担较重的现象。主要表现在特色农业生产的生产资料设备的购置上面。79%的农户在家庭支出中比重最大的是农业生产资料的投资。农业经营者在农业生产资料特别是农机农具上的花费过多，表明特色经济的发展成本较高，需要一定的政策措施减轻农民在发展特色经济上的负担。当然，也有部分农户在学生教育和人情世故方面投入过多。

三是特色经济发展带来的“经济收入”增加并不是普遍的。调查（图4）还有15%的群众在特色产业中依然处于“维持生计、艰难从业”的状况。对“您认为发展本项特色经济能够发展本民族经济水平吗？”的答案统计，89%的群众认识明确，还有11%的群众认识“不清楚”。这说明特色经济总体上促进了民族地区经济水平的提高，但是存在的问题是效果不够明显，还有一部分群众对这种经济效应的感受不深，认识不明确。换言之，要依托特色经济实现民族地区经济的腾飞和新农村建设的伟大历史任务，还需要深挖特色经济的“能量”，克服经济发展中的问题，走全面协调和可持续发展的道路。

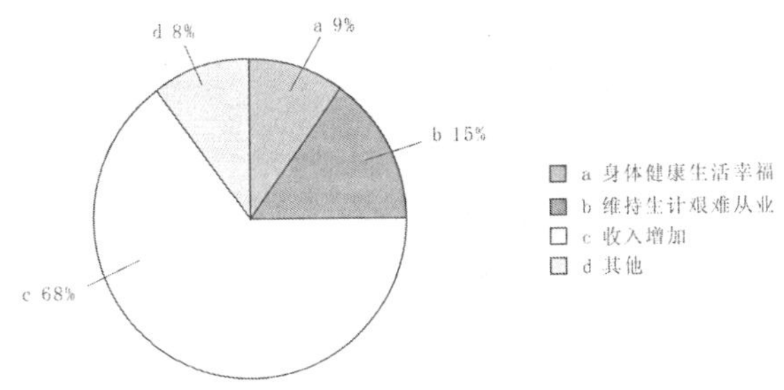

图 4 收益分配比例

（2）农村从业者的经济文化程度低下，年龄结构偏大。在对特色产业从业者进行调研的过程中，受访对象的教育层次是初中以下的比例在 95% 以上。其中小学文化的从业者的占比 60% 以上。一种特色产品之所以能够发展成特色经济形态，一个很重要的因素是从业者是不是具有市场意识的现代化农民。我们很难相信一个没有相应科学文化水平的农民群体能够建成现代化的农业。更不要奢谈开发特色产品的高附加值和技术水平的提高。我们在跟长阳县一位蔬菜生产大户的交谈过程中，听到了他们对农业技术的渴望，也听到了农民渴求文化水平提高的声音。事实上，我们专门设计的一道题："您认为高学历人才从事特色经济生产劳动值得吗？"，该题的统计结果显示，（图 5）广大农民群众非常欢迎文化程度较高的人从事特色产业的生产活动，即认为"B 值得，学有所用"的选项比例达到 81.13%，而认为"好，需要更多"的选项则达到 13.21%．可以看出，当前的特色经济从业者对劳动者素质的要求是多么迫切和现实！究其原因，是农村特色经济的从业者文化程度较低，科技知识缺乏，年龄结构偏大。在调查中我们对从业者的年龄结构进行了初步的统计，结果发现，特色经济的从业者平均年龄超过 51 岁，青年从业者的比例低于 20%．这组数据充分说明了要实现特色经济转型，一方面缺乏劳动力基础，即经济发展动力不足；另一方面缺乏劳动质量和科技含量，会导致特色经济的发展水平低，可持续性差。

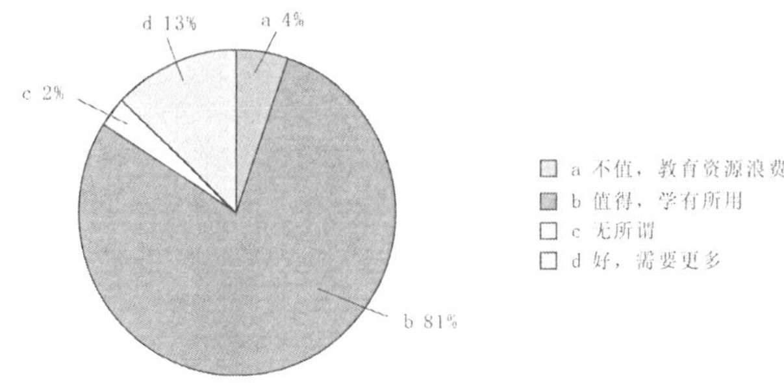

图 5　群众对高学历人才从事该行业的认可度

（3）农村特色经济的从业者劳动分工简单。分工是一个制度性因素。亚当·斯密把分工的广度和深度看作是提高劳动生产率的决定因素[1]。农村地区的劳动分工主要是建立家庭联产承包制的基础上，以家庭为单位从事农业特色产品的生产，即各家各户管好自己的土地。农户的经营面积和经营规模受到各地人口和土地的限制。家庭联产承包为基础经营方式所形成的农业分工是基础性的——农业经营者以家庭成员为主，基本上没有进行专业分工，生产者的年龄和文化程度自然没有要求——与农业现代化相去甚远。因此，要实现农业生产的集约经营，就必须在劳动分工上下功夫，提高精细分工的程度。调查发现，民族地区特色经济的生产劳动分工在精细化上有了提高。在长阳县和巴东县，有一部分农民开始雇佣农业工人，这个比例占到调研对象的 64.15%． 但是农业劳动者在经营土地时，通过雇佣农业工人做工方式的比例却只有 30.19%． 在特色经济的生产经营方式上，民族地区主要是这 3 种。其中（图 6），“家庭联产承包自己经营”的方式占主导，有 67% 的比例。而雇佣劳动和租赁土地的方式经营分别占到 28% 和 5% 的比例。一方面，这种生产经营方式格局促进了当地的土地流转和劳动分工；另一方面，这些数字与笔者在河南省西峡县调研的结果比起来还是要高很多，即西峡县的劳动力雇佣的比例为 0，产业内部的劳动分工的现象在该地的特色经济生产方面基本没有出现。这种差别是由于两地的土地资源的集中程度决定的，因为长阳和巴东出现了土地的相对集中。我们可以用一些数据来说明这一点，在长阳和巴东从事特色产业的规模在 30 亩以上的劳动者占比 49.06%，而在西峡县则为 0。这也说明了民族地区发展特色经济具备了劳动力分工上的优势。

[1]　尹莲英、高晓红：《<资本论>与中国社会主义经济发展》，南京:东南大学出版社，2004年3月版，第229页。

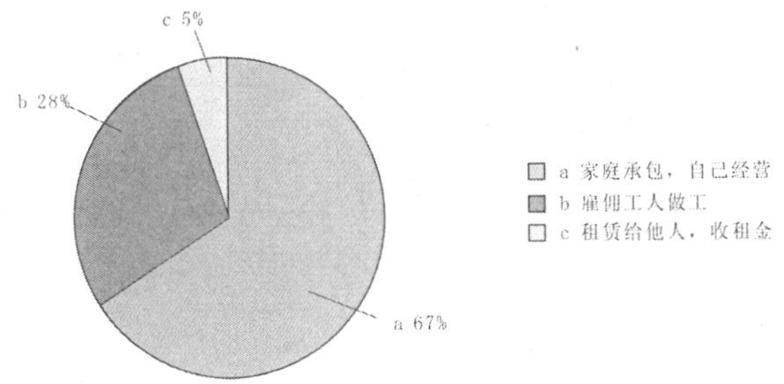

图 6 土地经营方式

（4）从业者组织化程度低、定位不准，需要更进一步规范。首先，特色经济的从业者组织化程度低。主要体现在三个方面：一是农民专业化组织少，功能单一。在我们对与农村特色经济有关的统计中，大多数农村经济合作组织以农业生产和销售为其职能，几乎没有涉及到对特色产品的开发、保护和维权等问题。而且这种合作组织的数量也非常少。以火烧坪乡为例，该项从事高山蔬菜生产、经营、销售、开发和雇工的人员在 2 万人以上，而与高山蔬菜有关的农业合作组织只有不足 10 个。在西峡县，成立合作组织的数量更少，而猕猴桃产业的从业人员也多达上万人。二是农民合作组织成立时间短，运行不够规范。2007 年 1 月，农村合作组织法正式开始实施，合作组织在农村经济中还是一个新兴事物。因此，合作组织在特色经济中应有的作用还没有发挥出来。特别是合作组织的法人地位的加强问题。此外，合作组织的管理应该是哪一种的？笔者在调研中发现，大多数的合作组织仅仅是发挥了其联系销售的中介者作用，在生产和管理上却基本上没有作用。三是农民经济合作组织的影响小，农民的参与度不高。（图 7） 在长阳和巴东的受访者中，47.17% 的人参加了农村经济合作组织，45.28% 的从来没有参与过合作组织。

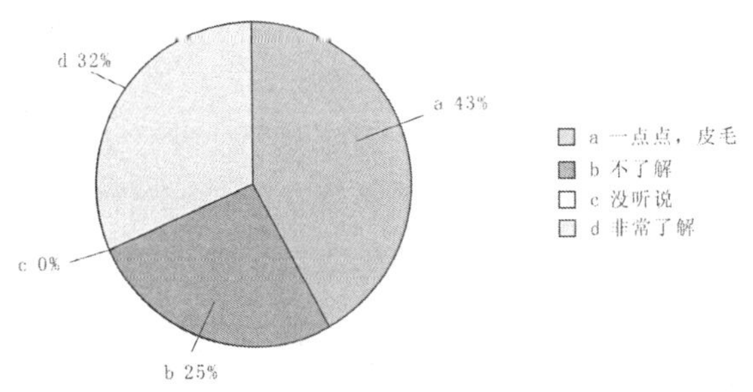

图 7 农户对合作组织的了解情况

其次，特色经济经营者对农业合作组织了解不够，合作组织的参与度不高。农村经济合作组织能发挥作用促进特色经济发展，是现代农民在农业生产中搞好分工协作的组织保证。由于受经济因素、传统观念和文化水平等方面的影响，使农村特色经济从业者对农村合作组织了解不够，甚至产生坏的印象，对农村经济合作组织不信任、不认可。调研显示，还有 24.53% 的人对农村合作组织一点都不了解，而对农村合作组织了解一点点的人仅有 44.40% 的比例。农民对其不了解，更谈不上通过合作组织提高生产和抗风险能力了。另外，经营者参与经济合作组织的比例不高，不利于农业生产的协作化开展，市场参与度自然不高，抵御风险的能力就更弱。参与农村合作组织的农户还不足 50% 的比例。

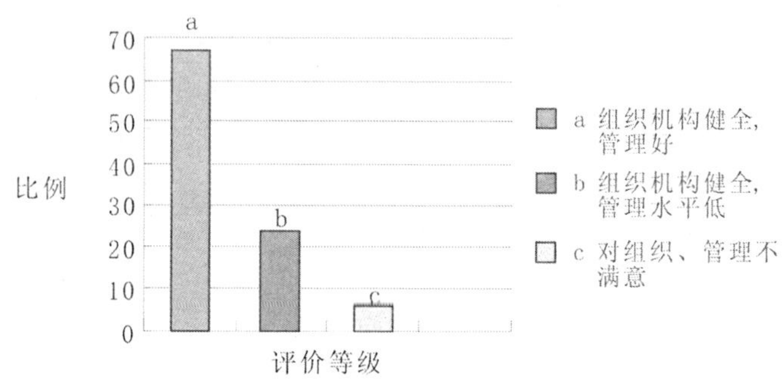

图 8　成员对合作社管理状况的评价

再次，农业合作组织有待于进一步完善。我们对长阳和巴东两县相关行业的农民经济专业合作组织进行了调查，并且对 3 个比较典型的合作社进行了专题访谈。从合作社的组织建设上讲，这些合作社也都具备了基本的建制和组织体系。从经济法人的地位上来讲，当前的合作社能够有效与市场上经济组织签订协议，但是与农民签订协议的基本没有。从农民的主体性上来讲，很多合作社成立后仅仅在销售上与合作社的成员有联系，参与农户对合作社的了解不够，参与热情还有待于进一步提高。二是，从农村合作组织的发展现状来讲，参与农户与合作组织之间的权利和义务存在着相当的不对称。以至于参与农户只从合作社获取信息的权利，而不履行相关的义务，导致合作组织的发展基金不足[1]。笔者在调研中发现，一些农民合作社成立后，成员既没有账户基金，又没有“盈余返还”。因此，合作社没有资金为特色产业支付保险费用，以至于合作社的大部分成员在2010年7月的水灾中损失惨重而没有得到保险赔付。在这些自然灾害中，合作组织不能够发挥相关作用，影响了农户对经济合作组织的评价。合作组织的发展总体上是好的。如图8所示，合作社成员对合作社的管理和机构设置总体上还是比较满意的，认为合作社管理机构健全、管理好的社员接近79%，而对合作社和管理不满意的比例也有近10%合作组织的规范性好，发展良好，还是会受到农户的欢迎。调研显示，随着对经济合作组织的认识深入，农民群众还是愿意参加。如图10所示，53%没有加入合作组织的群众正在考虑加入到合作组织中来，还有33%的人在观望状态中。因此，完善合作社的机构职能和管理水平，促进合作社成员和经济合作组织之间的规范关系是必要的。三是，合作组织还没有成为农业经营者抵御市场风险的坚强堡垒。由于没有专门针对合作社的农业保险项目，导致合作社组织在发展特色经济时保障不足，后劲不足，缺乏可持续发展能力。这需要农村经济合作组织完善机构职能，积极与市场接轨，努力提高特色经济产业的竞争力和抗风险能力。农村经济合作组织在市场经济发展中能够起到中间人的作用，为农户发展经济和政府规范产业发展提供中介，可以有效解决农业小生产与大市场的矛盾。合作组织能不能尽快地适应形势，调整其在产业发展中的位置，既关系到农民群众对合作社的信任问题，也关系到特色经济的可持续发展和农业现代化的实现问题。否则，图9中“参加又退出”的情况还会加大比例。

[1] 《中华人民共和国农民专业合作社法》第三条第五款中规定了“盈余主要按照成员与农民专业合作社的交易量（额）比例返还”，盈余也为农民专业合作社的运行和发展提供了基金。在调研中发现，一些地方的农民合作社根本不存在这种“盈余”。尽管原因很复杂，但是这基本上违背了该法案第五条“农民专业合作社成员以其账户内记载的出资额和公积金份额为限对农民专业合作社承担责任”的精神宗旨。合作组织成员的出资额和公积金份额非常少，甚至没有，不利于农民合作社的发展，更谈不上承担责任的问题。

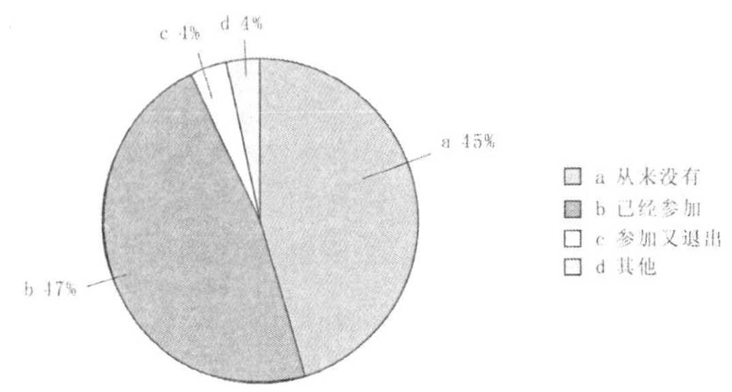

图 9　农户加入合作组织的比例

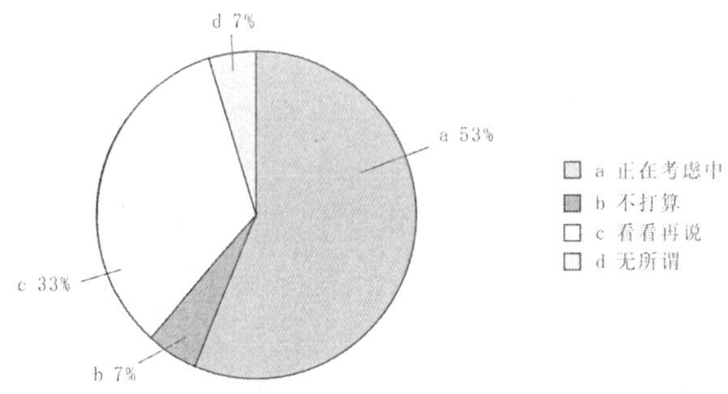

图 10　是否愿意加入经济合作组织

其三，粗放型的生产经营方式，生产力水平还比较低下。

特色经济发展中的管理体系不够健全，需要建立现代化的农业生产管理体系和经营策略。特色经济发展中品牌建设不利于农民利用品牌效应增收，需要建立相应的管理机制来实现品牌的经济效益。

首先，生产力水平低。现代化的农业意味着农业生产的机械化程度高和从业者组织化程度高。根据个人估算的办法，我们对农户在每亩土地上的人力费用进行了初步的调研统计，其中农户在每亩土地投入的人工费在 200 元以上的有 73.58%，每亩土地上投入的劳动力个数在 3 个以上的比例达到 71.70%，每亩土地上投入劳动力个数在 5 人以上的比例则高达 41.51%．相对应的每亩土地中投入机械的量却比较少，统计显示（图 11）：每亩地机械投入量在 50 马力的农户占到 39.62%，在 100 马力以下的农户则高达 84.91%．可见，民族地区发展特色经济主要依靠自然资源和人力投入，属于粗放型的发展。机械化程度低说明特色经济的经营者投入的体力过多，是完全的劳动密集型农业生产，经济效率低下。

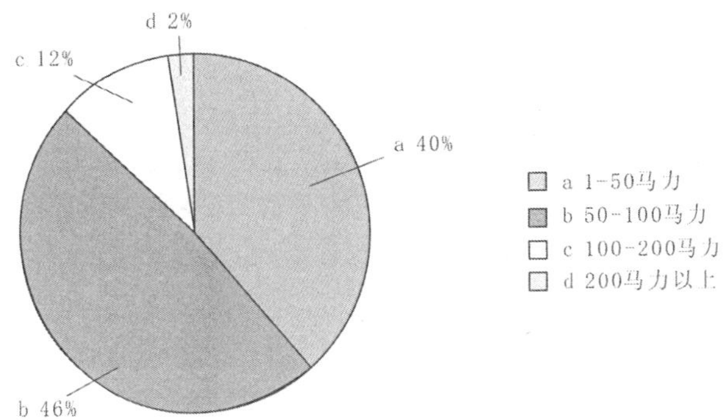

图 11 每亩土地上机械设备的投入量

其次，农业管理水平低下，缺乏科学统筹与规划。就县域而言，特色经济的发展不能够满足于特色经济产业的生产和原材料销售。在长阳县和巴东县，相关的特色产品以生产为主，当地的加工企业和产品深度开发项目相当缺少。从可持续发展的眼光来看，对产品进行纵深开发是民族地区发展特色经济产业必走之路。事实上，特色产品本身还有很多资源都可以变废为宝，开发利用。以长阳县为例，每年有至少几万吨的萝卜叶子和包白菜被当作牲口饲料或者仍在路边烂掉，而这些材料经过加工可以作为精细食品流入市场。特色经济体系缺少筹划和管理，原材料粗放输出，使这些成为死角，既造成资源浪费，又形成环境污染。这既是生态问题，也是经济问题。

再次，缺乏品牌管理。品牌建设的问题上，既要避免公共品牌的滥用，又要避免品牌管理的无序性。目前民族地区的特色经济产品的品牌基本上是公共品牌，这会导致品牌的滥用，形成品牌泛化，无人对蔬菜品牌负责，不利于发挥品牌经济效应。长远的看，既需要政府投入资金和技术，加强管理和支持，而不是放手不管，又需要企业和经济合作组织申请品牌，自我管理。

最后，管理的可持续性不强。“靡不有初，鲜克有终”。在特色经济发展中，政府或农民的管理往往是注重前期，忽视或轻视后期的投入和管理，导致一些示范区设施陈旧、技术落后、管理松懈，不利于特色经济发展的可持续性。因此，政府的管理应该是延续性的，而不是虎头蛇尾。

其四，受到技术条件制约，特别是生产耕作技术和深度开发创新能力比较弱，难以形成特色经济产业链。

首先是技术培训问题。生产和开发上的技术投入不够限制特色经济发展。特别是民族地区条件恶劣，限制了大规模的机械作业，生产率低。图 2-11

显示，76% 农业经营者在每亩土地上投入的机械设备在 100 马力以下，机械化的程度较低。

其次是科技含量和科技占有率低。据发达国家经验，蔬菜采后商品化处理可增值 40% ～ 60%，精（深）加工可增值 2 ～ 3 倍。发达国家的蔬菜商品化处理包装率几乎 100%，精（深）加工率大多在 40% 以上，而我国蔬菜商品化处理包装率仅为 25%，精（深）加工率不足 10%. 在长阳和巴东县，高山蔬菜的后期加工行业才处于起步阶段，柑橘产业的深加工行业更是没有。在柑橘行业的发展上，深加工产品和品牌还比较少，民族地区更是贫乏。如果要提高产品的国际竞争力，相关地区应该在农产品的深加工行业方面有所作为，改变以原材料的销售为主经营体系。

再次是观念问题。用科学武装农民的观念要比用科技改造生产工具更有效果。加强对农民的教育和培训是提高农业科技发展水平的根本。一方面是要改变经营者对教育和培训的观念。很多经营者认为只要把菜种好就行了，不需要进行再教育；有经营者认为教育和培训是年轻人的事情，中年经营者拒绝参加教育和培训；还有的经营者认为是没有时间和精力参加教育和培训等。另一方面是教育培训机构的观念问题。一些地方过于强调科学技术，忽视了农民的创新能力。还有的地方在发展特色经济时把农民集中起来，传授的不是技术而是产品，大有推销产品的架势。这种培训不能够从根本上武装农民，以致于在遇到技术难题时农民不能够有效解决，耽误了农时，造成经济损失。

其五，资金是制约特色经济发展的关键因素，资本投入不足和不连续性导致特色经济生来就先天不足。

一方面，农业经营者对土地投入的资本有限，另一方面基础设施比较薄弱。长阳县和巴东县发展特色经济，基础设施比较薄弱的地方是交通问题和水源问题。这些问题依靠经营者无法解决，需要联合多方途径给予解决。

三、中西部民族地区农村发展特色经济的对策和建议

（一）充分利用自然资源优势，解决瓶颈问题

调研组通过对长阳、巴东等县域内特色经济的考察，在对比分析的基础上认识到，发展特色经济能够起到推进民族团结、繁荣民族经济的积极

作用。当前民族地区发展特色经济是对自身资源优势的挖掘，也是在我国改革开放不断深入的历史背景下所开展的市场经济行为，依托自然禀赋确实提高了当地的经济水平。但仅仅依靠民族地区的自然禀赋来发展特色经济只能是走向涸泽而渔，不可能走可持续发展的道路，更严重的是，这种依托种植面积不断扩大的粗放经营模式还会带来严重的生态危机，造成人与自然的不和谐。

第一，当地政府部门应加大投入，搞好基础设施建设。对山区而言，主要的问题是交通问题，这个问题对蔬菜和水果行业的运输、包装、贮藏和技术加工产业等影响深远，制约特色经济的集约化规模。第二，注重品牌建设。集约化的经营注重的是农产品的质，而不是量。当地政府应在自然条件比较具有集中优势的地方建立“规模化、标准化、设施化、品牌化的现代农业产业示范区”，提高产品的整体竞争力，加强品牌管理。第二，当地发展特色经济要把保护环境作为同等重要的事情来做。对高山蔬菜行业来讲，退耕还林是首要任务。转变以往靠扩大种植面积取得经济收入的思路，提高对高山蔬菜的资源利用率，建立深加工产业体系，用经济结构调整的溢出效应来弥补土地规模减少带来的经济损失。

（二）科学发展，提高经营者的管理水平

民族地区发展特色经济取得了一定的经济效应，促进了本地区经济水平的提高和民族地区人民群众物质文化生活的提高，形成了具有鲜明的地域特色和民族文化特色的经济形态，成为民族地区发展经济、实现现代化的新型经济发展方式，具有一定的推广意义。特色经济的增长是通过更多的廉价农村劳动力的投入和较少资本投入实现的，资本在经济活动中的投入比例相对较低，集约化程度较低。要实现特色经济的深入发展，就必须提高资本的利用率，提高特色经济生产方式的机械化水平和劳动者素质。特色经济的经营者需要转变观念。要转变以往小农经营（分散经营）为协作经营，利用合作组织与市场接轨，转变个体弱势为整体强势。实现经济发展方式转型需要的是现代化的农民和农民经济合作组织。

第一，要实现农民的转变。培养具有现代意识和现代化水平的农民，要求各级政府部门加大对农业经营者的技术培训力度，实现特色经济的转型，进一步推进农村经济转型。第二，要加快推进农村农民合作组织的发展，建立和健全农民合作组织，使农村经济合作组织在生产管理、品牌建设和技术

规范以及农民教育等方面发挥作用。第三，要开展精细化和制度化的管理，进行科学统筹。政府应该在宏观层面上对产业的发展科学统筹，制定规划，推行生产经营的标准化作业。

（三）加大科研投入的力度，实现产品个性化、差异化、品牌化

第一，要提高产品的科技含量。农业经营者的生产规模、经济实力和生产力水平还较弱，需要经营者转变观念，集中精力提高产品质量和科技含量，从而提高生产的集约程度，取得市场竞争力优势。要求政府部门能够做好农户与企业和科研机构的牵头人，促进科技成果的入户率和转化率。第二，要开发新品种，实现产品差异化、个性化，追求竞争中的绝对优势，在同类型市场结构中保持特色。第三，实现产品开发的品牌化，构建特色产品的品牌体系，不仅包括公共特色品牌，而且鼓励个人和企业进行品牌申报、品牌维护。

（四）加大资金投入，建立完善财政、金融和保险体系

第一，要完善财政金融政策，为特色经济发展提供保证。重点是在产业链建设的投入上，政府应在税收减免和财政补贴等方面鼓励深加工行业的发展。第二，要通过金融创新和财政帮扶为农村特色经济发展保驾护航，解决不同类型的经营者资金链短缺的问题。第三，要创新农业保险，减少因天灾、人为事件所造成的损失。

（五）转变以往粗放的生产经营方式，走集约化的农村经济发展道路

要转变经济发展的思路和观念，把依托自然资源优势转变为依托科技生产，提高产品的质量和品牌，进行集约生产。以往只依靠扩大种植面积来提高经济收入的粗放经营模式必须退出，取而代之的是依托提高单产数量和质量的集约化经营模式。

从特色经济产业目前的发展状况来看，发展方式粗放，科技含量较低，管理缺乏科学统筹，经营者层次较低，资金投入不够，主要依靠自然优势，集约化程度低。从特色经济的可持续发展和提高产品竞争力的角度看，特色经济产业要由粗放型经营向集约型经营转变。民族地区发展特色经济在前期取得了一定的成就，但是随着经济规模和经济容量的饱和，受到越来越多因

素的制约，遇到了发展瓶颈，经营者的收入水平徘徊不前。由于受市场价格波动的影响，初级产品的生产销售抵抗风险的能力减弱，不利于经济的可持续发展。经济增长方式的转型势在必行。

《全国优势农产品区域布局规划（2008-2015）》指出，今后“以提高我国柑橘产业的整体竞争力、扩大出口、减少进口为主攻任务，按照鲜食、加工并举的发展思路”。对长阳县和巴东县来说，应以此为契机，做好柑橘产业的产后处理行业的发展，不仅是在柑橘的打蜡、包装、储藏等方面有所规划，在优质橙汁、罐头等深加工产业上应该有所作为，高山蔬菜产业和茶叶产业的产后处理也应以精深加工行业为导向。切实做好特色经济产业发展的相关工作，提早准备，加大投入，通过集约化经营的方式提高特色产品的竞争力，实现民族地区农村经济的大发展。

结束语

我国民族地区的发展，尤其是民族地区农村的经济社会发展，农民脱贫致富，社会和谐稳定，人民安居乐业，这不仅是党政府关心的问题，也是我们这些长期从事民族工作的研究人员格外关注的问题。对民族地区的关切，对少数民族的深厚的感情，帮助民族地区探寻脱贫致富的道路，促使我们从2007年至今每个暑假都要对中西部民族地区进行社会调研。民族地区借助自身自然条件发展特色经济，不仅增加了农民的收入，而且创新了民族山区发展农业的新路子、新途径。因此，对这一问题，我们特别关注。2009年我们围绕民族地区发展特色经济的问题进行了调研，撰写了《西部民族地区发展高山特色经济现状调查——以长阳县发展高山蔬菜产业为例》，2010年我们再一次到这些地区进行跟踪研究。在调研中我们有了许多新的收获和感想。

第一，特色经济不仅仅是一个理论问题，更是一个实践问题。连续两次调研的实践经历，使课题组确信，特色经济不仅仅是一个理论问题，更是一个实践问题。理论需要升华，就必须经过实践的多次检验。毛泽东所说：“辩证唯物主义之所以为普遍的真理，在于无论经过什么人的实践都不能逃出他的范围。“随着改革开放和社会经济形态的变化，特色经济的发展也逐渐呈现出多样化、理论化和现实化的倾向。因此，调研实践中的诸多感性认识将会逐渐沉淀，随着调研组的分析、定义、判断工作的逐步深入，也会逐渐地将我们收集到的农村特色经济的现实材料“进行加工，去粗取精、去伪存真、由此及彼、由表及里的改造”，实现对调研区域发展特色经济认识的进一步升华。

第二，民族地区发展特色需要树立科学发展观念。发展特色经济需要特色经济的观念，更需要树立科学发展观。有了特色经济的观念就会去探索特色经济发展的项目和途径，这是发展特色经济的前提。树立科学发展观，这是发展特色经济的理念和指导思想，也是发展的工作要求。没有科学的发展观，特色经济发展就可能失去特色，变成对生态环境和资源的破坏。

第三，发展特色经济，增加农民收入，推进当地经济社会的发展是民族地区干部群众的期盼和梦想。我们民族工作者、理论研究者，以及具有一定权力资源和资本资源的单位和个人，如何对民族地区发展做出贡献，如何帮他们实现期盼和梦想，这是一个沉重的话题，也是艰巨而光荣的任务，这需要我们共同努力，真心真意地去帮助他们。

本次调研活动得到了湖北巴长阳土家族自治县政府办公室、长阳县经管局、长阳县劳动局、火烧坪乡政府办公室、火烧坪乡卫生院、巴东县政府办公室、巴东县农业局、巴东县信陵镇财政所、巴东县东乡口镇技术站等部门的大力支持和帮助，调研组在此特向他们致以崇高的敬意和真挚的感谢；同时还要向为本次调研提供详实资料的乡亲们深表谢意，因为他们所提供的情况是本次调研报告形成的关键，他们的积极参与是此次调研活动的力量之源。

（阎占定　李国政　白照坤　蔡正平　李夏涵）

报告六

关于新时期农民合作经济组织发展状况的调查[1]

——以湖北省巴东、长阳与河南省三县为例

引　言

改革开放，尤其是进入21世纪之后，农民专业合作经济组织随着社会主义市场经济的发展，如雨后春笋般蓬勃兴起。到2008年底我国新出现的，运行比较规范，且具有一定规模的各类农民专业合作经济组织超过15万个，参加合作组织的成员3878万人，其中农民成员3486户，占全国农户总数的13.8%．[2]截至2009年底，湖北省拥有农民专业合作社10428个，社员13.18万人。[3]农民专业合作经济组织的出现，改变了过去单一农户参与市场竞争的不利情况，将千变万化的市场同千家万户的农户有机地结合了起来。它在稳定农业生产、实现农民增收、促进农业产业化进程的同时，也成为广大农民乡村治理中政治参与和社会参与的重要途径。事实上，在某些合作经济组织比较发达的地区或经济较为发达的地区，农民专业合作经济组织在乡村经济发展、乡村民主选举、乡村社会建设，以及处理邻里纠纷、维护乡村社会稳定、保障农户切身利益等方面发挥了重要的作用，逐渐成为乡村治理中的重要一极，

[1]　本报告为2010年湖北省人文社会科学基金项目“新型农民合作经济组织参与乡村治理研究”成果之一。

[2]　孔祥智主编:《2009中国“三农”前景报告》，北京：中国时代经济出版社2009年版，第183页。

[3]　《湖北13万农民加入专业合作社收入高非社员三成》2010年09月28日 14:28　来源：中国新闻网 http://www.chinanews.com.cn/cj/2010/09-28/2560875.shtml

并向“乡政村治”二元治理结构发起挑战。鉴于农民专业合作经济组织所发挥的重要作用及其在未来乡村治理中的重要地位，有必要对新时期农民合作经济组织的发展现状、现实作用和存在的问题进行实地调查研究，从政策价值、学术价值和历史价值等方面为农民专业合作经济组织的发展做出有益的探索和贡献。为此，我们在2010年暑假，对湖北省巴东县、长阳土家族自治县和河南新野县、西峡县、汝州市进行了为期20天的实地调查，深入农民专业合作社与入社农户，调查取得了对这一问题开展研究的第一手资料。

在调查中，我们选择了湖北巴东、长阳2个民族县和河南新野、汝州、西峡3个农业生产县。这5个县，均以农业和林业为主，都是特色经济发展较好的县区，因此农民专业合作社发展也很迅速。比如，湖北巴东、长阳以柑橘、高山蔬菜、药材、茶叶为主的特色经济已初具规模，产业链建设相对完善，合作社在推动当地社会经济发展方面已产生很大影响。河南新野、西峡、汝州根据自身自然条件，在粮食生产、蔬菜种植，花卉生产加工和林果栽培方面走在全省的前列。这5县市共有农民专业合作经济组织约600个。其中，长阳202个、巴东165个、西峡103个、新野97个、汝州48个，主要经营项目为蔬菜、水果种植，农资购进和粮食生产、销售。

此次调查，我们主要采取了典型研究、抽样调查、实证分析的研究方法，辅助文献研究。通过问卷调查、深度访谈和查阅文献资料，获得了丰富的一手资料。具体讲，我们在调查区的两省5县，深入农户发放问卷，通过当地政府农业部门和农村干部、合作经济组织领导人，以及部分当地学生，共向属于合作经济组织成员的农户发放问卷450份，回收问卷434份，有效问卷413份，采用SPSS13.0对问卷进行了数据处理，并对以下问题进行了分析研究。

一、关于农民专业合作经济组织自身建设状况的分析

由于农民专业合作经济发展迅猛，涉及的内容比较多，我们抽取了以下重要的内容进行了分析。对农民专业合作经济组织的认识程度和参与程度，这是广大农户同农民专业合作经济组织发生联系的第一步，是农户参加合作经济组织的前提，也体现了合作经济组织的威信和感召力、凝聚力。为此我们设计了“农户对合作经济组织的认知、农户参与合作经济组织的动机、农户参与合作经济组织”等3个观测指标进行观测。通过抽样调查所得的413份有效问卷显示的数据来分析。

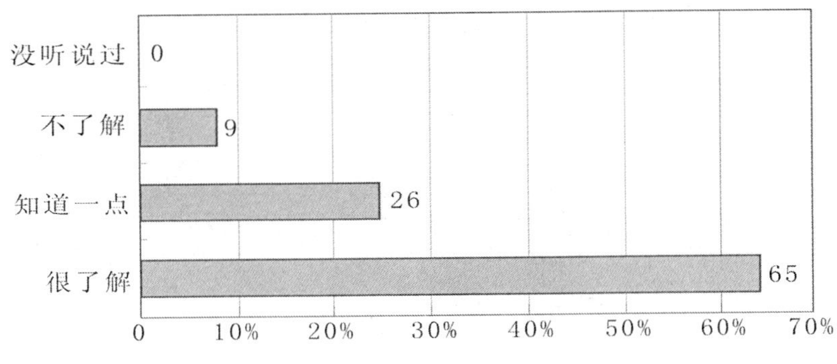

图 1　您了解农民专业合作经济组织吗

（一）入社农户对农民专业合作经济组织的认知和参与情况分析

1. 入社农户对农民专业合作经济组织的认知情况（见图 1）

数据显示，对农民合作经济组织很了解的有 65%，选择“很了解”的和“知道一点”的两项之和，共计 90.8%. 这说明农户对其所加入的合作组织还是十分了解的。另有 9.2% 的农户不了解自己加入的合作社，通过访谈，我们了解了产生这一现象的原因：第一，他们所在的农民专业合作经济组织内部管理不健全，没有发挥实质性的作用；第二，有些合作社是乡镇、村牵头兴办，为了获得与合作经济相关的项目资助，这些合作社强行将一些农户发展进来，成为自己的社员。因此表面上都是社员，但实际上很多农户是“被入社”，他们对所在合作社其实并不了解。

2. 农户参与农民专业合作经济组织的动机

农民专业合作经济组织能否对农户产生吸引力，关键还是在于其能否为广大农户带来切切实实的利益。在问及“请您评价一下专业合作社在维护社员权益方面的作用”、“参加农民专业合作经济组织为您带来了哪些切实的好处”时，多数农户都给出了较为积极的答案。（见表 1、表 2）

表 1　专业合作社在维护社员权益方面评价表（N=413）

问题	请您评价一下专业合作社在维护社员权益方面的作用		
选项	有时候利益不容易得到保障	于经营大户的利益维护更多些	确实能够维护绝大多数社员的利益
频数	30	72	311
比例	7.3%	17.4%	75.3%

表 2 参加农民专业合作经济组织收益评价表 （N=413）

参加农民专业合作经济组织为您带来了哪些切实的好处？（此题为多选）		
选项	频数	比例
共享市场信息	237	57.4%
以更加实惠的价格购进生产资料	159	38.5%
拓展了产品销售的途径	205	49.6%
培训农业技术，传授农业生产、经营知识	264	64%
保障自身民主权利	28	7%
较过去，切实增加了收入	154	37.3%
有组织归宿感，社会地位提高，办事好办了	95	23%
生产和生活中的问题有依靠，生产生活更踏实了	67	16.2%
其它实惠	5	1%

对于第一个问题，选择“确实能够维护绝大多数社员的利益”的农户，有 75.3% 的调查者给予肯定的回答，同时还有 7.3% 的调查者认为权益有时不能保证。数据在总体上反映了多数合作社能够秉持公平、公正的原则，维护社员的“公意”。对参加农民专业合作经济组织收益评价，如表 12 显示，农业技术培训、生产经营知识学习（64%）、享有市场信息（57.4）、拓展销售途径 (49.6%) 和优惠价格购买生产资料（38.5%）为入社农户所最为关注。这说明大多数农户加入合作经济组织更多的动机和目的是经济的利益，是增加收入，这也是合作经济组织存在的理由和必要。同时，应该看到也有部分被调查者选择了“保障自身民主权利”、“提高在村中的社会地位”、“生产、生活更有依靠”，这说明当前的农民专业合作经济组织具备了整合、表达农户政治利益的功能，在一定程度上参与了“乡村治理”并发挥一定的作用。

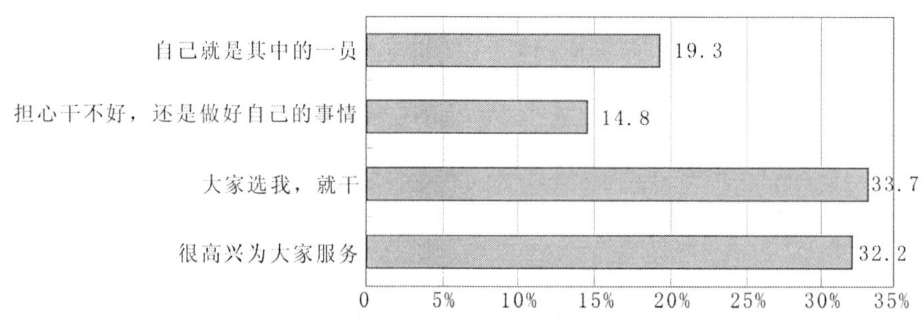

图 2 您对当合作社理事或监事的态度

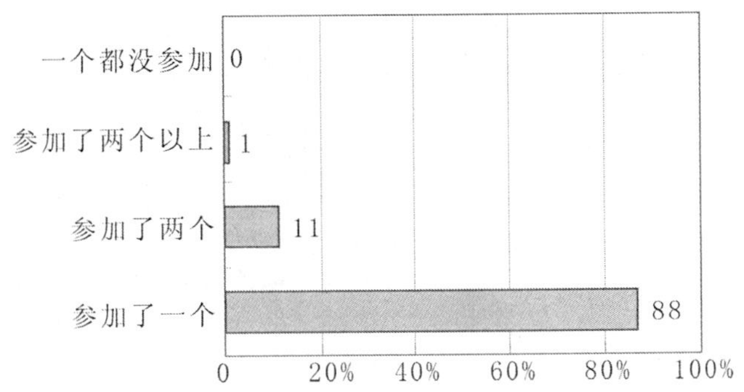

图 3 农户参与农民专业合作经济组织的情况

3. 农户对农民专业合作经济组织的参与情况（见图 3）

从结果上看，多数农户仅参加了一个合作经济组织。对于加入合作社的目的，84.7% 的农户认为，积极参加农民专业合作经济组织能带来经济利益，32.7% 的农户更是自愿加入。这些数据表明，从总体上看，合作经济组织对广大农户具有较强的吸引力，但一些农户之所以参与态度不积极，主要还是由于对合作组织了解不多，害怕加入之后，经营不善，反倒给自己带来损失。不过由于熟人邀请不好拒绝，加之随大流的态度，这些农户还是加入了。

农户参与参与合作社内部事务投票的态度，既反映了入社农户对合作经济的支持程度，也是合作社内部组织程度的表现。我们在问卷中，向农户问及："您对参与合作社内部事务投票的态度是怎样的？" 6 成的农户认为"投票是我的权利"，更有近 3 成的农户认为"我的一票很重要"。这说明，广大入社农户认识到了自己在合作经济组织中的主人地位，并且根据民主、平等的原则，积极地争取自己在合作社中的知情权和参与权。

是否积极主动地担任合作社的负责人，更是考察农户参与合作经济组织态度的重要指标。因为在合作经济组织内部，负责人不仅是一个普通的参与者，而且是一个组织、管理者。农户踊跃担任组织的管理者，这更能显示出农户对合作经济组织的积极性。当我们向农户问起，"您是否有担任合作社理事的意愿"时，多数农户对参与合作社组织管理表现出了较为积极的态度，这说明他们对合作组织普遍充满了信心和希望，对合作组织负责人的职责、义务有着较多的了解和认识。

（二）关于农民专业合作经济组织内部组织情况的分析

随着全国农民专业合作经济组织的蓬勃发展，合作经济组织内部组织的规范化、科学化程度在逐步提高。规范合作经济组织内部的管理，完善合作经济组织内部的制度，不仅是有效保障入社农户合法权益的要求，也是实现合作经济组织快速、健康发展的关键。因此，对农民专业合作经济组织内部管理情况的考察，也是此次调研的重点。

1. 农民专业合作经济组织的类型

当前的合作经济组织，有多种产生途径和存在形式，因此对农民专业合作经济组织就有不同的分类方法。从理论研究的角度看，可以从空间、行业、创办发起者、组织紧密程度等方面划分，从实践的角度看，当前农民专业合作经济组织分为以下几种类型：农村能人大户牵头型、龙头企业带动型、为农服务部门兴办型、政府发起型。[1] 通过调查我们发现，农民专业合作经济组织多以市场为导向，多为“能人大户牵头型”，此类约占被调查总数的58.6%．这一实际在访问当地相关职能部门时也得到了印证，即政府、为农服务部门牵头兴办的合作社发展规模较大、管理较为规范，但是数量相对有限，绝大多数农民专业合作经济组织是由村中致富能手、产销大户创办的。村中的能人大户牵头创办合作社，一方面有利于保证合作经济组织营销管理的自主性和灵活性，另一方面可以保障农民在合作社中的主人翁地位。其不足在于，不能及时得到相应的支持，审批项目和申请贷款困难，自身的组织建设缺乏指导、不够规范，从而影响了合作社的进一步发展。所以，有的合作经济组织走了一条折中路线，即能人大户带头创办合作社，同时吸纳村干部、村技术人员入社，或者与这些干部、技术员保持密切联系，通过这种方式，利用公共资源，争取获得必要的支持。

2. 农民专业合作经济组织的注册情况

注册情况是农民专业合作经济组织规范化的重要体现。依法注册，既表明合作经济组织已经成为了一个独立的法人，要接受国家统一管理，独立经营、自负盈亏，又是今后获得相关支持、争取贷款、扩大经营规模、推进产业化、实现品牌化的必要条件。2007年之前，我国缺乏一部完整的农民专业合作社法，合作社的注册工作不规范，于是就出现了多个职能部门都办理注册手续的混乱局面。2007年《中华人民共和国农民专业合作社法》正式颁布，法律明

[1] 白立忱主编：《农民专业合作社简明读本》，北京：中国社会出版社2006年版，第3页。

确规定，农民专业合作社统一由工商行政管理部门负责注册，其他部门无权办理注册手续。此次调研，我们也就这一问题进行了调查，如表 3 所示。

表 3 合作经济组织登记情况 （N=413）

问题	您所在的合作经济组织在哪个部门办理了登记				
选项	工商行政机关	民政	农业部门	科协、供销社	没登记
户数（户） 比例	297 71.9%	94 22.8%	14 3%	3 1%	5 1.3%

统计结果显示，71.9% 的农户明确其所在合作社已经注册，并且是在当地工商部门获得注册，这表明《合作社法》的规范效果已经明显显现，今后合作社的注册工作也将更加正规、有序。

3. 对农民专业合作经济组织决策机制的分析

依照法律，农民专业合作社中，社员大会（代表大会）、理事会和理事长具有各自的职权范围和组织形式。《农民专业合作社法》规定，“农民专业合作社成员大会由全体成员组成，是本社的权力机构”。“理事长、理事、执行监事或者监事会成员，由成员大会从本社成员中选举产生，依照本法和章程的规定行使职权，对成员大会负责”。[1] 因此从形式上看，农民专业合作社成员大会具有最高决策权，是入社农户行使权力的重要渠道，也是农户作为合作社主人的重要保障。理事会、理事长、监事会，都要严格执行成员大会上的决策，对成员大会负责。所以，三者关系的规范化程度，是我们测评合作社组织规范与否的重要指标。（见表 4）

表 4 合作经济组织民主决策情况 （N=413）

问题	您所在的专业合作社的重大事情是由谁来决定的		
选项	主要负责人决定	理事会集体决定	社员大会集体决定
频数 比例	36 8.7%	154 37.3%	223 54%

[1] 《农民专业合作社法释义》编写组主编：《中华人民共和国农民专业合作社法释义》，北京：中国法制出版社2006年版，第73、89页。

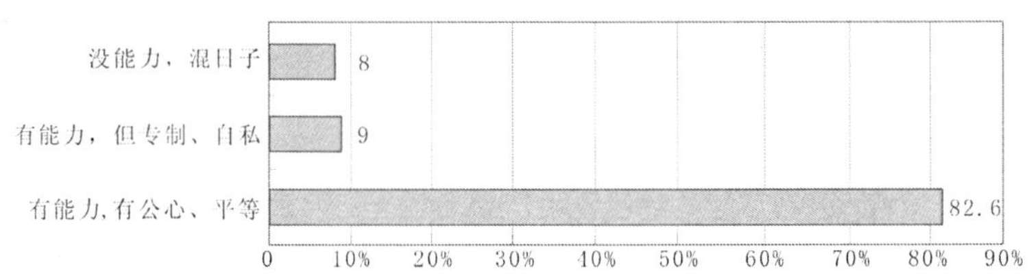

图4 您对合作经济组织领导者的评价

从调查结果来看，能够做到由社员大会做决定的合作社占据了多数，但相比由理事会集体做决定的合作社，其在数量上的优势并不明显。更有8.7%的农户认为，他们加入的合作社，在重大问题上，都是由主要负责人做决定。这种现象应当引起我们的注意。很多农户，甚至是合作社负责人反映，有些合作社建设规模较小，又是能人大户牵头创办，所以很多事务就直接由理事会，甚至是理事长擅自决定了。再加上如今外出打工人员居多，很难保证在关系到合作社发展的重大问题出现时，全体社员都能召集到一起开会、商讨、决策。而很多农户对所在合作社的了解不足，依赖心理很强，总是把致富、维权的希望寄托在大户能人的身上，也是导致社员大会“大权旁落”的一个重要原因。

4. 关于农民专业合作经济组织的负责人

根据上文分析，我们可以看出，在当前的专业合作社中，尤其是在一些中小型专业合作社中，其负责人的办事能力、公平程度会对合作社的发展产生重大影响。所以针对合作社负责人的情况，我们也做了大量调查工作。

我们请被访农户针对其所在农民专业合作经济组织负责人的能力进行了评价。（见图4）可以看出，能做到“有能力、有公心、平等”的合作社负责人还是占多数。这点主要还是因为在单个合作经济组织规模不大、力量不足的情况下，合作社负责人的能力就成为了维系合作经济组织团结、拓展合作经济组织市场版图的重要因素。倘若合作经济组织负责人自私自利、缺乏公心，且能力有限的话，就很难做到合作经济组织的长久经营。

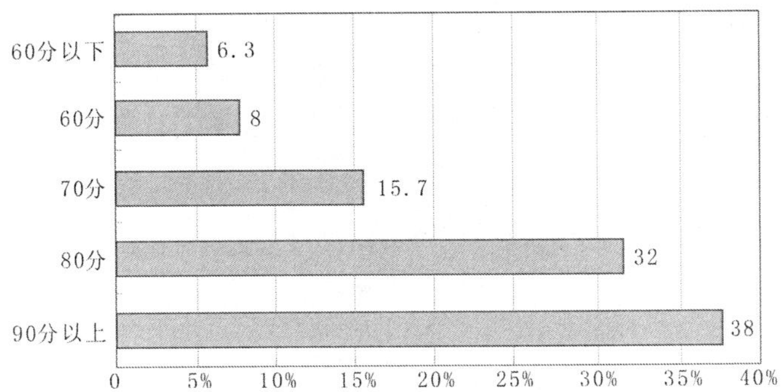

图 5　您对自己所在的农民专业合作经济组织领导人的满意程度

作为量化，我们也请农户对合作经济组织的负责人进行了打分。（见图 5）多数农户对合作经济组织负责人的评价还是较高的（打出 70 分以上的农户占 85.7%），这说明，合作组织的负责人基本上能够秉持公正、公平的原则为广大入社农户提供帮助和服务，并且得到了广大农户的拥护和支持。

5. 对农民专业合作经济组织章程约束力的分析

合作社章程是对合作社的基本规定，是合作社运作的基本准则，是维护广大入社农户的基本依据。保障章程的权威性，是合作社规范化、系统化，进而实现规模扩大、水平提高的前提条件。调查中我们发现，多数合作社具有详备的章程，并且按章办事，而有的合作社就不能完全做到按章办事，更有甚者连章程都不全，索性就是没有。这也是引起我们关注的一个问题。

对违约农户的处理方式是否规范，是考量合作社内部组织完善与否的一个重要细节。根据规定，一旦出现农户违约行为，应当按照合作社的章程处理，任何人不得以任何理由擅自对违约农户进行处理。通过这个细节，我们也可以分析当前合作经济组织的章程有多大的约束力。（见图 6）

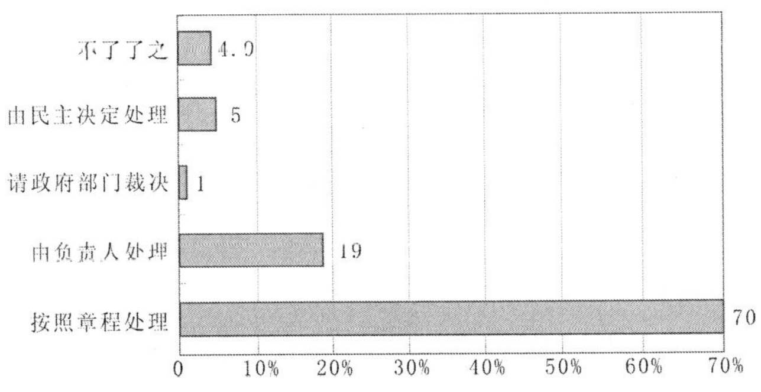

图 6　当合作经济组织中有人违约时，如何处理

图中显示多数合作经济组织能够做到按章程办事或者通过民主的方式处理，减少了政府部门的直接干预，做到了相对独立自主。

6. 入社农户对合作经济组织内部组织情况的总体评价

综合以上分析，几乎所有被调查的农民专业合作经济组织都有较为健全的组织机构（社员大会、理事会、理事长、监事会、会计等）和较为规范的章程，多数入社农户对合作社的组织管理也持肯定的态度。（见表 5）

表 5 入社农户对其所在农民专业合作经济组织的组织、管理情况的评价 （N=413）

问题	您怎样评价您所在的合作经济组织内部组织机构和管理水平			
选项	机构健全，管理好	机构健全，管理水平低	机构不健全，管理混乱	不关注
频数	268	101	27	17
比例	64.9%	24.5%	7%	3.6%

（三）关于农民专业合作经济组织生产营销情况分析

农民专业合作经济组织的运营情况，直接关系到入社农户的经济收益。而增加农户收入，是专业合作经济组织的基本功能，是其他一切功能的基础。如果专业合作经济组织不能给农户带来经济利益，那么它们就不能对农户产生吸引力，就更谈不上将广大农户组织化，使农户有组织地表达自己的利益要求、参与“乡村治理”。所以，我们必须对合作经济组织的营销情况和促进农户增收的情况加以考察。

1. 合作经济组织的市场化和品牌化建设取得成就

我们所调查的农民专业合作经济组织，大多依托所在地的特色产业开展相应的营销、服务工作。在湖北长阳、巴东，多数合作经济组织的主营项目与高山蔬菜、茶叶、柑橘、家禽家畜、药材的生产销售相联系，而在河南西峡、新野、汝州，粮食、蔬菜、棉花、油料作物、水果、农资的营销则是该地区合作社经营的重点。虽然在具体的经营项目上有差别，这种差别有地域的影响，也有人为的原因，但作为一个市场主体参与市场竞争，是这些合作社共同的特征。因此，它们都面临一个如何将合作组织做大做强、如何为社员切实提供经济利益的问题。调查结果显示，半成的农民专业合作经济组织可以将自己的产品推向全国各地。尤其是巴东、长阳地区的椪柑、高山蔬菜、药材和茶叶，南销至广东、海南，北可达东北三省，有的甚至在国外找到了市场，远销至韩国、日本、俄罗斯、澳大利亚、美国。品牌化是将产品推向市场、促进产品销售的有效途径，也是农业规模化、产业化的必然趋势。

通过图7我们可以看出，合作社相对于单独参与市场竞争的农户，更容易推动农产品的品牌化，更容易提高产品的知名度。单独参与市场竞争的农户，由于自身力量的有限性，再加上有些条件的不具备，很难做到让自己的农产品在一定的地域范围内有名气，除非他们的农产品质量非常好。但这毕竟还是少数，多数农户还是没有能力实现农产品的品牌化。

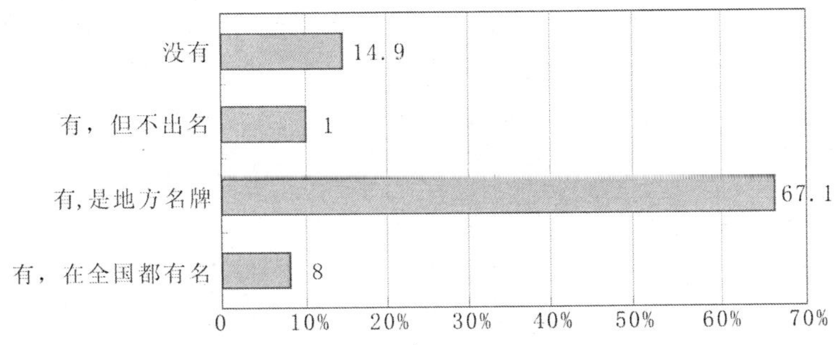

图7 农民专业合作经济组织的品牌化调查

2. 合作经济组织促进了入社农户增加收入

入社农户的增收，是合作社经营成效的表现之一，也是广大农户加入合作组织的主要目的。农民专业合作经济组织的建立顺应了农业现代化的发展趋势，有利于农业生产的规模经营，可以实现市场信息的共享、生产成本的降低、销售渠道的拓展，以及农业产业链的延长。只要合作社运营规范、组织合理，通过努力，应该可以改善入社农户的收入状况。这点在调查中得到了反映。(见表6)

表6 合作经济组织对农户收入的影响 （N=413）

问题	加入合作社之后，您的收入变化情况		
选项	没什么变化	增加不多	有一定增加
频数	9	64	300
比例	2%	25.4%	72.6%

“增加不多”与“有一定增加”两项之和为98%，这有力地说明了合作经济组织在增加农户收入的过程中所发挥的作用，同时也让我们看到了合作经济组织光明的发展前景。

二、农民专业合作经济组织政治和社会参与情况分析

随着合作经济的蓬勃发展，当今的农民专业合作经济组织已经不像以前，单纯地发挥增加农民收入、改善农户生产生活的作用，而是开始逐渐地作为“乡村治理”中的一极，对外，有组织地带领入社农户，规范、合法地向乡镇、村的政府部门表达自身的利益需求；对内，协调、整合组织内部各方的利益，并进而实现利益表达的规范化和合法化。再加上合作经济组织本身同广大农户的利益息息相关，天然地具备一种“亲民性”，因此，它的崛起，对传统的以乡镇党委、村党支部为领导主体，以乡镇政府、村委会为执行主体的“乡政村治”模式构成了越来越大的冲击。尤其是在以取消农业税为代表的一系列农业、农村政策出台之后，这种冲击就显得更加强烈。本文在调查中参考了董进才同志在文章《三类专业合作社农民政治参与比较分析》[1]中设计的问题，就中部农村进行调查，并借此印证了董进才同志研究的结论。研究证明，中部地区的农民合作经济组织具有与东部发达地区农民合作经济组织相同的政治参与特点。正确认识、分析、引导农民专业合作经济组织的政治、社会参与，必定成为今后研究乡村治理与合作社发展问题的热点之一。

（一）村民对“村民自治”的认知、参与和评价

所谓“村民自治”是指，广大农民群众直接行使民主权利，依法办理自己的事情，创造自己的幸福生活，实行自我管理、自我教育、自我服务的一项基本社会政治制度。村民自治的核心内容是“四个民主”，即民主选举、民主决策、民主管理、民主监督，因此，全面推进村民自治，也就是全面推进村级民主选举、村级民主决策、村级民主管理和村级民主监督。

1. 村民参与民主选举

随着社会主义市场经济的建立和发展，乡村社会的利益格局正在逐渐趋向一种多样性，而利益表达的途径也向多样性的方向发展。这促成了广大农户自我意识的不断提升和维权心理的加重。积极争取公共资源、维护既得合法权益在当今社会已经为越来越多的村民所共识。因此，在新形势下，广大农民对民主选举、推举和担任村干部较过去表现出了更大的积极性，其认知水平和参与程度在逐年提高，这点在我们调查的地区有所体现。（见表7）

[1] 黄祖辉主编:《中国农民合作经济组织发展：理论、实践与政策》，浙江大学出版社2009年版。

表7 村民对“民主选举”的认知和参与情况 （N=413）

问题	你对村里的政治和社会公共事务的态度是怎样的?		
选项	积极参加	偶尔参加	从不参与
频数	191	155	67
比例	46.2%	36.8%	17%
问题	对村里发展教育文化事业、公共设施建设，您的态度是怎样的?		
选项	积极参加	偶尔参加	从不参加
频数	194	190	29
比例	47%	45.3%	7.7%
问题	对乡村开展的文化技能培训，您的态度是:		
选项	经常参加	偶尔参加	从不参加
频数	239	163	11
比例	57.9%	38.7%	3.4%

（本资料是结合董进才文章《三类专业合作社农民政治参与比较分析》中设计的问题，在中部进行的调查之后所得出来的）

这些数据，在一方面说明，当前我们的村民对村民自治表现出了较高的参与热情。大家基本上都了解“村民自治”，并且基本上都能参与村民自治的过程。但数据也显示，有一半以上的农户偶尔参加村委会、地方人民代表选举，有的农户甚至从来都不参加选举，而多数农户对担任村干部一事也表现出了“无所谓”的态度。这就从另一个方面表现出了传统“乡政村治”模式正在受到挑战与冲击，亟待我们顺应时代的发展对其加以改革和调整。

2. 村民对村务管理和村干部的评价

在村务管理的问题中，最为村民所痛恨的当属农村中的行贿现象。在被访问的413户村民中，绝大多数都会对“乡政村治”中的腐败问题有所提及，甚至会强烈地加以指责。有的村民也表达了自己的无奈，认为“本来不愿意送，可是又没有办法，这已经形成了一种风气。别人送，你若是不送，你就吃亏啊”。这就充分说明，村民作为一个个体，他们在村民自治中力量的单薄性。单个村民同村干部相比，在占有的资源、信息上是不对称的，从而造成了村民之间在公共权力面前的博弈。为村民服务、代表社会的公益是村干部的职责所在，但正是由于村民个体力量的单薄，信息公开程度不够透明，再加上传统思想的影响，就使得村民在争取公共产品时，面临了两种选择：要么通过正常渠道，不送礼，相信村干部可以做到公正、公平；要么通过行贿，刺激和讨好村干部，让他们做出的决策更有利于自己。村民们当然希望接受前者，但是同时他们也会揣测其他村民的作为，担心别人送礼有利于别人，而自己没有送礼则对自己不利。因此，当这种心理普遍化的时候，送礼就成为了一种潜规则，传统的社会风气、政务公开的不够和权力监督力度的不足则从另一个方面助长了这一潜规则的盛行，这些都在极大地动摇着广大村民的主人翁地位。

村党支部、村委会干部是村务管理的领导者和执行者，村干部官僚作风严重、缺乏实事求是的工作作风、不能深入群众体察民情等都会影响执政党和政府在广大村民心目中的形象。调查中我们请村民为村干部打分。（见表 8）

表 8　村民对村干部的评价 （N=413）

项目＼分数	90 分	80 分	70 分	60 分	60 分以下
频数	164	56	36	101	56
比例	39.7%	13.6%	9%	24.5%	15.2%

通过结果我们清楚地可以看到，为村干部打 70 分（含 70 分）以下的农户，比例占到了 48.7%. 这足以说明当前村民自治中存在的问题。

3. 村民对社会公共事务的参与

对社会公共事务的参与，是实现“村民自治”“三自”原则的重要内容。推进农村的现代化进程，建设一个文明和谐的社会主义新农村是一个系统工程，各方面要统筹兼顾。因此，广大村民应该积极参与农村中的各项社会公共事务，努力提高生产、改善生活。

对村民参与农村社会公共事务的情况，我们也做了了解。（见表 9） 从调查数据中，我们可以得出两个结论：第一，村民们普遍参与了农村中的社会公共事务。参加的比例都占到了 90% 以上；第二，参加的积极性不高。通过表 2-3 我们可以看到，“偶尔参加”的比例很高，说明这种参与是一种“不充分的参与”。“不充分”的原因很多，总结调查得来的情况，可以归结为以下几点：第一，相关职能部门、村委会效率太低，挫伤了村民的积极性；第二，个体力量有限，杯水车薪，不能做到集中力量办大事；第三，外出务工人员增多，常年不在家乡；第四，传统农民“事不关己高高挂起”的封建思想也在发挥着作用。

表 9 村民对社会公共事务的参与 （N=413）

问题	你对村里的政治和社会公共事务的态度是怎样的？		
选项	积极参加	偶尔参加	从不参与
频数	191	155	67
比例	46.2%	36.8%	17%
问题	对村里发展教育文化事业、公共设施建设，您的态度是怎样的？		
选项	积极参加	偶尔参加	从不参加
频数	194	190	29
比例	47%	45.3%	7.7%
问题	对乡村开展的文化技能培训，您的态度是：		
选项	经常参加	偶尔参加	从不参加
频数	239	163	11
比例	57.9%	38.7%	3.4%

4. 入社农户对“村民自治”的总体评价

我们请被访农户谈了谈他们对“村民自治”的总体评价。有 16.7% 的村民选择了“走过场，还是那几个人做主”，有 36.1% 的村民选择了“不好说”，只有一半左右的村民认为“村民自己当家作主”。“不好说”可以有很多理解，这是一种介于“不能当家做主”和“可以当家做主”之间的态度。但是无论我们如何去诠释这种态度，一个基本的事实是可以明确的：这种“不好说”至少代表着一种不是十分满意的态度。如果按照是否满意作为划分标准的话，那么对“村民自治”不满意和不是十分满意的要占近半成。

综合以上分析，“村民自治”在当前的具体实践中出现了若干问题：第一，民主选举流于形式，不能“让有能者居之”；第二、民主决策很难落实，民主管理缺乏公平、效率；第三，民主监督形同虚设；第四，村民的利益诉求不能得到正常的满足或宣泄，容易引发农村社会的不和谐、不稳定。

（二）农民专业合作经济组织的政治、社会参与情况分析

农民专业合作经济组织的政治参与，主要是指对“村民自治”的参与，即在联系社员经济利益的基础上，有组织地带领社员参与农村的民主选举、民主管理、民主决策和民主监督，做到村民的自我管理、自我教育和自我服务。具体结合调查结果来看，农民专业合作经济组织的政治参与包括以下几点：第一，参与民主选举，对村干部的构成产生影响；第二，影响村党支部和村委会的决策；第三，监督决策的执行和村政务的公开；第四，积极推进

新农村建设，努力维持农村社会的和谐稳定。

一是农民专业合作经济组织已开始对村干部的构成产生影响。

农民专业合作组织的负责人，多是生产经营的大户，在处理关系、应对问题方面具有较强的能力，而且在带领村民共同致富的过程中积累了社会资源和威信威望，颇得村民的拥戴。因此，很多地方在村委会改选时，村民们会把选票投向农民专业合作经济组织的负责人。对此，我们通过相关部门的帮助，了解到了一些具体情况。（见表10）

表10　对合作社负责人兼职状况的调查

姓名	所在合作社	所在村	兼职情况	备注
覃某某	长阳清江椪柑专业合作社	岩松坪村	无	
杨某某	长阳大树湾巴柑产销专业合作社	淋湘溪村四组	无	其合作社中有村委书记兼职
吕某某	长阳重溪椪柑专业合作社	重溪村	无	
李某某	长阳观音寺柑橘产销合作社	刘家冲村	无	
曾某某	长阳水井河椪柑专业合作社	巴山村	无	
覃某某	长阳廪君椪柑专业合作社	赵家湾村一组	无	其夫人是村妇女主任
李某某	长阳渔峡口椪柑专业合作社	岩松坪村四组	村支书	
金　某	长阳磨市柑桔专业合作社	磨市村三组	无	被评为“优秀共产党员”、“先进工作者”、“致富带头人”等称号
覃某某	长阳渔峡口镇赵家湾椪柑专业合作社	渔峡口镇	无	
邱　某	长阳愚人岛绿壳蛋鸡专业合作社	愚人岛	无	
白某某	长阳百龙香生猪生态养殖专业合作社	大堰村一组	无	
覃　某	长阳伟业生猪养殖专业合作社	枝柘坪村	无	
刘某某	长阳赛龙生猪饲养专业合作社	晒鼓坪村一组	无	

续表

姓名	所在合作社	所在村	兼职情况	备注
邓某某	长阳火烧坪诗平山羊养殖专业合作社	黍子岭村一组	村一组支部书记、村总支委员、村治调主任、乡人大代表	
刘某某	长阳大堰恒兴生猪养殖专业合作社	钟家湾村一组	无	
赵某某	长阳益农生猪养殖专业合作社	王子石村五组	无	
李某某	长阳汇丰生猪养殖专业合作社	大堰平洛	无	
李　某	长阳兴旺生猪饲养专业合作社	十五溪	村主任	
米某某	长阳榔坪镇俊华生猪养殖专业合作社	榔坪镇八角庙村一组	无	
覃某某	长阳长丰生猪养殖专业合作社	榔坪镇长丰村三组	无	
覃某某	长阳青林山羊养殖专业合作社	榔坪镇青林头村一组	村委委员	
车某某	长阳居溪生猪养殖专业合作社	长阳大堰乡居溪村三组	无	
田某某	长阳康园生猪养殖专业合作社	长阳资丘镇柿贝村一组	无	
周某某	长阳高家堰坤林生猪养殖专业合作社	长阳高家堰彭家河村七组	无	
周某某	长阳大堰新星生猪养殖专业合作社	长阳大堰乡千丈坑村一组	无	
王某某	长阳兴隆生猪养殖专业合作社	长阳大堰乡赵家堰村一组	无	
李某某	长阳高家堰千佛山山羊养殖专业合作社	长阳高家堰青岩村六组	无	
肖某某	长阳荣平蔬菜专业合作社	青树包村二组	无	乡政协委员
王某某	长阳长乐蔬菜专业合作社	榔坪秀丰桥	无	
袁某某	长阳益民蔬菜专业合作社	杨家桥村四组	无	
吴某某	长阳火烧坪兴农蔬菜专业合作社	青树包村二组	无	县人大代表
邓某某	长阳石城芽姜专业合作社	高家堰镇木桥溪村四组	无	

续表

姓名	所在合作社	所在村	兼职情况	备注
陈　某	长阳火烧坪阳光蔬菜专业合作社	青树包村六组	无	
林某某	长阳火烧坪绿源蔬菜专业合作社	青树包村一组	村财经委员	
刘某某	火烧坪青树包高山蔬菜专业合作社	青树包村一组	村党总支书记	
向某某	长阳榔坪农联蔬菜专业合作社	社坪村一组	无	
曾某某	长阳梓榔坪蔬菜专业合作社	榔坪镇	无	
覃　某	长阳巴风红薯专业合作社	长阳资丘镇资丘村	无	中共党员（村党支部）
田某某	长阳富民蔬菜专业合作社	长阳资丘镇黄柏山村	村主任	
李某某	长阳廪君茶叶专业合作社	庄溪村五组	无	村经济发展顾问
张某某	长阳贺家坪茶叶专业合作社	贺家坪村三组	村党总支书记	
田某某	长阳农茗园茶叶专业合作社	资丘	无	陈家坪六组代表
田某某	长阳凉水寺茶叶专业合作社	凉水寺村一组	无	曾任副村长、村副书记、信用站会计
张某某	长阳古坪有机茶专业合作社	古坪村二组	无	2008年辞去村主任
陈某某	长阳磨市江南渔业专业合作社	柳津滩村三组	无	
李某某	长阳都镇湾金都渔业养殖专业合作社	庄溪村	无	
田某某	长阳永康特种水产养殖专业合作社	长阳清江路	无	任“红峰渔业董事长”
汪某某	长阳丹水特种水产养殖专业合作社	长阳高家堰镇魏家洲村二组	无	
覃某某	长阳继朝渔业专业合作社	长阳渔峡口镇渔坪村三组	无	
孙某某	长阳三多核桃专业合作社	龙舟坪	无	合作社中的张某、李某为村支书

续表

姓名	所在合作社	所在村	兼职情况	备注
綦某某	长阳贺家坪核桃专业合作社	贺家坪镇紫台村五组	无	
熊某某	长阳华林油茶专业合作社	青树包村一组	无	
秦某某	长阳溪玲核桃专业合作社	榔坪镇马坪村	无	
覃某某	长阳乐园核桃专业合作社	榔坪镇杜家冲村五组	无	
吴 某	长阳清江魔芋专业合作社	宜昌发展大道	无	
王某某	长阳清江魔芋专业合作社立志坪分社	长阳都镇湾立志坪村	村干部	
赵某某	长阳清江魔芋专业合作社城五河分社	长阳都镇湾镇城五河村五组	村干部	
张某某	长阳清江魔芋专业合作社雪山河分社	长阳都镇湾镇雪山河村	村干部	
汪某某	长阳清江魔芋专业合作社青岗坪分社	长阳贺家坪镇青岗坪村	村干部	
郑某某	长阳清江魔芋专业合作社秀峰桥分社	长阳榔坪镇秀峰桥村二组	村干部	
杜某某	长阳清江魔芋专业合作社中岭分社	长阳贺家坪镇中岭村五组	村干部	
田某某	长阳清江魔芋专业合作社杨家桥分社	长阳资丘镇杨家桥村	无	
同 上	长阳资丘黄金藏独活种植专业合作社	资丘村五组	无	
刘某某	长阳清江魔芋专业合作社对舞溪分社	长阳资丘镇对舞溪村	村干部	
刘某某	长阳清江魔芋专业合作社招徕河分社	长阳渔峡口镇招徕河村	村干部	
覃某某	长阳清江魔芋专业合作社贺家坪分社	长阳贺家坪镇贺家坪村	无	
郑某某	长阳清江魔芋专业合作社郑家榜分社	长阳龙舟坪镇郑家榜村三组	村干部	
黄某某	长阳清江魔芋专业合作社杨溪分社	长阳鸭子口镇杨溪村四组	村干部	
张某某	长阳丰园栀果专业合作社	秋水园	村主任、支书	
谢某某	长阳文玲黄粉虫养殖专业合作社	晓溪	无	

续表

姓名	所在合作社	所在村	兼职情况	备注
李　某	长阳中武当猕猴桃专业合作社	天柱山	无	
田某某	长阳志诚花木专业合作社	泉水湾村四组	无	
王某某	长阳千家坪烟叶产销专业合作社	长阳贺家坪镇堡镇村五组	无	
李　某	长阳农友食用菌专业合作社	长阳榔坪镇八角庙村三组	待定村干部	
宿某某	长阳凯新食用菌专业合作社	长阳贺家坪镇堡村二组	无	
李某某	长阳都镇湾蛇类驯养专业合作社	长阳都镇湾镇晓溪村三组	无	
章某某	长阳珍珠果业营销合作社	朱津滩	无	
陈　某	长阳雁山畜禽养殖专业合作社	长阳大堰乡三洞水村二组	无	
雷某某	长阳玉禾蔬菜专业合作社	青树包村三组	无	
覃某某	长阳马坪蔬菜专业合作社	榔坪镇井坪村六组	无	
表中共涉及 81 人，其中理事长 79 人，社员 2 人。兼职者 22 人，其中理事长 20 人，社员 2 人。				

（以上数据来自长阳县经管局）

在长阳县经管局的帮助下，我们随机抽取了 90 家合作社进行了访问，接受访问的合作社负责人有 79 人，其中在乡镇、村中兼职的 20 人，比例是 25.3%. 负责人兼职的现象虽然并不普遍，但这种现象有逐年递增的趋势。

通过深入走访，我们也发现很多合作社的负责人没有职能部门的兼职，却是人大代表、政协委员，或者他们的家属在村里甚至是在乡镇中有任职。有的合作社积极吸纳乡镇、村干部入社，扩大自己的影响力。有的合作社，即使其理事长、社员都未有兼职情况，但作为致富带头者、能人大户，他们本身在地方上就有相当的威信和声望，有着较一般农户所不具备的社会关系网络。

广大农户对合作经济组织负责人的兼职持支持的态度，支持者占被调查总数的 71.2%. 而也有 22.8% 的农户不希望负责人在村委会中兼职，主要原因还是害怕村委会对合作社干预太多，那样会影响合作经济组织生产经营的自主性和灵活性。

农民专业合作经济组织负责人兼职村干部，在为合作经济组织争取公共资源、信息、扩大合作经济组织影响力的同时，带动了合作经济组织实现政治参与。这在“农户对村委会换届人选”的态度上就有所表现。通过调查我们了解到，更多的农户希望合作社领导、经济能人在村委会换届时担任村干部，使“有能者居之”，带领大家共同致富。（见表 11）

表 11 农户对村委会换届人选的态度 （N=413）

问题	在新的村民委员会换届中，您更希望谁担任村干部？			
选项	原村干部	合作社领导	村里的经济能人	其他
频数	51	64	284	14
比例	12.3%	15.5%	68.8%	3.4%

数据显示，希望下一届村委会由“经济能人”和“合作社领导”担任的占到了总数的 84.1%，而希望原村干部留任的仅有 12.3%．这在一方面反映出当前“村民自治”的不理想的同时，也反映了“经济能人”、合作经济组织负责人对乡村政治的参与和影响。

二是农民专业合作经济组织在维护农村社会稳定，推进社会主义新农村建设方面发挥着日益重要的作用。

第一，维护社会稳定。改革开放以来，农村发生了翻天覆地的变化。农村的社会结构，也在随着物质生活的丰富而发生着变化，利益要求的多样性已经成为了现实，不同的利益要求之间，势必会发生矛盾。近些年来，农村中因为利益纠纷而引发的事件层出不穷，正是这一矛盾的表现。如何妥当处理这一问题，不仅考验着党的执政能力，也在向政府、向村民自治提出了新的要求。

而目前，以“乡政村治”为框架的村民自治，在落实中问题很多。乡镇党委、政府在村民中的威信并不高。调查中，我们向农户问及“您认为在村里公共事务中，谁的影响力更大？”时，被调查的 413 家农户中，只有区区 67 户选择了乡镇政府。而在对另一个问题“您认为在乡村政治经济社会的和谐稳定发展中，谁起的作用最大？”的回答中，有 84 家农户选择了乡镇政府，比例占到了 20.3%。因此，需要一个能够有效联系广大农户的组织形式，对外理性地表达村民的利益，对内有效地整合成员之间的纠纷。

农民专业合作经济组织是“生在农民中间，长在农民中间”的，参与者是农民，管理者是农民，受益者还是农民，是农民们自己的事业。因此，农民专业合作经济组织天生具有“亲民性”，以经济利益为纽带，可以很方便地联系和组织广大农户，并在此基础上一方面可以作为一个集体，同其它集体、同相关部门进行利益协调，另一方面在合作组织内部也可以在利益上达成共识。这就避免了个体村民在处理利益纠纷时不理性的思考和行为，大大减少了发生冲突的可能性。

实践也证明了这一观点。在调查中，我们重点了解了村民有困难如何解决和村民之间如何处理利益纠纷的情况。（见表 12） 通过表 12 可以看出，在诸多求助对象中，广大农户更倾向于合作经济组织和村组织；在众多解决利益纠纷的途径中，广大农户还是更多地选择村组织和合作经济组织。这至少可以证明，农民合作经济组织已经在协调村民利益矛盾、解决纠纷、稳定社会秩序方面开始发挥作用了。

表 12 村民的求助对象和解决利益纠纷的途径 （N=413）

问题	在日常的经济社会生活中，您有问题和困难会向谁求助？（此题多选）				
选项	乡镇政府	村组织	合作社	乡村精英	其他
频数	89	205	283	128	23
比例	21.5%	49.6%	68.5%	31%	6%
问题	在县、乡政府机构出台的损害农民利益政策后，您反映问题的途径是				
选项	新闻媒体	集体上访	找人大代表	通过合作组织反映	
频数	14	76	68	255	
比例	3%	18.4%	16.5%	62.1%	
问题	在日常纠纷处理上您一般依靠什么途径解决？				
选项	乡镇政府	村组织	合作社	乡村精英	司法途径
频数	39	156	202	53	21
比例	10%	37.8%	48.9%	12.8%	5%
问题	您认为在日常生产经营和生活中，对您最有帮助的是（此题为多选）				
选项	乡镇政府	村委会	合作社	乡村精英	其他
频数	58	179	291	242	26
比例	14%	43.3%	70.5%	58.6%	6%
问题	您认为社员应该如何反映村民自治中的问题？				
选项	向人大代表和上级部门反映	联合其他农民共同协商解决	不去反映		
频数	129	224	58		
比例	31.2%	54.2%	14.6%		

第二，推进新农村建设。合作经济组织的产生和发展，在一定程度上实现了“将小农户变成大组织”的目标。农户个体在农村社会、市场竞争中，都是处在一个相对弱势的地位，但是通过合作经济组织，他们就可以集中力量办大事，这在推进农村改造和发展中表现得十分明显。有77.2%的受访农户肯定了农民专业合作经济组织在农村发展中发挥的积极作用，并且在影响力上，合作经济组织已经超过了乡镇干部，在村民中树立了很好的威信。（见表13）作为印证，我们采访了一些合作社了解到，他们已经在为当地的基础设施建设添油加力了，如集资修建水库、发电站、铺路等等。虽然这些合作社在对土地、林地、水利设施等生产资源的占有方面相比乡镇政府、村委会而言，不具优势，但随着合作经济组织力量的壮大，这一情况正在发生着变化，尤其是最近4年，合作社所拥有的公共生产资料呈逐年递增的趋势。这就为合作经济组织发挥更大的作用提供了必要的物质条件。相信未来农民专业合作经济组织的前景一片光明。

表13 合作经济组织影响力（N=413）

问题	您认为在村里的公共事务中，谁的影响力更大？（此题为多选）				
选项	乡镇干部	村组织干部	合作社领导	乡村精英能人	其他
频数	67	132	193	54	22
比例	16.2%	32%	46.7%	13.1%	5%
问题	对未来发展，您将更多地依靠于谁？（此题为多选）				
选项	乡镇政府	村组织干部	合作经济组织	乡村精英能人	其他
频数	84	280	257	249	21
比例	20.3%	67.8%	62.2%	60.2%	5%

（三）农民专业合作经济组织中的党建情况

乡镇党委、村党支部是“乡政村治”的领导主体，是乡村治理的领导核心，因此，其在思想、政治、组织上也必然会对农民专业合作经济具有领导作用。这种领导作用，既体现在基层党组织要向合作经济组织进行思想政治宣传上，体现在许多合作社的负责人或者主要负责人是中共党员上，更体现在目前有许多大中型合作经济组织已经成立了党支部，它们归乡镇党委统一领导，地位上同村党支部平行。被访问的农户中，有20.1%的农户反映其所在的合作社已经成立的党支部，28.3%的农户所在的合作社正在筹备建立党支部。从已经成立的合作社党支部的情况来看，它们同村党支部是平行的兄弟支部的关系，工作上互相帮助、经验上相互交流、组织上同归上级党委的领导。

在合作经济组织建立党支部，目的在于：第一，加强对合作经济组织在思想、政治、组织上的领导，让合作经济组织真正成为为广大农民群众服务的好帮手；第二，规范合作社的建设，帮助合作社完善自身组织和管理；第三，有效地发挥党组织的战斗堡垒作用和党员的先锋模范带头作用，更好地动员广大入社农户开展生产经营，尽快致富；第四，通过在合作经济组织发展党员，尤其是一批有能力的、先进的年轻党员，改善一定区域范围内党员的年龄结构，优化人力资源，更好地发挥党的先进性作用。由于在合作经济组织中建立党支部在目前尚处在探索期，以上这些目的尚未完全实现。从调查中，我们也可以发现，很多农户对合作经济组织中建立党支部一事很不清楚，也不知道会为他们带来什么好处。我们问“如果入党的话，您希望加入村党支部还是合作社党支部？”这两种选择的支持者各占一半，选择村党支部的农户多认为合作社党支部可能不规范，还是村党支部听起来更规范一些；而选择合作社党支部的多为年轻人，他们对村支部中一些不好的风气，如：论资排辈、官僚主义、形式主义等不满，因此希望在合作社党支部中有所改变。

总之，农民专业合作经济组织必须服从党的领导，必须在党的思想和宗旨的指引下，高举中国特色社会主义伟大旗帜，走社会主义的康庄大道，全心全意为广大入社农户谋福利。我们相信，在不久的将来，随着社会主义市场经济的推进和农民专业合作经济组织的发展，农民专业合作经济组织一定会成为我们党发挥先进性作用的新阵地，一定会成为党带领人民群众实现自身经济、政治利益的新途径！

三、农民专业合作经济组织发展中问题与对策

（一）影响农民合作经济组织发展的若干因素

我们总结了广大入社农户对发展合作经济组织最关心的几个因素：

表 14 制约农民专业合作经济组织发展的因素 （N=413）

您认为发展农民合作经济组织最关键的因素为？（此题为多选）		
选项	户数（户）	比例
好项目	231	55.9%
好的带头人	269	65.1%
资金支持	254	61.5%
政策扶持	263	64%
科技支持	112	27.1%
合作社内部制度健全	89	21.5%
提高农民的素质	133	32.2%

最受农户关注的因素是“好的带头人”、“政策扶持”和“资金支持”。“好的带头人”属内因，“资金支持”、“政策扶持”属外因。

目前被调查的两省三县农民专业合作经济组织虽然在总体数量上、涵盖的行业上有一定的规模，但就单个的合作经济组织而言，质量和水平都有待提高。合作经济组织规模小，力量相对就比较薄弱，所以对外来支持的要求，相比大中型农民合作经济组织来说迫切许多。规模小，也导致了整个合作社对“带头人”的过分依赖。大中型的合作经济组织可以通过组织内部的制度、管理强化力量，而小型合作经济组织就需要“带头人”有好眼光、好想法，用好思路抢占市场。

（二）当前限制合作经济组织发展、壮大的因素及原因分析

通过调查，我们也了解到在阻碍合作社发展的诸要素中，“缺少资金，缺乏农业技术”、“信息不畅，人才资源缺乏”和“经营规模太小，管理水平差”这三点排名最靠前。选择此三个选项的农户占被调查总数的比例，分别为：74.6%、70.9%、59.6%.

究其原因，我们认为主要有以下几点：

一是政府的支持尚不到位，政策条件很积极，但落实的效果不理想。

针对乡镇政府对合作经济组织的态度问题，我们也进行了调查。（见图 8）

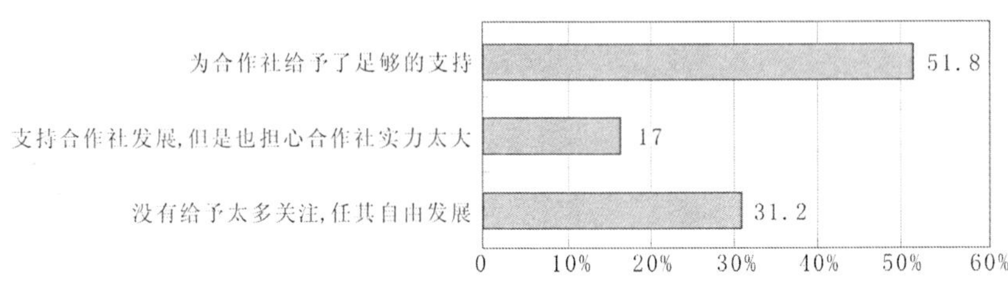

图8 乡镇政府对合作社的态度

同当前全国大力支持农民专业合作经济组织的形势相比，这个结果似乎不是让人十分满意。现在农民专业合作经济组织虽然有了相关政策、法律的支持，但是在实施过程中还是遇到了许多问题。

首先，合作经济组织不是社团，它在市场上是法人的身份，既然是法人的身份，就应当有申请贷款的资格。所以政府作为公共职能部门，应该出台相应的实际措施，保障合作经济组织有款可贷、及时还贷。但事实上这点很难做到，有的地方政府甚至连基本的审批手续、证明都不予以办理。

其次，政府当前多是从原则上给予支持，实际的措施不多，即使有物质上的支持，要么杯水车薪，要么因为部门之间的协调不力，从而在这种行政低效中无谓地消耗了。

再次，有些合作经济组织是龙头企业牵头、政府扶持类型的，在政府的扶持下，合作经济组织已见规模，并且形成了自己的品牌、专利。后来，政府退出，将合作社的发展完全交给了龙头企业，这些龙头企业会把品牌、专利作为自己向上级政府申请项目的依据，而根据这些品牌、专利申请得来的项目支持，最后都落入了这些龙头企业的手中，合作社以及入社的农户没拿到一点儿好处，这极大地损害了合作经济组织的利益和入社农户的积极性。

二是合作社吸引社会投资的渠道太少，不能做到在《合作社法》的规范下，合法、广泛地融资。

虽然有了明确的《合作社法》，但是相关的法律、制度仍不健全。这在弱化了合作经济组织法人地位的同时，也弱化了其作为市场竞争主体的融资能力。同时，正是法律、制度的不健全，再加上政府的实质性支持太少，鉴于合作经济组织的抵押能力和还贷能力，很多金融部门就不敢贷款给农民专业合作经济组织。政府支持有限、合作社融资不足、金融贷款不够，三大支持途径都被限制，所以很多合作经济组织的经营举步维艰。

三是自身的管理机制、体制尚不健全，不能对入社农户进行有效的约束和管理。

“入社自愿、退社自由”是农民专业合作经济组织必须遵循的基本原则，可这并不意味着组织的松散，相反，组织的健全是合作社发展壮大的重要条件。通过调查我们发现，虽然近乎所有的被访合作经济组织都建立起了较为完善的管理机制、体制，但是，若按《合作社法》规定的组织标准来衡量的话，恐怕没有几家能合格。有些合作经济组织对入社农户甚至都没有缴纳入社身份股的要求，没有真正的、实质的启动资金，而有些合作经济组织更像是个销售农资、农产品的商店，没有明确的社员、没有全面的章程。种种这些都严重地制约了合作社的发展。

四是生产规模太小、组织不规范，就导致了很多合作经济组织在保证入社农户能够获得正常的利益分配之外，很少有资金投入到合作社的全面发展中。

虽然少数合作经济组织能够有条件聘请到专业的、精通营销的经营管理人才为合作社的发展出谋划策，但大多数合作社的情况是理事长兼任经理，负责具体的生产和经营。

随着社会主义市场经济的进一步深入，科技在农业生产中的潜力将会有更大的发挥，过去“面朝黄土背朝天”的时代一去不返了，生态农业、科技农业、信息农业等新名词将会取而代之。先进的生产需要先进的技术来支持，先进的生产需要先进的管理来协调，先进的生产更需要先进的经营才能在市场竞争中实现价值。所以，只有人才方能为农民合作经济组织的发展带来更多的机遇。但是在目前这种低水平的发展状态下，农民专业合作经济组织很难吸引人才。可以预见的是，在未来的发展过程中，农民专业合作经济组织会因为各种因素，尤其是人才的因素而产生分化。缺乏人才、缺少资金、信息闭塞、组织混乱的合作社势必会被市场经济的大潮所淘汰。

（三）发展农民专业合作经济组织的对策

1. 加快完善相关法律法规，明确和规范农民专业合作经济组织的法人地位

目前之所以出现农民合作经济组织贷款难、融资难等问题，根本原因在于相关法律、法规的不完善。同时，普法宣传工作的不到位，也直接影响了各方面对农民专业合作经济组织的认识。这些都会有损于合作社的法人地位和内部组织的健全。所以，加快完善与农民专业合作经济组织有关的法律、

法规是当务之急。

2. 加大对农民专业合作经济组织的扶持力度，落实各项扶持政策

从理论上看，农民专业合作经济组织改变了农民在市场竞争中单打独斗的不利地位，增加了农民的收入，推进了农业的产业化和现代化，遵循了农业发展的一般规律，顺应了时代的要求，因此各方面尤其是政府部门应该加强对农民专业合作经济组织的扶持。从实践上看，农民专业合作经济组织有一个从小到大、由弱变强的过程，这个过程需要扶持。特别是中西部较为偏远、闭塞的地区，基础设施薄弱、人力资源匮乏，合作经济组织格外需要外力的支持。扶持的途径、方式、内容有很多，如减免合作社上交的费用，将“三下乡”深入到农民合作经济组织中，加大农村的基础设施建设，鼓励和刺激人才投身农民专业合作经济组织的事业等。

政策出台之后，关键还是在于如何有效地加以落实。政府机关要强化责任意识和问责制度，严格规范地将各种扶持政策扎扎实实地落实到农民专业合作经济组织上，推动合作社的发展，进而让广大农户受益。

3. 加强农民专业合作经济组织的组织、制度建设

苦练内功，这是农民专业合作经济组织发展、壮大的根本法器。合作社内部组织完善，方能让入社农户有安全感，才可对广大村民产生吸引力，相关职能部门、社会各界才会对农民专业合作经济组织给予关注和支持。严格的组织制度规范，在合作经济组织的起步阶段可能会将一部分村民拒之门外，但从长远考虑，对合作社的发展是有利的。因此，农民专业合作经济组织必须不断加强自身的组织、制度建设，明确社员的身份、权利和义务，规范社员大会的地位和职责，有效发挥理事会、监事会的能力，统筹规划、统一协调、集中力量、集思广益，方能在激烈的市场竞争中做大做强，占有一席之地。

（阎占定　白照坤　蔡正平　李国政　李夏涵）

报告七

湖北省民族地区红色资源开发利用研究

——以湖北省恩施土家族苗族自治州为例

引　言

“红色资源是指中国共产党领导下中国人民在革命战争年代创造和形成的，可以为我们今天开发利用并具有当代价值的革命精神及其物质载体的总和。”[1]红色资源既包括物质性的红色资源，又包括精神性的红色资源，是物质载体与革命精神的统一体。湖北省民族地区作为革命老区，有着十分丰富的红色资源。对该地区红色资源的开发利用，事关该区域经济社会全局的发展，是湖北省启动“武陵山少数民族经济社会发展试验区”的题中应有之义。由于湖北省民族地区红色资源开发利用是一个意义深远、步骤复杂的系统工程，研究缘起何在，研究现状如何，调研地点如何选取，研究方法怎样等，都需要我们在开展研究前认真加以考虑。

（一）研究缘起

红色资源作为中国共产党在革命战争时期所形成的具有资政育人意义的历史遗存，是我们党和国家的宝贵财富，既是独具特色的优质教育资源，又是重要的社会资源，是增强凝聚力和向心力的力量源泉，是衔接历史与现实的桥梁，是沟通先人与今人情感的脉流，具有多方面的现实功能。近些年来，

[1] 李贤海、李文瑞：《对“红色资源”概念界定的思考》，载《井冈山大学学报》（社会科学版）2011年第3期。

尤其是随着中共中央办公厅、国务院办公厅发布《2004—2010年全国红色旅游发展规划纲要》，伴随着人们对红色旅游资源研究的重视，红色资源的开发利用问题也日益引起有识之士的注意。民族地区作为中国共产党在革命战争时期的重要载体，蕴含着非常丰富的红色资源。重视对于红色资源的研究，必须将民族地区作为重要的研究对象。

湖北省民族地区主要包括恩施土家族苗族自治州和宜昌市的长阳土家族自治县和五峰土家族自治县等区域，是湘鄂西、湘鄂川黔革命根据地的重要组成部分，还是湘鄂边根据地的主战场，蕴含着丰富的红色资源，这些红色资源是民族地区人民为争取和平、自由与解放而不屈奋斗的表现，是中华民族精神培育的生动写照。适应湖北省率先启动“武陵山少数民族经济社会发展试验区”的决策，综合考虑湘鄂渝黔等省市对“武陵山民族地区统筹发展试验区”的热切期盼，加强对湖北省民族地区红色资源开发利用的调查研究，不仅对于湖北省民族地区经济社会发展，也对研究中国中西部民族地区红色资源开发利用乃至中华民族精神培育，都有着重要的现实意义。

（二）研究现状

学界从2002年开始研究红色资源，2006年起掀起了研究热潮，公开发表研究文章380余篇，专著1部，硕士学位论文7篇。

学界对于红色资源的研究内容主要涉及：红色资源的涵义、特点与分类；红色资源的价值、功能与作用；红色资源与思想政治教育；红色资源与思想政治理论课教学；红色资源与社会主义核心价值体系；红色资源与民族精神；红色资源与扶贫开发；区域性红色资源研究；红色资源开发利用研究；等等。

从上述研究成果来看，学界对于红色资源的研究内容比较丰富，研究领域比较宽广，研究方法也比较多样，为本研究提供了理论积淀和宝贵资料。但是这些成果大多属于关涉性成果，直接与本课题相关的成果仅限于“区域性红色资源研究”和“红色资源开发利用研究”。

从实然的“区域性红色资源研究”和“红色资源开发利用研究”成果来看，数量非常有限，主要集中在对贵州、广西、四川、湖南、江西、湖北、河南、山东、陕西、福建等省某个区域或交界区域红色资源的开发利用研究。这些研究成果涉及的大都是老少边山穷地区，与本课题研究对象具有一定的相似性，其研究路径、研究成果对本课题研究有一定借鉴作用。有代表性的主要有：专著《四川红色文化资源开发与利用研究》（孙和平等，

2010）；硕士学位论文《大别山区红色历史资源开发研究》（王制军，2008），《根据地型红色旅游资源开发及其区域组合研究——以湘西塔卧为例》（彭维捷，2008），《红色文化资源开发利用中存在的问题、原因及对策》（曾喜云，2008），《广西红色旅游开发研究》（何剑武,2008），《沂蒙山革命文化资源的开发与应用研究》（杨玉,2008）；期刊论文《江西红色资源的开发利用研究》（李江源等，2006），《略论湖北省红色文化资源的开发利用》（张林，2006），《关于井冈山红色资源深度开发的几点思考》（费志杰，2010），《湘鄂西民族地区红色教育资源开发利用现状及思考》（洪雁，2010），《西北根据地红色文化资源开发利用中存在的问题及解决对策》（万生更，2010）等。

上述“区域性红色资源研究”和“红色资源开发利用研究”的相关成果，有以下特点：

一是研究视角单一。人都从红色旅游资源、红色教育资源、红色文化资源、红色档案资源、红色历史资源中某一单独视角展开研究，而没有从红色资源的本真内涵上进行研究。

二是存在“三多三少”现象。即研究开发多，研究利用少；理论研究多，实证研究少；定性描述多，定量分析少。

三是研究比较薄弱，整体档次不高。相对于红色资源其他研究领域来说，这两类研究成果不够深入、全面，发表期刊档次较低，社会影响不大。

由此可见，进行湖北省民族地区红色资源开发利用研究，必须在上述研究的基础上，在研究视角、研究内容、研究方法、研究深度等方面进行有益探索。

（三）调研地点

2011 年 7 月，在学校相关职能部门的大力支持下，马克思主义学院抽调部分老师和研究生，组成“湖北省民族地区红色资源开发利用研究”调研小组，分别在恩施州旅游局、史志办和恩施、鹤峰、利川、来风等县市相关部门进行调研。

我们之所以选择恩施土家族苗族自治州作为调研地点，是因为恩施州既是湖北省最主要的民族地区，又是湖北省重点革命老区之一，具有光辉的斗争历史和革命传统。

早在辛亥革命时期，恩施地区不少的热血青年、仁人志士，走出大山，从政从戎，为中国的民主革命作出了贡献。特别是第一次国内革命战争时期，一大批恩施籍共产党员，受董必武和湖北党组织的派遣回到本地，建立党的组织，开展声势浩大的反帝反封建反军阀的革命斗争，革命浪潮风起云涌，如火如荼。

第二次国内革命战争初期，恩施党组织发动了著名的“咸丰龙潭司暴动”、“巴东武装起义”，在巴东建立了恩施地区第一个人民政权——巴东县人民委员会，创建了以巴东为中心的“巴（东）兴（山）归（秭归）革命根据地”。1928年11月至1935年9月，贺龙、任弼时、关向应、周逸群、段德昌、王震、萧克、廖汉生等老一辈无产阶级革命家来到鄂西，组建红军，开展武装斗争，开辟了以鹤峰为中心的“湘鄂西革命根据地”和以咸丰为中心的“鄂川边革命根据地”，前后斗争达7年之久，使恩施成为全国著名的“湘鄂西”、“湘鄂川黔”两大革命根据地的重要组成部分。中共中央“湘鄂西”分局转战恩施1年多，先后在恩施州召开7次重要会议，其中咸丰“大村会议”作出了创建“湘鄂川黔”新苏区的决议，被正式载入中国共产党历史。贺龙领导的红军，在鄂西地区不断发展壮大，成为红军三大主力之一。解放后授衔的将帅中，有149位曾在恩施战斗过。恩施8县中有5个县建立了县委和县苏维埃政府，有40个区、243个乡建立了党组织、苏维埃政府和群团组织，成为“湘鄂西革命根据地”的战略后方和四次反“围剿”的主战场。全州当时有20多万人投身革命斗争，有近2万名青壮年参加红军和游击队，被《中国人民解放军军史》列为“重大战役战斗”的“忠堡大捷”、“板栗园伏击战”就发生在这里。在保卫苏区的残酷战斗中，全州有12000多人献出了宝贵的生命。这些重要的革命史迹，使恩施成为重点革命老区之一，在全国占有重要地位。

从五四运动到中华人民共和国成立初期，在长达30年的革命斗争中，特别是土地革命战争时期，在恩施各地留下了大量的红色资源遗迹。据统计，全州这个时期的重要历史事件和重要机构旧址、重要历史事件及人物活动纪念地、革命领导人故居、烈士墓、纪念设施等共667处，其中有不少属于国家级和省、州、县级文物保护单位，这些都是革命先辈留存下来的宝贵遗产和精神财富。

我们之所以选择恩施州的鹤峰、恩施、利川和来风等县市，是因为这些地方红色资源相对比较密集[1]，开发利用价值较大，在湖北省民族地区具有代表性。

选择恩施土家族苗族自治州这一区域作为调研对象，是对湖北省民族地区

[1] 详细资料请参见本调研报告第一部分。

红色资源开发利用的面上研究。选择恩施州的鹤峰、恩施、利川和来凤等县市作为调研对象，则主要是对湖北省民族地区红色资源开发利用的点的研究。[1]

（四）研究方法

本研究报告采用的研究方法主要包括文献分析法、比较研究法、实地调查法和综合研究法等。

1. 文献分析法

调研组通过我校广泛分布在恩施州相关部门和各个县市的毕业生，查阅到大量有价值的资料，并利用 2011 年暑假期间到恩施州旅游局、恩施州史志办以及鹤峰、恩施、来凤、利川等多个县市党史办、文化馆、博物馆等单位，查阅和索要、购买了一批有参考价值的珍贵史料。调研组还充分利用学校的区位优势，到本校和其他大学图书馆借阅了大量有关湘鄂西革命根据地、湘鄂川黔革命根据地、湘鄂边根据地以及恩施州革命史史料、文献和参考书，同时注意利用现代科技手段在网络上查阅大量学位论文、期刊论文及报纸文献。通过对已掌握的各种文献资料进行消化、吸收，综合分析，为研究报告的撰写提供了丰富的文献支撑。

2. 比较研究法

调研组在研究过程中，十分注意比较研究法的利用。在调研过程中，除了实地考察恩施州的红色资源开发利用的相关情况，还结合地域和历史特点，选取了湖南民族地区龙山县、桑植县、永顺县、凤凰县和芷江侗族自治县等地，就其红色资源开发利用情况展开实地考察，以与湖北省民族地区的相关情况做一对比，以更好地促进湖北省民族地区红色资源开发利用研究。

3. 实地调查法

通过实地考察，搜集第一手资料，对湖北省民族地区红色资源开发利用现状进行分析，通过问卷调查、访谈、参观等方法了解调查对象的相关信息，以了解湖北省民族地区人民对于当地红色资源开发利用的认识和期待，以坚持以人为本，实现研究报告的实效性和针对性。

4. 综合研究法

综合分析文献资料，在前人研究成果的基础上进行拓展研究。借鉴国内

[1] 宜昌市的长阳、五峰两个民族自治县是湘鄂边苏区的重要组成部分，也有非常丰富的红色资源，但由于其在自然生态、民俗民风、经济社会发展、交通状况等很多方面与恩施州相似，选择恩施州相关区域作为调研地点，也能够反映长阳、五峰两县红色资源开发利用的实际情况。

其他地区红色资源开发利用模式，结合湖北省民族地区红色资源开发利用实际，对湖北省民族地区红色资源开发利用进行系统研究，理论研究与实证研究相结合，定性描述与定量分析相结合，点的研究与面的研究相结合，以期达到湖北省民族地区红色资源可持续发展的目的。

一、恩施州红色资源分布情况

根据调研组的实地调研，结合恩施州史志办和相关县市提供的资料，我们对恩施州红色资源分布情况做一梳理，由于精神性红色资源大都渗透于物质性红色资源之中，本次调研湖北省民族地区红色资源分布情况，主要是对于物质性红色资源的调查与梳理。

（一）恩施州红色资源的总体情况

全州红色资源众多，其中革命遗迹共计 667 处。在革命遗迹中，重要历史事件和重要机构旧址 276 处，占 41.4%；重要历史事件及人物活动纪念地 281 处，占 42.1%；革命领导人故居 36 处，占 5.4%；烈士墓 36 个，占 5.4%；纪念设施 38 个，占 5.7%. 从保存状况来看，全州 667 处革命遗迹中，已完全损毁的有 287 处，占 43%；不同程度损毁的有 159 处，占 24%.

恩施州革命遗迹主要是重要历史事件和重要机构旧址、重要历史事件及人物活动纪念地，这两类占了 83.5%；新中国成立以来修建的纪念设施仅 38 个，只占 5.7%. 全州革命遗迹损毁情况严重，已完全损毁和不同程度损毁的占了 67%.

恩施州其他遗址不多，共计 77 处，主要是重要历史事件和重要机构旧址、重要历史事件和人物活动纪念地以及重要人物故居，这三类占了全州其他遗址总数的 84.5%. 其中重要历史事件和重要机构旧址 23 处，占 29.9%；重要历史事件及人物活动纪念地 19 处，占 24.7%；重要人物故居 23 处，占 29.9%；烈士墓 2 个，占 2.6%；纪念设施 10 个，占 13%. 从保存状况来看，全州 77 处其他遗址中，完全损毁的有 39 处，占 50.6%；不同程度损毁的有 24 处，占 31.2%. 这些遗址损毁情况同样很严重，已完全损毁和不同程度损毁的占 81.8%.

（二）恩施市红色资源分布情况

恩施市是一个具有光荣传统的老苏区，老一辈无产阶级革命家及仁人志士在恩施这里留下了大量红色资源。从我们调研的情况来看，由于恩施市城市建设框架拉大等原因，恩施市大量红色资源遭到破坏，现存的主要有红三军旧址，叶挺将军纪念馆，何功伟、刘慧馨烈士陵园和湘鄂西特委旧址等。其基本情况如下：

红三军军部旧址。位于恩施市红土乡石灰窑村朱家湾。1933 年，时任红三军军长贺龙将军部和主力部队迁至朱家湾，发展地方武装，建立红色政权，开展土地革命运动。目前恩施市政府已责成市文体局、红土乡政府、市文物局等单位维修红三军军部旧址，征集革命文物，竖立红色资源标牌。

叶挺将军纪念馆。位于叶挺路 112 号，占地总面积 3000 平方米。它是 1983 年经湖北省人民政府批准，由恩施市筹资 21 万元，于原址处按原样修复而成的叶挺将军囚居旧址，并增建了纪念馆，于同年 12 月 1 日正式对外开放。1992 年 12 月和 1995 年 3 月，先后由湖北省人民政府公布为省级文物保护单位和爱国主义教育基地。“皖南事变”中遭国民党无理扣押和非法拘禁的叶挺将军曾两度被秘密软禁于这里，历时 2 年之久，是叶挺将军被囚禁时间最长的地方。叶挺将军纪念馆占地 175 平方米，为钢筋水泥结构，有两层展厅，共 330 平方米。纪念馆一楼展厅陈列叶挺将军生平事迹图片，分为 17 个部分。共展出 140 余幅珍贵历史照片，以再现叶挺将军一生追求革命真理，对党对人民无限忠诚，与国民党反动势力作坚决斗争的崇高品质和大无畏精神。二楼展厅陈列有《恩施抗战》的珍贵文物史料图片 150 余幅，以恩施为重点，再现中国共产党团结抗日、英勇斗争的史实。

何功伟、刘慧馨烈士陵园。1941 年 1 月 20 日，因叛徒出卖，中共鄂西特委书记何功伟同志、妇女部长刘慧馨同志不幸被捕，先后被囚禁在方家坝杨家老屋、大梨树等处达 8 个月之久。他们坚信共产主义真理，宁死不屈，拒不投降，显示了共产党员的崇高革命气节和坚强意志。何功伟同志囚禁在杨家老屋谷仓里时，写出了《狱中歌声》、《奴隶恋歌》、《清江颂》、《革命气节教育提纲》、给父亲的遗书等革命诗篇和文章。1941 年 11 月 18 日，何功伟、刘慧馨同志在方家坝五道涧和大田垭口壮烈牺牲。为了进一步搞好革命纪念地的建设，恩施市将方家坝原何功伟烈士囚禁处按原样修复，恢复原拆除的两间房屋、院落、槽门，新建围墙；修通何功伟、刘慧馨二烈士就义处的道路；在杨家老屋举办烈士生平事迹图片陈列展览，完善美化周边环境。2002年，何功伟、刘慧馨二烈士遗体从五峰山迁至方家坝，建立了烈士陵园。

中共鄂西特委旧址。位于五峰山村红岩组，建筑面积230余平方米，为明五暗七的“撮箕口”土木结构房屋。对面一壁红色砂岩——“红岩狮”，是特委机关的重要标志，被誉为“一面永不收卷的红旗”。2004年8月，恩施市人民政府将其确定为市级文物保护单位。2003年5月，中共恩施市委、市人民政府根据中共恩施州委、州人民政府的指示，决定修复鄂西特委旧址。由市文化体育局、市文物管理所、市史志办等部门提供、审定历史资料，州城市规划管理局、市建筑设计院完成规划设计，舞阳坝街道办事处投资100余万元具体组织施工。在复建过程中，省、州、市老区建设促进会对旧址修复给予指导并资助资金5万元，五峰山村村民义务投工5000余个，完成村委会至特委旧址的公路路基工程。马识途、许云等老同志为旧址题写匾文，并提供部分珍贵实物和文献资料。

（三）鹤峰县红色资源分布情况

第二次国内革命战争时期，鹤峰是湘鄂西武装割据斗争策源地和战略后方，是中国工农红军第四军（湘鄂西）的摇篮，是湘鄂西军民四次反围剿战争的主要战场，是湘鄂西苏区革命斗争的活画卷，是中国工农红军三大主力之一、红二方面军的孕育地，是贺龙元帅的第二故乡。第二次国内革命战争时期，贺龙在鹤峰带领群众坚持斗争长达8年之久，创建了湘鄂西第一个县苏维埃政权。当时仅6万人口的小县，有24000多人加入各种革命组织，占全县成年人总数80%以上；全县11个区，每个区都建立了苏维埃，93个乡，有87个乡建立了红色政权。从1928年4月到1935年12月的革命斗争中，有3000多鹤峰儿女为中国革命英勇献身。贺龙元帅的胞姐贺英就牺牲在鹤峰县太平乡洞长弯，中华人民共和国第1号烈士、红九师师长段德昌，红九师参谋长王炳南，湘鄂西革命根据地重要军事干部贺英等红军烈士的遗骸就安葬在满山红革命烈士纪念园，鹤峰也因此闻名遐迩，成为全国30条红色精品旅游线路之一，全国100个精品景点之一。鹤峰的红色革命史真实记录了湘鄂西革命根据地波澜壮阔的革命斗争，全面真实地反映了鹤峰人民为中国革命作出的巨大牺牲。

鹤峰境内革命旧址、纪念建筑物众多，至今还留存着中共湘鄂西前委、中国工农红军第四军诞生地、中共湘鄂边特委、湘鄂边苏维埃联县政府、红二军团总指挥部、红三军军部、中共湘鄂西中央分局、贺龙旧居、贺英烈士殉难处、走马收编旧址、三十二烈士殉难处、中共鹤峰中心县委、县苏维埃政府、湘鄂边独立团团部、湘鄂西苏维埃政府、湘鄂边军医院、玉天井红军医院等革命旧址，遗址遗迹多达100余处。

全县经国务院、省、州县各级政府明令公布的文物保护单位共计54处。其中，全国重点文物保护单位2处，省级重点文物保护单位5处，州级重点文物保护单位2处，县级重点文物保护单位45处。

全县101处革命旧（遗）址在各乡镇均有分布，其中容美19处、太平14处，燕子4处、下坪3处、邬阳6处、中营17处、五里18处、走马19处、铁炉1处。全县革命旧（遗）址基本以满山红为中心，呈两条带状陈列，即邬阳至中营、太平至铁炉。

由于篇幅所限，本调研报告在此仅列举有代表性的湘鄂边苏区鹤峰革命烈士陵园、五里坪革命旧址群、屏山红军后方医院旧址、走马坪收编旧址、贺英殉难处和鼓锣山三十二烈士纪念碑等红色资源的情况。

湘鄂边苏区鹤峰革命烈士陵园。占地65300平方米，主要烈士纪念建筑物有：主墓、纪念碑、烈士祠、烈士纪念馆、贺龙铜像、星火广场、主大门牌楼、贺龙元帅题词和廖汉生副委员长题词屏风、烈士纪念亭、后山侧大门等。园内有湘鄂边苏区革命文物陈列馆廖汉生同志（原全国人大常委会副委员长、中将）题写馆名，现有馆藏革命文物650余件，已被鉴定的国家一级文物2件。每年接待社会各界人士约15万人次。1988年12月，经省人民政府决定为省级重点烈士纪念建筑物保护单位，省爱国主义教育基地。2001年4月，国务院批准为国家级陵园纪念建筑物保护单位。陵园建设与县内特有的100余处重要历史遗址、遗存和纪念地，以及独特天然原生态旅游资源，独特的土家族民族民俗文化交相辉印，形成独特的红色旅游和绿色旅游。为倡导和繁荣鹤峰精神文明建设发挥着重要作用，是国务院批准的全国30条红色旅游线路之一，湖北省全国2A景区。

五里坪革命旧址群。五里坪革命旧址群位于鹤峰县城东南60公里的高山盆地五里坪集镇，是国家级重点文物保护单位。第二次国内革命战争时期，贺龙率领红四军、红二军团在这里指挥著名的“五里坪围歼战”，根据中央指示组建了湘鄂边特委、中华苏维埃湘鄂边联县政府，开辟以鹤峰为中心的湘鄂边苏区，形成了整个湘鄂西革命根据地的战略后方和反“围剿”斗争的主要战场，苏维埃政权长达5年之久。五里坪腹地一条长百余米，宽不足5米的老街两侧为第二次国内革命战争时期湘鄂边苏区党、政、军机关及苏维埃群团组织驻地，共有木房117间，占地面积2300平方米，主要包括中央湘鄂边特委机关旧址、中华苏维埃湘鄂边联县政府旧址、共青团湘鄂边特委机关旧址、湘鄂边独立团团部旧址、五鹤游击梯队队部旧址、联县政府后方医院旧址、红军被服厂旧址、收编川军谈判旧址、赤色监所旧址、红四军军部旧址以及区乡苏维埃政府、苏维埃商会供销社旧址等十余处革命纪念建筑，系悬山穿斗结构的木质板装瓦房，是湘鄂川黔边界地区唯一一处保存完好的革命旧址群。旧址群里的具有土家民居特色的建筑物，具有较高的历史、科学价值和艺术研究价值，是湘鄂西一带保存最好的乡村集镇民居建筑。它是红二方面军建立湘鄂西革命根据地，开展武装割据斗争最早、历时最长、土地革命最深入，反“围剿”最为惨烈的一块革命根据地的见证。五里坪革命旧址群在1992年成为省级重点文物保护单位，2006年6月批准为国家级重点文物保护单位。

屏山红军后方医院旧址。屏山，位于鹤峰县城东北10公里处，地势北高南低，其四周为100余座悬崖峭壁连缀而成的天然屏障，崖上林莽葱郁，崖下流水环绕，形成壮丽的悬崖景观。第二次国内革命战争时期，湘鄂边军医院，红四军枪炮局就设在地势险要的屏山新坪。新坪为容美土司时期的老街遗址，又称老街、旧街。当时土司田舜年修筑万全洞的土民工匠就驻扎在这里。1930年2月，红四军东进以前，贺龙会同五路指挥陈连振等查看此地后决定将湘鄂边军医院设在这个天险之上。该医院设有医务所、住院处、药物股、经济股，有医务人员50余人，院长贺彪。当时医院常住伤员200余人，最高时达500余人，成为红军在湘鄂边最大的医疗基地。1929年6月，红四军派经济股长陈策到屏山旧街成立枪炮局，当时的设备有红炉两座，木质车床1台，工人最多时有40余人，主要修理步枪和制造匕首、梭镖等。1931年春走马收编后，一次修整步枪160支。目前，旧街上尚存一正两横悬山顶穿斗结构板装瓦房一幢（系川军血洗屏山，火烧旧街后重建）及部分岩石地板面，房址右侧方80米处有红军墓10余座，房址前80米处有红军合葬墓1座，墓周围均为乱石堆砌，封土不高，无墓碑，旧街安葬牺牲的红军战士有50余人。在枪炮局遗址附近曾出土一批带绿色锈斑的铸铁杂质物块，为红四军枪炮局炉炼过的废弃物。

走马坪收编旧址。“走马坪收编”是红二方面军军史上最具传奇性的战例。“走马坪收编”旧址位于鹤峰县走马镇走马小学院内古银杏树下。这棵银杏树生长约500年，树高33.8米，胸径2.03米，冠幅144平方米，属国家三级保护树种，为湖北省第二大银杏树。距银杏树20米处有百年香杉3棵与之辉映。目前银杏树下建有“古银杏苑”亭台，廊道等纪念建筑。与走马坪收编遗址仅百米之遥的“红二军团指挥部旧址”地处走马镇街上，紧靠走马国税分局，为悬山顶穿斗结构板装瓦房。

贺英殉难处。贺英系贺龙元帅的胞姐，湘鄂西革命根据地重要军事干部，1933年5月在其居住地遭敌偷袭，为掩护队员转移，壮烈牺牲。贺英殉难处位于鹤峰县城西20公里的太平乡洞长湾（原房屋为一正一横，悬山顶穿斗结构板装瓦房），横屋于1980年拆毁，正屋前几年进行过简单维修，室内有革命文物图片陈列，旧址已被恩施州人民政府公布为文物保护单位，成为当地机关、学校的爱国主义教育基地。

鼓锣山三十二烈士纪念碑。立于32烈士跳崖牺牲的鼓锣山前，碑高13.2米，碑座4×3×2米，碑前至山下修水泥阶梯320级；碑的正面为32烈士英雄浮塑群像；碑名“鼓锣山三十二烈士纪念碑”为著名书法家贺兴桐题写；碑的背面镌刻的碑文，记载了32烈士的英雄壮举。1931年，国民党对湘鄂边苏区进行第三次“围剿”。为掩护红军湘鄂边独立团主力撤退，独立团三营十二连32名战士与敌周旋，最后在走马镇鼓锣山因弹尽粮绝，全部跳崖牺牲。

（四）利川市红色资源分布情况

从1928年到1934年间，贺龙领导的中国工农红军曾在湖北利川境内十进十出，带领劳苦大众闹革命，在这块红土地上留下了许多传奇和故事。由于历史原因，该市一部分革命遗迹遭到破坏，现存的主要物质性红色资源有贺龙智取汪家营旧址、弄堂普税卡、春天坪伤员洞、韩坡岭战场、贺龙脚印、麂子寨战场、老屋基张爷庙、十字路会议旧址和张春元烈士墓等，均立有标示牌。其基本情况如下：

贺龙智取汪家营旧址。该旧址在今汪营镇167号，属曾凡修住宅，其后为汪营镇政府，左为电影院，前为街道，木结构民房，保存基本如故。1928年至1933年，贺龙曾先后,3次出入汪家营。特别是1928年12月14日，贺龙按湘鄂西前敌委员会决定，化名王胡子，在曾家现住宅内智擒神兵头子李长清，消灭了当地无恶不作的土匪力量，为利川革命斗争史谱写了光辉的一页。

弄堂普税卡。龙塘铺在忠路镇，又名龙潭铺，东距小河集镇5公里，西距石盘居民点5公里。国民党忠路区长张尧虞的税卡，正好设在铺头转角处，恰似一把钳子，卡断了往来商旅的通路，是当时周念民游击队活动区内的一个主要障碍。税卡为明三暗四木结构民房，占地约100平方米，保存完好。1934年4月11日凌晨，红军周念民部化妆成商人奇袭税卡成功，拔掉了红军游击区内的一颗钉子。“弹洞前村壁”，现税卡木柱木板上枪眼犹存，密如蜂眼，无声地记录了那次激烈的战斗。龙潭铺历来为兵家用武之地，所谓“插旗山”即当年白莲教插旗结寨之山。

春天坪伤员洞。伤员洞在毛坝夹壁村14组春天坪旁的半山上，山下为深溪，后为夹壁平坝。洞实为偏岩，下溪沟约300米，上山顶约100米，坡陡岩滑，仅一羊肠小道可通行到距洞口约30米处，然后再经一道高岩坎方可爬入洞中。山洞是一道天然的石缝，洞口面北，长约10米，宽约2至3米，高约1米。洞口被灌木杂草封住，极为隐蔽，现洞内存有当年红军伤员遗留下的灶坑火灰遗迹。经调查与史书记载：1933年10月14日，贺龙领导的红军来到夹壁，给当地游击队吴国清中队留下了18名红军伤员，并令其负责伤员安全。游击队员陈大纯、王吉祥、田家庭等人把伤员安置在该洞隐蔽治疗达两月之久，后皆痊愈归队。伤病员曾用木炭在洞壁写下（现字迹不存）“红军本姓天，休养住岩嵌，倘敌要知道，只有问神仙”的诗句，至今仍在当地人民中流传。而当地游击队员王吉祥在一次给伤病员送饭时，却因山岩陡险，不幸从岩上跌下深沟，身受重伤而牺牲。

韩坡岭战场。寒坡岭位于忠路集镇东北方，东距狮子坝约5公里，西距罗家坝约10公里，北距小河沟4公里，南距老屋基约12公里，主峰海拔1295米。传说古时有一韩氏婆婆，饥寒交迫，死葬此地，故亦名“寒婆岭”。这里山高林密，一条小路从老屋基逶迤而来，通过岭中，直达小河。一条溪流湍急山间，冲积成约1平方公里的狭长槽地。对面八箱梁子悬崖陡峭，森森然恰似屏幕垂落天际。1934年4月18日，贺龙在此设下埋伏，痛歼薛芝轩部，以一排之力，灭敌一团之众，以少胜多，杀出了红军的威风，传为千古佳话。

贺龙脚印。“贺龙脚印”在今沙溪境内，元堡至沙溪公路东南侧，距堰水桥头约500米，小地名响水洞川主庙。1934年贺龙曾站在此地一块巨石上讲述革命道理，当地石匠杨守勤聆听了那次讲话，深受教育。贺龙走后，他在贺龙站过的地方精心刻下了一双“贺龙脚印。”其后，杨守勤虽多次受到当地反动势力的迫害，也毫不畏避。地主铲一次，他刻一次，深深表达了人民群众热爱红军，热爱贺龙的真挚感情。现川主庙已拆，脚印保存较好。近旁一颗香楠树高大挺拔，恰似一位威武的卫士，在忠诚地护卫着革命先辈的足迹。

鹿子寨战场。鹿子寨在忠路境内，其东为下花台，其南为老屋基，其西为狮子坝，其北为红花茶园。清朝末年，当地权贵张锦堂等为了防变，曾分片修筑卡门，霸占此寨，现存卡门有九角湾、马栏溪、庙神沟、梁岗台等。1934 年 4 月上旬，红军独立团从石柱到达鹿子寨休整。8 月遭敌突袭失利，五战士壮烈牺牲，留下了深刻的教训。

老屋基张爷庙。张爷庙在现忠路毛丰，南距老屋基集镇约 6 公里，小地名下花台。此地山势陡峭，北面福宝山，东面二台坪，西面鹿子寨，都是拔地万仞的险要去处。青岗河（郁江源）从福宝山蜿蜒而来，在这里形成谷地，一条古老的石板大道沿河而上，西通忠路，东出汪营，为古忠路土司征战要道。1928 年 12 月 24 日，红四军从鹤峰梅坪出发，经宣恩、咸丰，于 12 月 13 日进抵利川老屋基张爷庙，与“督办利川宣抚使”、“精灵宫神兵第一路司令”杨维藩相见。接着在此召开了前委会议，听取了杨维藩的情况介绍，并决定把“中共湘西前敌委员会”改为“中共湘鄂西前敌委员会”，前委由 5 人扩大为 7 人，贺龙为书记，为以后红军在湘鄂西的胜利进军奠定了组织基础。

十字路会议旧址。十字路系古老小镇，现属文斗乡。1934 年 4 月 10 日，湘鄂西中央分局在十字路召开会议。4 月 14 日作出了《关于发展鄂川边区苏维埃运动任务的决议》。该《决议》正确分析了当时的形势，总结了开展游击战争的成绩和经验，指出了革命运动中存在的问题，批判了一些错误倾向，提出了发展苏维埃运动的政治纲领和斗争任务。当时，贺龙住现十字路小学侧一间木结构民房里（今为何传清家），会议即在此进行。现该民房保存基本完好。

张春元烈士墓。该墓原在今文斗集镇东场口，文斗中学校园内，利川至长顺公路右侧，现已迁入陵园。张春元，河北人，解放后文斗区第一任区长。1950 年 2 月，文斗、沙溪、长顺土匪暴动，张春元被围，虽经英勇抵抗，终因寡不敌众，弹尽粮绝，壮烈牺牲，时年仅 28 岁。墓前有石墓碑一块，上刻利川文斗区第二任区长王凯诗一首：“恶浪常安渡，微风竟失程。满怀无限恨，无言怒目横！”原墓前有几株古枫，合抱不交，傲然挺立，秋风肃杀之际，叶红如火，喻示着革命先烈的高风亮节。

红三军英雄纪念碑。红三军英雄纪念碑位于沙溪乡黄泥坝西南，利沙公路东南侧，距堰水桥头约 1 华里，小地名响水洞川主庙。1934 年 1 月，贺龙同志率领红三军转战咸丰活龙坪，八家台和利川大沙溪等地，开展声势浩大的革命宣传，在响水洞川主庙书写了“红军是工人农民的军队”和“保护往来行商”的大幅标语，并在此召开了红军大会，宣传革命道理，正从这里路过的一个农民石匠杨守勤亲自聆听了贺龙同志的演讲，深受教育启发，迅及回家拿来工具，在贺龙同志站着演讲的地方刻下了贺龙的脚印，留下了永恒的历史记载。2005年，为了缅怀红三军革命英雄业绩，激发沙溪人民弘扬红三军革命精神，艰苦创业，建设沙溪，教育青少年永远继承革命先烈遗志，茁壮成长，同时也为开创“红色旅游区”奠定基础，沙溪乡人民政府在响水洞建造了“红三军英雄纪念碑”，以此作为沙溪乡青少年革命传统教育基地。

（五）来凤县红色资源分布情况

来凤县是一个具有光荣革命历史传统的革命老区，是鄂湘川黔革命老区的重要组成部分。根据县党史记载，全县有32个乡是革命根据地，其中有9个乡是“二战时期”的根据地，又是抗战时期的根据地，这32个乡有119个村，1065个组，144290人，户数与人口分别占全县农户总数、总人口的58.29%和60.34%．1983年，湖北省人民政府老区建设委员会将来凤县列为重点老区县，使来凤的老区建设步入了一个新的历史阶段。

早在第二次国内革命战争时期和抗日战争时期，来凤县是湘鄂西、湘鄂川黔革命根据地的重要组成部分，先后有25480人投身革命，其中6280人参加赤卫队，1325人参加红军，有3435人英勇牺牲，为中国革命作出了巨大贡献。1927年共产党员张昌歧、杨维藩等在来凤建立了来凤县支部；1934年，来凤成为了贺龙率领的工农红军在鄂、湘、川、黔革命根据地的重要组成部分；1935年11月，红十八师参谋长兼五十三团团长刘风在来凤壮烈牺牲；1950年至1951年，在来凤经历过大小剿匪战斗87次，捕歼土匪近万人，同时距全国百条红色旅游精品线路重庆龙潭红色旅游区、鹤峰红色旅游区都仅隔100公里，县内红色旅游资源极为丰富。主要红色资源有：县内拥有革命烈士陵园4处，其中县城烈士陵园占地9000㎡，共有本县烈士371人，外县21人，国民党军队阵亡将士237人；古战场18处，其中以板沙界农民起义、构皮岭伏击战、官渡口阻击战、茅坝雪雷山阻击战、河东剿匪古战场最为著名；红军标语墙一处；接龙桥——是贺龙在二次国内革命战争时期，开展湘鄂渝革命斗争时，来凤各族人民盼红军，盼贺龙的历史见证，1984年4月7日，时任中共中央总书记胡耀邦亲自题写的桥名；渔塘农民协会，1935年红六军团17师49团、50团先后在漫水渔塘驻扎，同年5月，51团来到渔塘田家大院，驻扎在犀牛塘，成立农民协会；主要人物有：同毛泽东一起从武昌农民运动讲习所走出来的共产党员张昌歧、民族抗日英雄——陆军新编34师少校营长向麟、黎元洪顾问吴宝炬、抗日英雄吴馨、老红军，兰州军区副司令员兼兰州警备区司令员——谢松柏、老红军，黑河军区政委，黑龙江省军区政治部主任、副军长彭绍先、老红军，河南省军区副司令员，武汉军区后勤部副部长钱治安等。该县红色资源遗迹比较多，但又比较分散，开发利用难度相对比较大，但该县非常重视对于红色资源遗迹的开发利用工作，绝大多数遗迹都树立了标示牌。县内代表性的红色资源主要有：

县烈士陵园。县烈士陵园始建于1959年4月，原建在翔凤镇老虎洞村的山坡上。1971年搬迁到现在的半边城上，占地2460M2。1987年修建了简易瓦房式烈士事迹资料陈列馆，1990年县人民政府将该陵园定名为“鄂、湘、川边苏区来凤革命烈士陵园”，同时，修复建了3个六角型烈士纪念亭。1995年县人民政府批准命名为“来凤县爱国主义教育基地”。1996年修建了来凤县革命烈士英名录碑。1998—2000年修建了体育馆侧面的简易式陵园大门及陈列室。2004年县委、县政府把烈士陵园纳入全县市政工程发展总体规划，新增土地8033M2。2005年，县委、县政府将来凤烈士陵园纳入该县“酉水文明长廊”五大工程之一实施建设，修建了保护性围墙。2006—2007年改扩建凭吊场地，修建了五亭景观的水池和青石护栏。同时申报省级革命烈士纪念建筑物重点保护单位。2009年修建了该园主体形象纪念建筑物——“1926年10月28日板沙界农民秋收起义”和纪念红军碑亭。同年10月10日，湖北省人民政府批准来凤县烈士陵园为省级重点烈士纪念建筑物保护单位。现陵园分设有“凭吊区、募区、游览区、烈士事迹陈列室等四个部分。园内褒扬有395名烈士及来凤籍抗日阵亡将士237名。墓区内计划迁葬10名烈士，无名烈士4名。目前来凤县革命烈士陈列馆，忠烈亭、烈士广场、烈士陵园正面人行大通道等工程正在筹划建设。

来凤板沙界农民武装起义遗址。来凤县旧司乡板沙界村5组寨子堡上，地势险要，易守难攻。1926年秋，中共党员张昌岐、刘岳生和吴郅堂、梁子恒等人在灵凤山召开秘密会议，决定组织发动农民武装起义。随后，到板沙界、红沙田、东流坝、甜茶坪一带，发动青壮年农民300余人，修建寨堡，进行训练，并请本地有名的文铁匠打造刀矛武器。10月28日（农历九月二十二），张昌岐、刘岳生、吴郅堂等人宣布举行武装起义，当天集合起义农民自卫队员300余人，分4路进攻县城，攻打北洋军阀余学忠部因缺乏经验，攻城未果。但城内守敌受此打击，惊慌失措，几天后仓皇撤离来凤。这次由共产党领导的板沙界农民起义，是鄂西历史上的首创，受到了董必武、陈潭秋等领导的高度赞扬。当时中共武汉区委机关报《楚光日报》还专题报道了这一事件。

张昌岐在翔凤镇土堡创办农民夜校遗址。在今来凤县翔凤镇桂花树村11组刘志权家住宅处。1925年7月，在武昌湖北省立第一师范学校读书的共产党员张昌岐，暑假回到家乡，目睹穷苦农民的孩子不能上学读书的现实，就在土堡创办了这所全省第一所少数民族农民夜校。他和罗乾元自编课本，在夜校一边教书，一边宣传进步思想，启发群众觉悟、扩大革命影响。教学方法生动活泼，教学内容通俗易懂。附近的农民晚上纷纷前来听课，在此接受革命思想，为后来大革命运动打下了良好的群众基础。

中共首任施鹤临时特委书记杨维藩故居遗址。杨维藩，字孟屏，1906年出生在来凤一个商人家庭。1925年，杨维藩考入湖北省立第三中学。他心怀大志，忧国忧民。在省立三中读书期间，广泛接触社会，寻求救国救民真理，面对社会黑暗的现状，他发出"挽救之责，端在我辈"的誓言，决心"以救天下为己任"，立志献身革命。1926年6月他加入了中国共产党。贺龙在邬阳关收编神兵后，1929年1月7日，杨维藩率特科大队跟随贺龙进攻鹤峰，经过一天激战，于8日攻下鹤峰县城，11日推进到太平镇，击毙了伪县长唐庭耀，紧接着鹤峰县苏维埃政府宣告成立。战斗的节节胜利，大长了红军志气，劳苦大众倍受鼓舞，施鹤地区革命形势大好。然而，就在这时，杨维藩却屡遭"左倾"路线的攻击。1929年1月16日，杨维藩率部夜宿宣恩雪落寨时被错杀，时年仅23岁。

迎接红军接龙桥遗址。位于县城西南郊外1公里处，始建于清嘉庆十三年(1808年)，原为连接龙脉之意，故名接龙桥。桥长80.45米，宽5.3米，全部用青条石砌成。桥中央栏杆上镌刻着"接龙桥"3个字。第二次国内革命战争时期，贺龙率领红军转战湘鄂川黔边区，来凤人民盼红军，迎贺龙，给桥赋予新意迎接贺龙。1935年，国民党来凤守敌为堵击红军，在桥头筑起大碉堡，并将桥名改为"截龙桥"，企图截断人民同贺龙的联系，阻击贺龙的队伍。来凤解放后，"接龙桥"3个字得以恢复本来面目，"文革"中，"四人帮"残酷迫害贺龙，接龙桥亦未能幸免，"接龙"二字被铲掉。1974年，贺龙同志得到平反后，"接龙桥"3个字重新刻上。1983年省政府拔专款扩建。1984年4月7日，中共中央总书记胡耀邦同志视察来凤亲书"接龙桥"3个字，镌刻于桥栏杆上，两旁还镶嵌着工农群众参加红军，迎接贺龙的浮雕。1988

年8月1日，中共来凤县委、来凤县人民政府在桥上立碑，镌刻碑文。桥正面镌刻着全国人大常委会副委员长廖汉生同志“继承先烈志、振兴湘鄂边”的题词。

百福司红军标语墙遗址。在今来凤县百福(户)司镇胜利街酒厂前。1934年4月，贺龙率红三军经鱼塘、漫水来到百福司，打击了当地大土豪肖训成、欧士俊等人，并将他们的财产没收济贫。为宣传发动群众，红三军政治部在百福司街道的墙壁上写出了“打倒土豪分田地”、“取消一切苛捐杂税”、“工人实行八小时工作制，增加工资”等宣传标语。其中用黑墨写在砖墙上的“工人实行八小时工作制，增加工资”的标语，至今清晰可辨。1988年6月，此处标语墙被鄂西州人民政府列为州文物保护单位。

红军第十八师漫水乡渔塘整编旧址。旧址在来凤县漫水乡境内。1935年10月，蒋介石调集重兵，对湘鄂川黔革命根据地进行“围剿”。11月5日，红二、六军团从湖南桑植陈家河出发，开始突围长征实行战略转移。为掩护主力红军顺利转移，红二、六军团留下红军第十八师牵制敌人。红军第十八师师直、五十二团、五十三团和湘鄂边独立团3000多人，在师长兼政委张振坤、参谋长刘风、政治部主任李信的率领下，12月16日从陈家河出发突围，12月23日强渡酉水，从湖南进入来凤卯洞境内，经新寨、苏家坪、百福司抵漫水，转战途中，伤亡惨重，至此仅剩1000余人。师参谋长兼第五十三团团长刘风也身负重伤，师部决定在漫水整编，将第五十二团与师部警卫连合编为警卫营。原第五十二团团长樊孝竹改任第五十三团团长。整编后，部队轻装前进，经洗车、旧司进入革勒车一带活动，尔后离开来凤，于1936年1月在贵州与主力红军会师，北上长征。

构皮岭（茨竹槽）战场遗址。构皮岭，位于来凤县西北部，与咸丰县交界，离咸丰忠堡五六华里，与来凤县老鸦关、刺猪槽（茨竹槽）相连，地势十分险要，是来凤通往咸丰必经的交通要冲，当地老百姓称之为“卡口”。忠堡战斗打响后，构皮岭则成了这次战斗的主战场。

官渡口伏击战遗址。遗址位于来凤县城东南一公里处的酉水河岸，当时是来凤与湖南龙山两县的主要渡口之一。1935年7月，红二、六军团围困龙山县城已达1个月之久，城内之敌弹尽粮绝。为解龙山之困，来凤县城守敌独立第三十八旅旅长潘善斋于7月10日组织了一支800人的“敢死队”，乘雨夜从官渡口偷渡酉水河，妄图袭击驻扎在龙山象鼻岭的红二、六军团之第四师。“敢死队”刚爬上河岸，即遭到红军的伏击，敌人在溃败中抢渡翻船，死伤无数，河水被血染红。此次伏击战，敌人“敢死队”被歼500多人。

红二、六军团第十七师在革勒的战地医院旧址。在今来凤县革勒车乡原革勒车粮管所所在地，当时是一座关庙。1935年7月15日，红六军团第十七师在胡家沟阻击黄兴增援湖南龙山之敌。为抢救、医治在战斗中负伤的红军战士，在革勒车场头的关庙设立了红军临时医院。战斗结束后，红军在革勒车休整，安排伤员在医院养伤。不久，红军撤走，临时医院也随之转移。

红军在漫水乡犀牛潭田家大院组办渔塘村农民协会遗址。位于今漫水乡上鱼塘村。1935年6月，在红二、六军团围困湖南龙山县城期间，6月15日，红军干部马辉率领60多名红军战士，从湖南龙山进入鱼塘，在此扩红，并打击土豪田仁甫等大户。7月，鱼塘农民协会成立，红军委任刘维农为农协会主席。农协会的主要任务是打土豪，为红军筹粮。7月底，马辉率部队随主力红军进入湖南，鱼塘农民协会停止活动。

抗日战争时期中共来凤县委高洞区委遗址。在旧司乡李家院子村2组，原刘玉银、邓国柱两家的住宅。1940年冬，来咸宣中心县委根据鄂西特委关于整顿支部，作好应变工作的指示，决定建立中共高洞区委，书记邓再中，组织委员袁靖大，宣传委员邓月乔。高洞区委下辖高洞河、车大坪和东流坝、水田坝3个党支部。

二、湖北省民族地区红色资源开发利用现状分析

调研小组共随机发放问卷500份，收回498份，其中有效问卷489份；共采访相关人员54人，收集到相关材料12份（套）；实地考察红色资源36处。根据对调研结果的详细分析，得出以下湖北省民族地区红色资源开发利用现状情况。

（一）接受问卷调查人员基本情况

我们设计的接受问卷调查人员基本情况主要包括性别情况、年龄情况、职业情况、居住地情况和学历情况等项目。（见表1）

表 1　接受问卷调查人员基本情况　　（N=489）

项　目	类　别	频　次	比　例
性别情况	男	293	59.9%
	女	196	40.1%
年龄情况	少年儿童	11	2.2%
	青年	202	41.3%
	中年	236	48.3%
	老年	40	8.2%
职业情况	公职人员	123	25.2%
	农民	109	22.3%
	军人	16	3.3%
	其他	241	49.2%
居住地情况	城镇	314	64.2%
	农村	175	35.8%
学历情况	小学	81	16.6%
	初中	162	33.1%
	高中（含中专、技校）	149	30.5%
	大学（大专及其以上）	97	19.8%

1. 性别情况

从性别上看，男性 293 人，占接受问卷调查总人数的 59.9%；女性 196 人，占接受问卷调查总人数的 40.1%．由此可见，问卷发放性别比例比较合理。

2. 年龄情况

从年龄上看，少年儿童 11 人，占接受问卷调查总人数的 2.2%；青年 202 人，占接受问卷调查总人数的 41.3%；中年 236 人，占接受问卷调查总人数的 48.3%；老年 40 人，占接受问卷调查总人数的 8.2%．由问卷情况可知，中青年人数共 438 人，占接受问卷调查总人数的 89.6%，少年儿童和老人共 51 人，占接受问卷调查总人数的 10.4%，年龄结构基本上呈正态分布。

3. 职业情况

从职业上看，公职人员 123 人，占接受问卷调查总人数的 25.2%；农民 109 人，占接受问卷调查总人数的 22.3%；军人 16 人，占接受问卷调查总人数的 3.3%；其他职业（含企业人员、学生、自由职业者、商人等）241 人，占接受问卷调查总人数的 49.2%．从职业分布上看，接受调查问卷的人员基本遍布各个职业。

4. 居住地情况

从居住地来看，居住在城镇的有 314 人，占接受问卷调查总人数的

64.2%；居住在农村的175人，占接受问卷调查总人数的35.8%. 这里的居住地，是指接受问卷调查人员的实际居住地，与其是否城镇户口无关。由于改革开放以来湖北省民族地区人员城乡流动较大，而湖北省民族地区红色资源在城乡均有分布，分析不同居住地人员对红色资源开发利用的认识，比较客观，可以反映整体情况。

5. 学历情况

从学历情况来看，小学文化程度的有81人，占接受问卷调查总人数的16.6%；初中文化程度的162人，占接受问卷调查总人数的33.1%；高中（含中专、技校）文化程度149人，占接受问卷调查总人数的30.5%；大学（大专以上）97人，占接受问卷调查总人数的19.8%. 从对整个问卷分析的情况来看，学历越高，对备选项的选择越客观，越接近于本调研组的理论假设。

（二）受访人员对红色资源开发利用的基本认识

受访人员对红色资源开发利用的基本认识主要包括"对湖北省民族地区红色资源种类的认识"、"对湖北省民族地区红色资源开发利用现状的认识"、"对当前湖北省民族地区红色资源开发利用侧重点的认识"、"对湖北省民族地区民族地区红色资源开发利用价值的认识"、"对当前湖北省民族地区红色资源开发利用取得成绩的认识"、"对湖北省民族地区红色资源开发利用需加强之处的认识"等内容。

1. 对湖北省民族地区红色资源种类的认识

由表2可以看出，有359人选择"革命博物馆"，占接受问卷调查总人数的73.4%；有395人选择"根据地旧址"，占接受问卷调查总人数的80.8%；有244人选择"人物"，占接受问卷调查总人数的49.9%；有134人选择"文献符号"，占接受问卷调查总人数的27.4%；有185人选择"故事"，占接受问卷调查总人数的37.8%；有32人选择"其他"，占接受问卷调查总人数的6.5%. 由此可见，有相当多的接受问卷人员能够认识到红色资源既包括物质性的红色资源，又包括精神性的红色资源。

表 2　对湖北省民族地区红色资源种类的认识情况　　（N=489）

调查内容	项　目	频　次	比　例
您认为民族地区的红色资源应当包括哪些？（可多选）	A. 革命博物馆	359	73.4%
	B. 根据地旧址	395	80.8%
	C. 人物	244	49.9%
	D. 文献符号	134	27.4%
	E. 故事	185	37.8%
	F. 其他	32	6.5%

2. 对湖北省民族地区红色资源开发利用现状的认识

由表 3 可以看出，有 102 人选择“好”，占接受问卷调查总人数的 20.9%；有 329 人选择“一般”，占接受问卷调查总人数的 67.3%；有 58 人选择“不好”，占接受问卷调查总人数的 11.8%. 从调查中我们发现了一个现象，即年龄越大，越倾向于选择“一般”和“不好”。这种结果说明，湖北省民族地区红色资源开发利用取得了一定的成绩，但与当地老百姓的期待还有一定差距，亟待进一步做好。这种问卷结果也从另一侧面印证了本次调查研究的重要性和紧迫性。

表 3　对湖北省民族地区红色资源开发利用现状的认识情况　　（N=489）

调查内容	项　目	频　次	比　例
您认为当前民族地区红色资源开发利用现状如何？	A. 好	102	20.9%
	B. 一般	329	67.3%
	C. 不好	58	11.8%

3. 对当前湖北省民族地区红色资源开发利用侧重点的认识

由表 4 可以看出，有 277 人选择“保护性开发利用”，占接受问卷调查总人数的 56.6%；有 152 人选择“挽救性开发利用”，占接受问卷调查总人数的 31.1%；有 132 人选择“发展性开发利用”，占接受问卷调查总人数的 27%. 从选项来看，有一半以上的人认识到湖北省民族地区红色资源开发利用重在保护；有比较多的人认识到一些地方红色资源开发利用到了必须马上做的程度，不然就会造成红色资源的永久性流失；也有一部分人认识到可持续开发利用是湖北省民族地区红色资源开发利用的长远之计。

表 4　对当前湖北省民族地区红色资源开发利用侧重点的认识情况　（N=489）

调查内容	项　目	频　次	比　例
您认为当前民族地区红色资源的开发利用侧重于什么方面？（可多选）	A. 保护性开发利用	277	56.6%
	B. 挽救性开发利用	153	31.1%
	C. 发展性开发利用	132	27%

4. 对湖北省民族地区民族地区红色资源开发利用价值的认识

由表 5 可见，有 192 人选择“旅游价值”，占接受问卷调查总人数的 39.3%；有 257 人选择“文化价值”，占接受问卷调查总人数的 52.6%；有 342 人选择“教育价值”，占接受问卷调查总人数的 69.9%；有 145 人选择“经济价值”，占接受问卷调查总人数的 29.7%. 从问卷可以看出，接受问卷人员对于湖北省民族地区红色资源开发与利用的价值比较理性，有超过一半的人认识到“文化价值”，绝大多数人认识到“教育价值”，而选择“旅游价值”和“经济价值”的则相对较少，这与调研组的预设有所不同，这说明湖北省民族地区接受调查问卷人员对红色资源开发利用价值的认识比较客观。

表 5　对当前湖北省民族地区红色资源开发利用价值的认识情况　（N=489）

调查内容	项　目	频　次	比　例
您认为民族地区红色资源开发利用的价值是什么？（可多选）	A. 旅游价值	192	39.3%
	B. 文化价值	257	52.6%
	C. 教育价值	342	69.9%
	D. 经济价值	145	29.7%

5. 对当前湖北省民族地区红色资源开发利用取得成绩的认识

由表 6 可以看出，有 196 人选择“原貌修复很好”，占接受问卷调查总人数的 40.1%；有 169 人选择“文字图片整理”，占接受问卷调查总人数的 34.6%；有 147 人选择“制度管理规范”，占接受问卷调查总人数的 30.1%；有 282 人选择“社会影响扩大”，占接受问卷调查总人数的 57.7%；有 44 人选择“其他”，占接受问卷调查总人数的 9%. 从问卷情况看，有一半以上的人认识到当前湖北省民族地区红色资源开发利用使当地社会影响扩大，而对于其他方面成绩的认识则相对比较分散，基本上在40%以下。这一方面说明接受调查人员对于湖北省民族地区红色资源开发利用取得的成绩的认识较为多元，另一方面也说明湖北省民族地区红色资源开发利用取得的成绩是多方面的。

表6　对当前湖北省民族地区红色资源开发利用取得成绩的认识情况（N=489）

调查内容	项　目	频　次	比　例
您认为民族地区红色资源的开发和利用取得的主要成绩是什么？（可多选）	A. 原貌修复很好	196	40.1%
	B. 文字图片整理	169	34.6%
	C. 制度管理规范	147	30.1%
	D. 社会影响扩大	282	57.7%
	E. 其他	44	9%

6. 对湖北省民族地区红色资源开发利用需加强之处的认识

表7　对当前湖北省民族地区红色资源开发利用需加强之处的认识情况（N=489）

调查内容	项　目	频　次	比　例
您认为民族地区红色资源的开发和利用需要加强的地方是什么？（可多选）	A. 领导重视	262	53.6%
	B. 经费投入	253	51.7%
	C. 宣传舆论	253	51.7%
	D. 基础建设	274	56%
	E. 队伍建设	109	22.3%
	F. 其他	38	7.8%

由表7可以看出，有262人选择“领导重视”，占接受问卷调查总人数的53.6%；有253人选择“经费投入”，占接受问卷调查总人数的51.7%；有253人选择“宣传舆论”，占接受问卷调查总人数的51.7%；有274人选择“基础建设”，占接受问卷调查总人数的56%；有109人选择“队伍建设”，占接受问卷调查总人数的22.3%；有38人选择“其他”，占接受问卷调查总人数的7.8%。从该结果可知，超过一半的人员认为要加强湖北省民族地区红色资源开发利用，领导重视、经费投入、宣传舆论、基础建设非常重要。这与调研组的预设也是一致的。

（三）红色资源开发利用取得的主要成绩

从调查组了解到的情况来看，湖北省民族地区各级领导和相关职能部门非常重视红色资源开发利用，并取得了可喜的成绩，圆满完成了革命遗迹普查工作，建立了一批文物保护单位和爱国主义教育基地，开发了一批重要的红色旅游线路，编撰、印刷、出版了一批有关红色资源的书籍。

1. 圆满完成革命遗迹普查工作

2010年3月，由恩施州史志办牵头，启动了全州革命遗址普查工作。开展革命遗址普查，是由全国、全省统一部署安排的一项十分重要的工作，恩施州史志办高度重视，及时制定了普查实施方案，组建了精干的普查专班，并通过精心组织，周密安排，加强协调，多次赴县市检查督办，确保了全州普查工作的顺利进行。经过8个月的努力，全州共计到现场调查革命遗址667处，搜集革命遗址资料约80万字及历史照片164张，到现场拍摄革命遗址照片6670张；到现场调查其他遗址77处，搜集其他遗址资料8.3万字及历史照片30张，到现场拍摄其他遗址照片600张；撰写州、县市革命遗址普查报告9篇，汇总填写全州及各县市革命遗址普查统计表和其他遗址普查统计表各9份，整理编辑了全州及各县市革命遗址目录和其他遗址目录，填写《全国革命遗址普查登记表》667份和《其他遗址普查登记表》77份；分县市整理、印刷、精装《革命遗址普查资料汇编》共10本（卷）。州史志办于2010年11月按时保质将各种普查材料报送到省，得到了省革命遗址普查工作领导小组办公室的充分肯定和好评。这次的革命遗址普查资料，已上交湖北省统一付印出版。

2. 建立了一批文物保护单位和爱国主义教育基地

恩施州组织各县市对辖区内的红色资源树立标示牌和纪念性建筑物，还附有详细的介绍性文字，有助于当地老百姓了解和爱护红色资源。与此同时，积极进行文物保护单位和爱国主义教育基地的申报工作。

就文物保护单位来说，全州红色资源被列为文物保护单位的只有99处121个（被列为国家级文物保护单位的鹤峰县五里坪革命旧址群1处登记为23个红色资源）；其中，国家级文物保护单位24个，其中鹤峰县五里坪革命旧址群有23个；省级文物保护单位16个；州级文物保护单位7个；县级文物保护单位74个。

就爱国主义教育基地来说，有1个国家级爱国主义教育基地，2个省级爱国主义教育基地，22个县级爱国主义教育基地。部分位于城镇、人口居住集中地和学校附近的革命烈士墓、烈士陵园或革命遗址，每逢重大节日，当地党、团组织、机关、学校都以不同方式，来到这些地方，瞻仰革命遗址，参观革命文物，聆听革命故事，进行革命传统教育，激励各族人民发扬党的优良传统，弘扬先烈革命精神。

3. 开发了一批重要的红色旅游线路

2004年以来，在国家大力发展红色旅游的政策背景下，恩施州十分重视开发红色旅游线路，并做好红色旅游线路的规划、保护、开发利用工作。在恩施州旅游局的统一领导下，各县市全方位地对红色旅游资源进行研究、挖掘、整理、提炼、整合，科学制定红色旅游资源开发利用规划，研究确定一批红色旅游资源开发项目，通过向上争取项目或对外招商引资，做好红色旅游景点的规划筹建工作。

以鹤峰县为例，近年来，为缅怀先烈，促进老区建设，该县县委县政府高度重视红色旅游产业，取得一定成效。

一是编制完成了《鹤峰红色旅游发展规划》，确定了该县红色旅游产业发展目标。

二是进一步加强项目申报。县有关部门抢抓机遇，项目申报工作取得进展。2005年，鹤峰县满山红烈士纪念园[1]被国务院确立为全国30条红色旅游精品线路的主要景点之一，2007年被评定为2A级旅游区；2006年，五里坪革命旧址群被国务院确立为第六批全国重点文物保护单位。为推进该县红色旅游产业发展打好基础。

三是建成了一系列红色旅游景点。在县级财政极为困难的情况下，县委县政府抢抓机遇，多方筹措，先后投入资金3000多万元，修缮、兴建了一系列红色旅游景点，对一批革命旧遗址进行了挂牌保护和修缮。满山红烈士纪念园、太平盛联钧烈士纪念园、中营叶光吉烈士纪念园、走马鼓锣山烈士纪念碑等一批红色旅游景点相继建成，基本形成以满山红纪念园为中心辐射全县的红色旅游景区布局。红色旅游起步良好。2004至2010年上半年，全县各红色旅游景点共接待游客约13万人次。

四是加强了红色旅游资源的保护。对该县重点革命纪念物、革命旧（遗）址，采取措施，加强保护，避免遭到大面积损坏，为发展红色旅游产业保存了资源。

[1] 即“湘鄂西苏区鹤峰革命烈士陵园。

再以利川市为例，该市红色旅游经典景区项目建设已筹集地方财政投资200万元，民间投资100万元，并已制定汪营红色旅游区发展控制性详细规划，凸显红色，建设能表现革命战争时期的利川先烈的丰功伟绩的革命纪念区、烈士墓区、巴蔓子纪念区。同时开展更高水平的培训，建设红心教育基地野外训练场、教学及集训区。远期投资总金额4000万，年收入达到800万元，成为利川市旅游产业的重要组成部分。

4. 编撰、印刷、出版了一批有关红色资源的书籍

恩施州十分重视红色书籍资料的整理工作，由湖北省委党史研究室的统一部署，在恩施州委的领导下，恩施州史志办在1996年编写了《恩施地区革命斗争史》，由湖北人民出版社出版发行。又于2004至2008年组织编写了中共恩施州地方历史丛书（第一卷），包括中国共产党恩施州历史、中国共产党恩施市历史、中国共产党利川市历史、中国共产党咸丰县历史、中国共产党来凤县历史、中国共产党宣恩县历史、中国共产党鹤峰县历史、中国共产党巴东县历史、中国共产党建始县历史等9本书籍，并由中共党史出版社出版发行。另外还编辑出版了《中共恩施州简史》、《红二六军团战鄂西》、《鄂西革命斗争大事记》、《碧血千秋》等书。2011年，恩施州还组织编撰了《红色遗迹——恩施市革命遗址普查资料汇编》，并提交省相关部门。

各县市也非常重视对红色书籍的编撰工作，除上述各县市党史书籍之外，还各自根据自身特点，编辑符合本地特点的红色书籍资料。例如中共鹤峰县委早在1978年5月就着手组织调查组，进行《鹤峰苏区简史》资料的采集编写工作，历时7年，于1985年编印了《第二次国内革命战争时期鹤峰苏区简史（1928-1933）》一书；又于2006年开始筹划编写《铁血风云——鹤峰革命老区纪实》一书，2008年7月已由湖北人民出版社出版。再如来凤县组织编写了《湖北省来凤县烈士资料传集》一书，图文并茂，彩色印刷，是不可多得的红色资源书籍。

（四）红色资源开发利用存在的主要问题

在取得成绩的同时，湖北省民族地区红色资源开发利用过程中也存在一些问题，主要表现在：红色资源保护性开发利用不够，开发利用方式简单化、粗放化，红色资源开发多利用少，影响面不大。

1. 红色资源保护性开发利用不够

其一，被列为文物保护单位和爱国主义教育基地的红色资源比例较低。

如前所述，全州红色资源众多，但在这些文物当中，被列为文物保护单位只占物质性红色资源总处数的 15.3%（占总个数的 18.1%）。其中，国家级文物保护单位 24 个，实际上只涉及到两处地方，因为被列为国家级文物保护单位的鹤峰县五里坪革命旧址群 1 处就登记为 23 个红色资源；省级文物保护单位只占红色资源总个数的 2.4%；州级文物保护单位只占红色资源总个数的 1%；县级文物保护单位只占红色资源总个数的 11.1%.

其二，未被列为文物保护单位的物质性红色资源保护状况不容乐观，损毁情况严重，大部分已受到不同程度的损毁或完全损毁。具恩施州相关部门的统计，因自然和人为因素，全州已完全损毁和不同程度损毁的革命遗址共有 446 处，占全州革命遗址总数的 67%，保护形势严峻。

损毁的主要原因：一是红色资源长期处于所属不明状态，存在多头管理或无管理的现状，致使红色资源被作它用，从而失去原有的历史内涵；二是地方城市规划缺乏科学性和远见性，城市建设用地需要，原遗址被改建作他用，因服务于城市建设而被撤除；三是农村生产生活活动需要，原有房屋被翻修、改建和迁建；四是因交通不便而藏于大山深处，人迹罕至，长年失修而消失。五是缺乏红色资源保护资金，遗址无人看管，也得不到必要的维修，被自然损毁和人为破坏。保存较好的部分遗址建筑也面临着受损或难以保存的局面，有的居住人年龄偏大，有的地处偏远，随时都有拆迁或损坏的可能。

2. 开发利用方式简单化、粗放化

在调研过程中我们发现，由于行政区划和行业界限的限制等原因，开发利用方式简单化、程式化，导致红色资源开发利用方式粗放，效果不是很好。

其一，红色资源的整合不够。有些地方在红色资源的保护和开发方面，由于历史上长期沿袭下来的管理体制存在着条块分割、各管一块的弊端。就恩施州与湖南湘西州来说，二者同属于湘鄂西革命根据地的重要组成部分，都是贺龙元帅等老一辈无产阶级革命战斗过的地方，两地可以进行联动做好红色资源开发利用的大文章，中共中央办公厅、国务院办公厅印发的《2004－2010 年全国红色旅游发展规划纲要》，确立了“全国三十条红色旅游精品线路”名录，其中张家界－桑植－永顺－吉首－铜仁线名列其中，鹤峰县满山红纪念园是此线路的主要红色旅游景点之一，但就目前来说情况不容乐观。就整个恩施州内部来说，全州少数红色资源，分别由文物、民政、教育等部门管理，多数红色资源归居民或村民自主管理。由于管理单位不统一，责任主体不明确，管理保护到什么程度，缺乏相应的文件及制度规定，更缺乏有力的督导检查。州、县、乡、村各级都缺少对红色资源专门管理保护的机构和人员，难以落实管理和保护责任。

其二，红色资源开发利用方式比较粗放，重视物质性红色资源开发利用，而对于精神性红色资源的开发利用则相对不够。根据我们的了解，由于民族地区地方财力相对紧张，上级没有拨付专门的资金，州、县、乡级财政比较困难，对红色资源保护缺少有力的资金支持，除了少数几个被列为文物保护单位和爱国主义教育基地的红色资源之外，全州大多数红色资源，没有挂牌或立碑，也没有书写或粘贴文字简介。20 世纪 80 年代，有些县市对一部分红色资源曾挂木牌予以保护或纪念，并拍摄了照片，但 20 多年过去之后，我们在实地考察时却见不到原来的挂牌了。年轻一代对发生在家乡的革命活动事迹和革命战争情况知之甚少，如不加强宣传，设立保护标志，利用文字简介，向人们介绍遗址情况和革命事迹，遗址将会进一步加快损毁，许多革命事迹和历史文化将会被民众淡忘。几乎所有红色资源都没有声光电等现代多媒体手段或载体，加之红色资源开发利用的配套设施跟不上，尤其是交通条件制约，使本来距离较近、颇成气候的湖北省民族地区红色资源群，在与其他地方的竞争中，尤其是在红色旅游的竞争中大打折扣。从民族地区红色资源开发利用的现实情况来看，由于各种条件的制约，加之精神性红色资源开发利用较为不易，且大多渗透于物质性红色资源之中，湖北省民族地区在开发利用红色资源时，在现实操作上对于精神性红色资源诸如对于红色故事的开掘，则显得不甚理想。

3. 红色资源开发多利用少，影响面不大

由前述湖北省民族地区红色资源开发利用的成绩可见，湖北省民族地区红色资源非常丰富，可以说在有些地方遍布城乡，当地有关部门也非常重视红色资源的开发利用工作，尤其是重视对于红色旅游资源的规划和开发。但是由于各种条件限制，已开发出的红色资源的利用情况却不容乐观，存在着开发多利用少、影响面有限的问题。

其一，一些红色资源仅是进行了修复修缮，或是树立了纪念性建筑，或是修建了标示牌，但是由于配套工作跟不上，导致利用情况不好。调查组在恩施市调研时，曾几经周折赶到位于恩施市九峰的鄂西特委旧址，该旧址建筑物系原貌修复，但由于比较偏僻，没有公共交通到达，有一段甚至是土路，到达很不容易；好不容易到达，却是大门紧闭，只是在房门上看到一句提示语："参观者请拨打手机号 135*******"。我们按照手机号打过去，对方说稍等，马上就到。结果我们足足等了半个多钟头，才见到一个老太太蹒跚而来，为我们打开门，让我们自己进去参观。经过和老太太交谈得知，该处没有专门的工作人员，也没有讲解员，只是在村子里雇了这位老太太负责看管，没有参观者时就锁上门，参观者来时就拨打电话。除了重大节日有学校组织师生参观之外，平时参观者很少。

其二，由于民族地区城乡差距比较大，加上交通不便，导致城镇的红色资源大多仅限于城镇人参观，农村的红色资源大多仅限于当地人参观。就拿"湘鄂西苏区鹤峰革命烈士陵园"来说，该陵园是国家级陵园纪念建筑物保护单位，是国务院批准的全国 30 条红色旅游线路之一、湖北省全国 2A 景区，但其影响范围主要限于鹤峰县城所在地容美镇区域，对于其他区域尤其是偏远山村几乎没有影响。而一些处于偏僻山村的红色资源，影响则更小，有些仅限于本乡（镇），更有甚者，仅限于本村，只有在重大纪念日才有附近中小学组织师生参观。再如五里坪革命旧址群，该处红色资源呈带状分布，在其 24 个红色资源中，有 23 个被列为国家级文物保护单位，但由于其地处偏远，交通不便，所在区域经常发生山体滑坡等灾害事故，很多慕名而去的游客有时候也只好望而却步。[1]

三、湖北省民族地区红色资源开发利用的对策分析

对湖北省民族地区红色资源开发利用进行对策分析，是湖北省民族地区红色资源开发利用研究的落脚点。理论是实践的先导。为此，本部分首先分析了红色资源开发利用的理论借鉴和应遵循的原则，然后详细研究了湖北省民族地区红色资源开发利用的基本策略。

（ ）红色资源开发利用的理论借鉴

湖北省民族地区红色资源开发利用，必须坚持以科学发展观为指导，还要借鉴吸收相关理论成果。考虑到问题之间的直接相关性，这里主要分析点轴开发理论、区域合作理论和可持续发展理论等三个理论，并分别研究其对湖北省民族地区红色资源开发利用的借鉴作用。

[1] 本调研组今年7月份就因山体滑坡而没能对五里坪革命旧址群进行实地考察，对其资料的获得全靠鹤峰县旅游局和县史志办提供，感到非常遗憾。

1. 点轴开发理论

点轴开发理论是由陆大道于1984年提出的。这里“点”一般指的是城镇，“轴”一般是指经济发展轴线，主要是交通线。一般认为，在落后地区或新兴开发地区，区域经济发展要素围绕着“点”聚集，先是以“极化过程”为主，而后才以“扩散过程”为主。在现实的区域开发与区域发展过程中，一定范围内可能有两个乃至多个“点”同时存在，当某一区域经济成长进入“多核扩散”阶段时，就应当采取点轴开发模式。采取点轴开发模式关键是选好重点开发轴线，配备几个新的增长点，或在现有增长区域中心再次实施重点开发，进而逐步形成产业密集地带和空间结构轴，从而使轴线延伸逐渐交织成网状，最终带动整个区域的发展。10多年来，我国国土开发采用的“T”字型开发战略，其实就是点轴开发理论的实际运用。

湖北省民族地区红色资源集中在落后偏远山区，社会经济文化发展水平滞后，资金、人才缺乏，现有的交通、通信等公共基础设施和配套设施还难以满足红色资源开发利用的需要；即使在同一区域的不同地点，开发利用红色资源的条件也不相同。因此，红色资源开发利用，要考虑原有的发展基础，进行适度、科学、有序开发利用，而不能不顾条件过度、过滥开发利用。要培养红色资源的“增长极”，通过其极化和扩散作用，将红色资源的多重价值和功能扩展到一个更为广阔的地域空间。而点轴开发理论正可以用来指导红色资源开发利用过程中的空间结构架构，尤其是模拟像鹤峰县这样的红色资源呈带状分布的区域结构。

2. 区域合作理论

区域合作是现代区域经济发展的普遍现象，其产生与区域分工同步。伴随区域竞争的日益加剧，区域之间相互依存程度也随之不断加深。在区域经济进程中，合作是为了实现区域整体利益的需要。所以区域合作也就必然需要遵循一定的原则。大致来说，区域合作需要遵循自愿平等、互惠互利，优势互补、相互协调，区域之间在空间上尽量相连等三个原则。从要素配置的视角来看，区域合作实质上就是有意识、有目的、有计划在区域之间对要素进行优化配置。

区域合作理论给湖北省民族地区红色资源开发利用提供了重要启示。恩施州和湖南湘西州都是湘鄂西苏区的重要组成部分，共同支撑着湘鄂西苏区的发展壮大，两地的红色资源遗存，共同构成了一条红色资源链条，单靠某个地区的单打独斗，发挥不了整体的合力效应。因此要推动湘西和恩施两地进行区域合作，联合开发利用红色资源资源，推动区域之间资源、要素的合理配置和流动，联合改善区域交通、通讯条件和其他配套设施，共同协调，形成合力。

3. 可持续发展理论

“可持续发展”是20世纪80年代提出的新概念。1987年世界环境与发展委员会在《我们共同的未来》报告中首次阐述了“可持续发展”的概念，得到了国际社会的普遍认同。“可持续发展”是指既要满足现代人的需求，又不能损害后代人满足需求的能力。也就是促进经济、社会、资源和环境保护协调发展，将这几个要素看作是一个密不可分的系统，既要达到发展经济的目的，又要保护好人类赖以生存的自然生态资源和居住环境，使千秋万代的后人都能够永续发展和安居乐业。

可持续发展理论为红色资源开发利用提供了有力的理论支撑，必须坚持可持续发展思想。红色资源开发利用应综合考虑本地区的现有条件，扬长避短；应做到重点突出，优先开发优势红色资源，同时加强其后续利用，开发与利用并重，保护与开发并重，对不可再生的红色资源保持、恢复其原有风貌；应将红色资源开发利用纳入到当地的各项规划整体之中，使其做到有机协调，可持续发展。

（二）红色资源开发利用的原则

鉴于湖北省民族地区红色资源开发利用的特殊性，对于红色资源的开发和利用，必须遵循一定的基本原则，以便于更好更充分地发挥红色资源开发利用的潜力，其主要原则包括：经济、社会和生态效益相统一原则，资源开发与其生长、更新相适应原则，因地制宜原则，物质性红色资源与精神性红色资源并重原则。

1. 经济、社会和生态效益相统一原则

力争以最科学合理的资源消耗，为湖北省民族地区红色资源开发利用提供更高的价值，也要将经济效益与社会效益和生态效益结合起来。红色资源开发利用既不能脱离实际，忽视红色资源的特殊社会作用，也不可过于务实，只注重经济效益，应尽量将经济、社会效益与生态环境效益结合起来，三种效益缺一不可。因此，红色资源要实现可持续的开发利用，首要遵循的就是经济效益、社会效益和生态效益相统一的原则。

2. 资源开发与其生长、更新相适应原则

红色资源并非取之不尽、用之不竭的永续存在，具有自身相对的稀缺性，红色资源的现量资源与存量资源都是这一系统的必要组成部分，只要其始终维持在相对平衡状态，那么这个系统就是稳定的。反之，对于可再生资源而言，如果一味盲目开发利用，超出了维持资源更新的界限，而得不到适当的补偿，长此以往，则导致红色资源过度过滥开发，也就无法保持对其可持续利用。而对于不可再生的红色资源，如果超支、透支开发和利用，则必将是给红色资源带来不可估量的损失。

3. 因地制宜原则

湖北省民族地区各县市具体条件不同，红色资源种类与分布情况也不同，有的呈点状分布，有的呈带状分布；有的处于城镇，有的则处于偏僻的山村；有的保存相对完整，有的则毁坏严重；有的以物质性红色资源为主，有的则以精神性红色资源为主，还有的两者兼而有之；有的与外省接壤，有的不与外省接壤等。这些客观情况的存在，要求湖北省民族地区红色资源开发利用，必须结合当地实际，因地制宜，发挥自身优势和特点，走切实可行的本土化道路，切不可千篇一律，盲目模仿。

4. 物质性红色资源与精神性红色资源并重原则

物质性红色资源与精神性红色资源均是红色资源的有机组成部分，其中前者是后者的物质载体，后者是前者的精神旨归，都需要得到开发利用。但是从调研的情况来看，湖北省民族地区偏重于物质性红色资源开发利用，对于精神性红色资源则开发利用不多。我们必须深入挖掘湖北省民族地区红色资源的深刻内涵，坚持物质性红色资源与精神性红色资源并重的原则，使湖北省民族地区红色资源得到全面、综合、深度开发利用，以发挥其应有的效能。

（三）红色资源开发利用的基本策略

湖北省民族地区红色资源开发利用是一个系统工程，必须通盘考虑，而不能采用拍脑袋的方式盲目进行。由于红色资源内涵非常丰富，有着多样的价值、功能和作用，其开发利用的模式也多种多样。我们必须整体分析、系统控制，以科学发展观为指导，以前述相关理论为借鉴，选择、创设湖北省民族地区红色资源开发利用的正确策略。这些策略主要包含综合开发利用、立体开发利用、协同开发利用和联动开发利用等。

1. 综合开发利用

综合开发利用是对红色资源自身而言的，是指湖北省民族地区开发利用红色资源时，要兼顾保护性开发利用、挽救性开发利用和发展性开发利用，既要妥善做好对已开发利用的红色资源的维护、保护，也要切实加强对濒危的红色资源尤其是濒危物质性红色资源的挽救性开发利用，不使红色资源消失，还要进一步挖掘红色资源的深刻内涵，开发利用红色资源蕴含的历史、教育、文化、旅游、经济等各方面的功能，而不是急功近利，仅仅开发红色资源的某一方面功能。为避免红色资源“变色”、“褪色”，实现湖北省民族地区红色资源开发利用的可持续性，必须采取以下措施：

其一，建章立制，落实责任，明确产权。一是要依据国家相关法规，建立、制定本地红色资源开发利用的相关规范制度，并严格落实。各地史志办要按照已经进行完毕的红色资源普查结果，建立详细名录和简介，对已确定的全国、省、县级文物保护单位加大保护力度，严格执行相关法律，严厉查处损毁红色资源的行为。二是要加强可移动物质性红色资源的征集、收藏、保护和申报工作，多向上争取申报省级、国家级文物。三是要主动承担起保护管理工作，做到不在保护单位原址批地建房，不在保护单位附近规划区建设，不放过破坏、损毁保护单位的行为，按照先保护、后维修、再开发利用的原则做好文物保护规划，区分轻重缓急，抓住重点，做到“有所为，有所不为”。四是引导行政事业单位、企业和社会力量对接帮扶认领革命遗址，可以立标牌公示，形成全社会保护管理红色资源的共识。要把明晰红色资源产权放在第一位，采取购买、合作开发、有偿委托管理等方法，明确保护管理权限。当地政府部门政府可利用移民扶贫和危房改造政策迁移革命遗址产权人，城镇区域可尝试在经济适用房或廉租房安置。

其二，进一步挖掘当地红色资源的深刻内涵。湖北省民族地区红色资源作为湘鄂边苏区的主体，有不同于其他地方的特色和主题，需要进一步加以提炼。湘鄂边苏区是我党在民族地区建立的第一块革命根据地，红四军是最早以军为建制以少数民族为主体的革命武装力量，这一点甚为特殊，我们必须抓住这个闪光点，准确把握历史脉搏，深刻挖掘红色文化内涵，使其发射出应有的光芒，将湖北省民族地区各少数民族人民追求独立解放、挑战生命极限的民族精神充分提炼出来。这就需要湖北省民族地区充分发动本地相关人员，邀请省内外相关专家，对本地独有的特色和主题进行深入挖掘。根据调研组的了解，这一点鹤峰县做的就比较好。县委一班人提出“勤劳朴实、执着追求、自强不息、敢为人先”的“鹤峰精神”，里面就包含着红色资源的内涵。

其三，充分运用各种元素，“激活”红色资源。一是发动相关人员，制作反映湖北省民族地区红色资源的戏剧（话剧或地方戏剧）、电视、广播和电影产品；创作编辑出更多更好的小说、歌曲、文章、图书和电子出版物；开设湖北省民族地区红色资源网站；开发设计具有时代特点，又有感染力、吸引力的湖北省民族地区红色资源教育软件等。二是传统手段与现代手相结合，采用实物展示、图片展览和声光电三维虚拟现代声像技术等多种形式，再现重要历史场景，增强红色资源的吸引力和震撼力。湖北省民族地区对于红色资源开发利用的传统手段做得比较好，但是对于现代声像技术等手段则不令人满意，“湘鄂边苏区博物馆”虽有所涉及，但是由于成本所限，很少使用，这就要采用“走出去”战略，学习、借鉴其他地区的做法。三是增加人物蜡像，增加红色资源的动感。当今时代，制作蜡像技术早已十分成熟，应引进相应技术，增加人物群体蜡像，以实现参观者与革命人物蜡像的近距离接触，使革命人物从历史中“走”出来，产生强烈的直观感受。

2. 立体开发利用

立体开发利用，是指开发利用红色资源时，要结合湖北省民族地区实际情况，切实落实好中共中央办公厅、国务院办公厅印发的《2004 － 2010 年全国红色旅游发展规划纲要》的精神，与他相关类型资源开发利用结合起来，既要红红结合，又要实现红“绿”结合、红“俗”结合、红“古”结合、红“黑”结合等[1]，以“红色”吸引人，以“它色”留住人，以期优势互补、叠加吸引，形成立体开发利用体系，以达到综合最优的效果。

其一，红“绿”结合。即把湖北省民族地区红色资源与当地自然生态旅游、农业旅游融为一体，形成红绿相间总相宜的新格局。组合周边的风景区，把红色资源与独特山水巧妙结合起来，使“红色”、“绿色"旅游资源交相辉映，以红带绿，以绿促红，形成一条亮丽的风光带，让参观者在游览民族地区灵秀山水的同时，接受红色资源熏陶，激发爱国主义情感。

其二，红“俗”结合。即把湖北省民族地区红色资源与当地丰富的民俗风情相结合，做到雅俗共赏。恩施地区民俗民风非常独特，有很多是独有的奇葩。在开发民族地区红色旅游产品时，可将红色旅游景点与当地“女儿会”等少数民族节庆、“哭嫁”等少数民族风俗相结合，通过红色资源与民族风情的联姻，带动红色资源更好地开发利用。需要指出的是，红俗结合，是雅俗共赏，寓教于乐，要力戒庸俗化、低俗化，不能歪曲历史或过分娱乐化。

其三，红“古”结合。即把湖北省民族地区红色资源与当地古老的历史文化资源相结合，使古今相映成趣。湖北省民族地区有着渊源流长的土司文

[1] 此处观点受到《人民日报》2005年4月5日第14版《河南打造红色旅游新格局》一文启发。

化，有关土司的遗迹非常多，红色资源与土司文化相结合开发利用，既丰富了红色资源的内涵，又提升了红色资源的价值，为红色资源开发利用延伸了方向，找到了新的生长点。

其四，红“黑”结合。（黑色一般借指工业）即把湖北省民族地区红色资源与当地特色工业相结合，通过特色工业游园，带动红色资源开发利用。鹤峰县就很好地把红色资源开发利用与八峰工业游园很好地结合起来，通过打造全国民族地区农村第一工业园区的同时，也投巨资打造八峰工业生态旅游，现已形成一定规模，年接待游客 10 万人次，与红色资源开发利用实现了良性互动。

《鹤峰县旅游发展总体规划》指出，“十一五”期间，鹤峰旅游工作的重点是打好文化牌，熔铸底蕴，发展内涵，夯实旅游基础；主题是倡导“鹤峰精神”，张扬“鹤峰文化现象”，推介红色文化、土司文化、产业文化、企业文化，培育地方特色文化品牌；目标是通过“红色鹤峰、土司圣地”的形象定位，彰显鹤峰文化魅力，展现古桃源风采，打造新鹤峰名片，建设特色文化名县。[1]

3. 协同开发利用

协同开发利用，是指开发利用湖北省民族地区红色资源时，不能头痛医头，脚痛医脚，而应该以国家扶贫开发政策为契机，将民族地区红色资源开发利用放在湖北省民族地区经济社会发展的全局中考虑，实现红色资源开发利用与民族地区经济社会发展的协同发展。

其一，加大资金投入力度。湖北省民族地区拥有众多红色资源，这既是是发展红色旅游的重要资源，也宝贵的精神财富。但是由于民族地区经济社会发展相对滞后，单靠当地的财力，很难取得预期成效。因此，要加强湖北省民族地区经济发展的输血与造血功能。

对于前者而言，一是国家相关部门和湖北省要加大对于湖北省民族地区的扶持力度，尤其是要加大资金投入力度，把红色资源区域的道路、桥梁、供电、供水、供邮、纪念馆、博物馆等都列入扶持项目，以解决民族地区经济社会发展面临的资金短缺问题。二是民族地区也应拓宽融资渠道，建立多元化的投资融资体系，在争取国家和湖北省的资金支持之外，应当鼓励集体、个人、外资投资红色资源开发利用项目，以解决开发利用中的资金瓶颈，进而把红色资源优势转变为经济优势，带动并促进民族地区相关产业的发展。来凤县于 2009 年向社会各界就烈士陵园建设、新建接龙桥历史文化博物馆、

[1] 杨秀武：《溇水之光》，武汉：武汉出版社2008年版，第7页。

板沙界红色旅游开发300万元、渔塘农民协会遗址的修复、红军标语墙及古战场修复等项目募集资金并取得了良好效果，有些项目已经得到了落实。

对于后者而言，则是要大力推进县域经济和新农村建设。实践证明，在同等条件下，在当地领导同样重视下，经济基础越好，对红色资源的开发利用情况就越好。所以必须双管齐下，以推进县域经济和新农村建设为抓手，大力推进民族地区城乡经济建设。要坚持从实际出发，发展生态农业、生态旅游，合理开发利用山地、水力、矿产资源，巩固拓展具有本土特色的农产品的加工销售渠道，促进民族地区县域经济和新农村建设，为红色资源开发利用提供坚实基础。

其二，优先发展公共基础设施。湖北省民族地区地处武陵山区，多高山、丘陵，经济社会发展状况相对落后，区位优势和交通优势薄弱，少数地方还要步行一段路程才能到达，不太容易进入。近年来在国家西部大开发背景下，湖北省民族地区一些县市交通状况有所改变，但与湖北省其他地区相比，还显得比较落后，这种情况严重制约着当地红色资源开发利用和经济社会发展。因此，一是做到交通、通讯先行，即把交通、通讯放在优先发展的战略位置，打破交通瓶颈，争取高速公路项目，争取国家铁路支线项目，使国内外开发资金愿意进来，并吸引更多的参观者到来。二是要搞好配套生活设施，围绕“吃、住、行、游”硬件设施建设，改善相关生活设施条件，为参观者提供娱乐和生活方面的便利，让其感到值得参观、不虚此行，进而流连忘返，外地参观者纷纷前来参观，形成良性循环。

其三，以各种方式全面推介、宣传湖北省民族地区。湖北省民族地区自然生态面貌如何，经济社会发展状况如何，民俗民风情况如何，历史积淀情况如何，红色资源情况如何，都是制约该地区红色资源开发利用效果、制约红色资源知名度和美誉度的重要因素，均需向外进行推介和宣传。一是要善于利用电视、广播、报刊、互联网等宣传阵地对本地区各方面情况向外界大力推介、宣传，使外界对当地的情况有整体的了解。二是邀请全国知名作家以湖北省民族地区革命人物和故事为题材，创作有影响力、有震撼力、能起轰动效应的影视作品、文学作品、歌曲等。三是策划组织一些具有全国影响力的宣传推介活动，加强与全国一流党史军史研究专家的联系，高层次高规格组织开展红色资源高峰论坛或研讨会，以提升湖北省民族地区红色资源的知名度。四是加强与在湖北省民族地区战斗过的革命人物后代的联系，争取其对湖北省民族地区红色资源开发利用与经济社会发展的支持。

4. 联动开发利用

联动开发利用，是指充分发挥湖北省民族地区县市之间、湖北省民族地区与其他相邻地区的联动，本着平等互利、自愿参加、优势互补、各得其所、逐步发展的方针，推动本地区和其他地区红色资源的开发利用。

其一，湖北省民族地区县市之间联动。这属于红色资源小区域联动开发利用。湖北省已经正式启动“武陵山少数民族经济社会发展试验区”建设，范围包括恩施州的8个县市和宜昌市的长阳、五峰2个自治县，面积2.95万平方公里。湖北省民族地区可以以此为契机，依托试验区领导协调小组和试验区专门工作机构，在其统一领导下，组建红色资源开发利用专班，由恩施州史志办、州旅游局牵头，实验区内各县市旅游局、史志办参与，科学整合、优化配置本地区红色资源。一是做好规划。规划是整合、开发、利用的前提和基础。规划的档次和水平，直接关系红色资源的整合、开发、利用效益和水平。二是做好布局。湖北省民族地区红色资源点多面广、比较分散，必须按其内容和主题，对湖北省民族地区红色资源进行整合和优化配置。为此，可以围绕鹤峰县为中心，在湘鄂边根据地上做文章，发挥“湘鄂边苏区鹤峰革命烈士陵园”和“五里坪革命旧址群”在全国的影响力，以此为中心，整合、开发、利用红色资源，辐射长阳、五峰、巴东等周边地区，做到统筹规划、合理布局，突出特色、提升品位，以达到对湖北省民族地区红色资源的优化配置。

其二，湖北省民族地区与其他相邻地区联动。这属于红色资源大区域联动开发利用。湖北省民族地区地处武陵山区，武陵山区地跨鄂渝湘黔4个省（市）毗邻地区，是我国跨省市交界面积最大、人口最多的少数民族地区，是典型的“老少边山穷”地区。国家非常重视该地区的发展，国务院国发（2009）3号文件曾明确建立“武陵山经济协作区”。近两年来，在湘鄂黔渝边区县（市区）政协联系会的推动下，“武陵山民族地区统筹发展试验区”呼之欲出。

我们要抓住历史机遇，依托湘鄂黔渝边区县（市区）政协联系会，在红色资源开发利用上先行先试，积极横向联动，实行资源共享，产品互补，客源互流，联点成线，串线成网，形成统一领导，统一规划、统一整合开发利用，在区域联动中提高红色资源开发利用实效。这就要抓住历史上客观形成的“湘鄂西革命根据地”和“湘鄂川黔根据地”的事实做文章。一是创新红色资源开发利用管理体制，建立健全区域红色旅游联动机制。尽快建立健全一种高层次、跨部门的综合协调机构和机制，打破传统的行政条块分割、地区封锁和各自为阵的格局，加强红色资源的统筹规划、宏观调控和协调发展，形成红色资源开发利用的合力。二是制订红色资源开发利用整体规划，集中建设，整合营销，科学打造统一品牌。[1] 三是加大区域间红色资源开发利用与民族文化和自然生态的有效整合，形成区域间联动发展的格局。四是加快区域间红色资源开发利用基础设施和配套设施的联动发展，促进铁路、公路、水运、航空等交通网络的进一步完善，加快通讯、电力、娱乐、购物等设施建设，推动区域间红色资源开发利用的联动发展。

结束语

湖北省民族地区红色资源开发利用研究，是在深入学习实践科学发展观、贯彻落实国家深入实施西部大开发战略、湖北省率先启动“武陵山少数民族经济社会发展试验区”的背景下，为进一步探索湖北省民族地区红色资源开发利用方略，促进湖北省民族地区经济社会又好又快发展而进行的。

本次调研从资料收集、问卷设计、调查走访、数据分析，到研究报告的形成，历经近 3 个月时间。调研小组在恩施州的鹤峰县、恩施市、利川市和来凤县等 4 个县市，共随机发放问卷 500 份，收回 498 份，其中有效问卷 489 份；共采访相关人员 54 人，收集到相关材料 12 份（套）；实地考察红色资源 36 处。为加强比较研究，调研小组还在湖南省龙山县、永顺县、桑植县、凤凰县和芷江县进行实地考察。

在本次调研过程中，调研小组得到了恩施州史志办、恩施州旅游局、恩施市史志办、利川市史志办、鹤峰县史志办、鹤峰县旅游局、“湘鄂边苏区鹤峰革命烈士陵园”管理处、来凤县史志办、来凤县民政局等有关负责人的热情帮助，在此一并表示感谢。

由于时间仓促，加之作者水平所限，本研究报告在资料收集、数据整理、研究论证等方面，一定存在不足之处，敬请批评指正。

（赵继伟　董　杰　覃小林　张涛华　赵泽林）

---

[1] 以红色旅游为例，张家界 - 桑植 - 永顺 - 吉首 - 铜仁线是国家旅游局规划的 30 条红色旅游精品线路之一，可以此精品线路为红色旅游主线路；以桑植县贺龙故居和纪念馆、永顺县湘鄂川黔边省委旧址、鹤峰县“湘鄂边苏区鹤峰烈士陵园”、铜仁市周逸群故居为主要旅游景点；以湘鄂川黔革命根据地的斗争历程为主线来统一科学规划红色旅游发展方案，有效整合各地红色旅游资源，打造边区的红色旅游精品品牌。

报告八

民族地区乡村文化建设发展态势和走向研究调查报告[1]

——以湖北省恩施州鹤峰县为例

“三农”的发展壮大是中国走向现代化的关键。而农村文化建设作为农村建设中的“软力量”，是建设社会主义新农村，树立和落实科学发展观、构建社会主义和谐社会的重要内容，是满足广大农民群众多层次多方面精神需要的有效途径。特别是少数民族地区，由于不同文化的影响以及经济的相对落后，乡村文化建设对当地居民思想上的影响作用便不言而喻。

文化是一个民族的灵魂。就社会主义新农村建设而言，文化具有其他社会要素无法取代的作用，即凝聚、整合、同化、规范社会群体行为和心理的功能。因此，建设社会主义新农村，重要的是需要农村基层政权组织和广大农民在加快经济发展、改善自然和社会环境的同时，建立起一种适合于新农村建设的文化观念。一旦这种文化观念能够形成并深入人心，就能够在思维方式和行为习惯的层面上发挥其广泛、稳定而持久的影响。因此，必须以建设社会主义的新农村为方向，以当代的先进文化建设为主导，发展社会主义新农村的先进文化建设。只有这样，才能凝聚人心，进一步激发农民的创造热情，为农村的发展提供精神动力与智力支持。发展的关键在人，而人的发展关键在于自身素质的提高。当前我国少数民族农村不仅教育水平比较低，而且缺乏对科学教育基础性地位的认识，贫困的少数民族地区仍然认为反正是一辈子都离不开土地，对科学知识的学习、运用与创造持不屑态度。而当今社会是个科技的社会，科学技术日新月异，科技运用所产生的巨大效用已

[1] 本报告为2011年中南民族大学中央高校基本业务费专项基金研究生资助项目结题成果。

是有目共睹，世界的农业生产已经步入规模化、集约化的生产模式，若是中国农民还是抱着旧观念不放的话，则难以适应现代化农业的发展。因此，以少数民族地区文化建设为契机，促进当地教育的发展，对村民进行现代农业生产的科技知识、管理知识和适应市场经济发展要求的经济知识，培养出适应现代化发展要求的新型农民。这样，就能以农民文化知识的提高为铺垫，促进少数民族地区经济的发展。

在当前形势下，恩施州委、州人民政府提出“建设民族文化大州”的战略构想，少数民族乡村文化建设迎来空前发展机遇。文化法规政策逐步完善，文化管理机构逐渐稳定，城乡文化站正在巩固恢复，基础设施建设正在按需配备，政府的经费逐年加大，文化年产值逐年提高，文化工作者创作热情日益高涨，城乡群众文化活动日益普及，文化市场发展日益繁荣。以文化促发展，兴民族促和谐。其构想有利于我省“两圈一带”战略的顺利实施、为我省构建中部崛起战略支点打下了坚实的基础。

鹤峰县为恩施土家族苗族自治州辖县。位于湖北省西南部，东、南邻湖南省石门、桑植两县，面积2892平方千米，总人口23万人。全县辖7乡2镇和一个副县级经济开发区，共计204个村，是一个富有民族传统教育的县。鹤峰县地处武陵山区腹部，是一以土家族和苗族为主少数民族县，总人口22.02万人，其中以土家族、苗族为主的少数民族人口占70.9%．1983年被定为苏区县，1986年、1994年两轮被定为国家级贫困县，1996年被定为湖北省12个特困县之一，2002年被定为国家新一轮扶贫开发工作重点县和国家首批星火西进科技示范县，是农业部8个定点扶贫县之一。因此，鹤峰县的地理位置、经济情况以及少数民族人数多的特点，决定了这里对于少数民族地区乡村文化建设的研究具有代表意义。

一、当地文化基础设施建设

（一）鹤峰县文化基础设施现状

文化基础设施建设，是一个地区文明程度的重要体现，是塑造城市形象，提升城市品位、体现人文精神的重要标志。健全的文化基础设施，对建设社会主义先进文化，培养和提高人民群众的文化道德素养，推进经济社会的全面进步以及加强未成年人思想道德建设都具有十分重要的意义。

鹤峰县是一个富有民族传统教育的县。全县103所中小学中，有农村寄宿制学校56所，其中，普通高中2所，中等职业技术学校1所，小学37所，初级中学7所，九年制学校9所（民办1所），约占全县农村中小学总数的54.4%；在全县33023名中小学生中，有寄读学生18492人，占全县农村中小学在校学生总数的63%．全县教职工1906人，另有“资教”、“特岗”教师217人。目前全县小学入学率达100%，初中毛入学率达96.3%；初等教育和初级中等教育完成率达到国家“普九”验收标准。并有县图书馆，博物馆以及46个文化站等基层文化设施。在一定程度上满足当地居民文化生活的需求。

（二）当地文化基础设施建设存在问题

虽然该县有一定数量的文化基础设施，但是许多文化设施已经老化，在该县所设立的文化站中达到省级要求的仅有4个。（见表1） 通过调研发现造成这种现象的主要原因一是认识不足，重视不够。一些基层干部思想上文化意识弱化，对文化建设在农村经济、社会和人的全面和谐发展中的重要地位和作用认识不足，工作摆不上位置。这是农村文化发展缓慢、不平衡的重要原因。二是欠账太多，投入不足。该县在资金投入上底子太薄，一下子很难根本改变农村文化事业基础薄弱的现状。目前农村文化建设投入主要以乡镇为主，而乡镇由于捉襟见肘的财力和抓经济的压力。三是队伍建设不力，文化人才匮乏。该县文化事业单位缺乏担纲专才，对全县文化不能很好发挥引领作用，对农村文化发展也关注较少；乡镇文化干部经常变动，业务难熟悉，能力提不高，工作应付的多；民间文化人才又主要集中在城区，农村百难挑一。人才匮乏是制约农村文化发展的重要因素。管理职能未转变。其中，该县博物馆虽然占地面积5000余平方米，陈列大楼建筑面积1420平方米，陈列厅面积800平方米。并有该馆现有馆藏文物1万余件（含古铜币），主要为县辖区内征集的历代传世文物、出土文物、古生物化石；第二次国内革命战争时期的革命文物；溇水流域考古发掘出土的文物等。其中以战国的虎钮錞于、清代的河图洛书砖图、容美土司官印、明清时代的“奉天诰命”碑刻、鹤峰县大道会革命军委状等文物最为珍贵。是恩施自治州研究容美土司历史和湘鄂边苏区革命斗争史最丰富的资料库等珍贵藏品，可是工作人员却只有5人，文物保管及防护能力令人担忧。

表 1　恩施州鹤峰县文化站质量统计

项目	个数	所占比例
非正式文化站数	41	89%
正式文化站数	5	10.6%
省级标准文化数	4	9.7%

针对这种现象，县相关部门应当加大县图书馆、文化馆、城区体育活动中心和乡镇为文体服务中心以及图书室的建设力度。完善文化馆建设。加县文化馆建设，解决设施陈旧、结构不合理、功能不完善等问题，完善其功能，充分发挥其作用。健全公共图书馆网络，把网络建设作为图书馆建设的重点，全面实施“文化信息资源共享工程”，加快图书馆信息建设，进一步加强公共图书馆基础设施建设，形成与高校、科研等系统图书馆的文献信息资源共享网络体系，加强文献信息综合服务，形成资源共享的公共图书馆网络。加强县博物馆建设，把县博物馆建成恩施州的知名文化品牌。建设好县国有博物馆，鼓励民办博物馆，各行业开办专题博物馆，做好文物保护工作。

二、当前鹤峰县文化事业发展状况

（一）鹤峰当前文化事业发展现状

目前，鹤峰共有专业艺术团 1 个，专业艺术从业人员 42 个，国家配备流动演出车 2 辆，年完成演出 121 场，实现演出收入 31.4 万元；中等专业艺术学校 1 所，每年培养毕业生 50 人；农村电影放映机 23 部，每年为基层群众放映电影 783 场，观看人次达 31 万；有县级文物所 1 个，县级博物馆 1 个，可开放的博物馆、纪念馆、文物保护单位共 3 处，文博管理人员和专业技术人员 11 人；民营演出机构 1 个，民营经营网吧 43 家、歌舞娱乐场所 11 家、音像制品零售出租 2 家、电子游戏厅 1 家，其他娱乐场所 12 家；民间职业剧团 26 人，国家、专业管理和技术人员共有 24 人，各运动项目裁判员（含社会体育指导员）55 人。

教育方面，全县 3—5 岁儿童应入园 5129 人，已入园（班）2266 人，入园（班）率达 44.18%；到目前为止，全县共有幼儿园 21 所，其中政府办幼儿园1所，小学附属办5所，民办幼儿园15所。全县1—6年级应入学11053人，已入学11053人，适龄儿童入学率达100%；小学毕业2581，升入本县初中2516人（不含到县外就读学生），六年级升七年级达97.48%，全县1—6年级年辍学为0人，辍学率为0%；7—9年级应入学7602人，在本县就读5905人，实际在本县就读人数8434人，毛入学率达110.94%，适龄少年入学率达97.3%,7—9年级年辍学69人，辍学率为0.81%;“三残”适龄儿童少年62人，在校就读55人，残少儿入学率达88.7%.为进一步巩固提高“普九”水平，通过“助、减、缓、免”等措施，加大了帮困保学力度。高中教育保持了较快发展势头。今年本县高中招生1619人，其中普高注册入学989人（计划招生900人），超额完成任务，职高注册入学630人，全县高中应入学5926人，在本县就读4147人，初中升学率达83.2%，高中阶段毛入学率达到77.2%，本年度高中辍学人数171人，辍学率为2.89%. 目前，我县学前教育及民办教育呈蓬勃发展态势。

以鹤峰县文化体育为主的部门在丰富群众文化生活的方面起到了积极的作用。为庆祝中国共产党成立90周年，举行“阳光少年热爱党”演讲大赛等庆祝活动，增加了少数民族地区人民对共产党的认识。为弘扬民族传统，积极参加土家健身摆手舞活动，丰富了百姓的业余文化生活，并在每年举办象棋比赛，篮球赛等群众活动。增强群众的身体素质。发展文化产业，繁荣文化市场，充分调动社会各方面力量参与农村文化建设，提供更多更好的文化产品和服务。大力发展先进文化，倡导科学、文明，克服愚昧、落后，促进农村物质文明、政治文明和精神文明协调发展。

（二）鹤峰目前文化事业发展存在的问题

根据调查，目前当地存在的主要问题：一是一些地方对基础文化设施建设重要性认识不足；二是基层文化基础设施陈旧落后；三是基层文化事业建设投入总量偏少；四是基层文化队伍青黄不接，专业人才匮乏；五是文化站（中心）编制、机构、活动阵地未完全落实，管理体制不顺。

经营性文化单位：一是设备陈旧落后；二是发展资源匮乏，遗留问题繁多；三是现有剧场的少量小型演出接待活动受到多个部门的收费项目限制，一些电影单位的生存几乎走投无路。

文艺表演团体：一是设施陈旧落后，已不适应人民群众日益提高的观赏要求；二是演员队伍青黄不接，青年演员严重缺乏，舞台演出效果难以有效保证；三是编剧、作曲等创作人才相继退休，缺乏一批有影响力、具有较强时代特征的优秀文艺作品。

三、鹤峰文化产业发展情况

文化产业一般是指从事文化产品生产和提供文化服务的经营性行业。文化产业发展至今，已经形成一个巨大的“产业群”，包括文化产品制造业、文化产品流通业和文化服务业。其中文化产品制造业根据现行国民经济行业分类标准，主要包括书刊印刷业、记录媒介的复制、文教体育用品的制造业、广播电视设备制造业、工艺美术制造业等。文化产品流通业主要包括文具用品批发业、工艺美术品批发业、图书报刊批发业、音像及电子出版批发、文化体育用品零售业、图书报刊零售业等。文化服务业专指专门从事文化工作的服务部门，主要包括互联网信息服务、广播电视传输服务、广告业、旅行社、旅游酒店、游览景区管理、摄影扩印服务、新闻出版业、新闻出版业、广播电视电影和音像业、动漫业、文化艺术业、体育、娱乐业等。文化产业作为文化与经济相互交融的集中体现，科技含量高，资源消耗低，环境污染少，发展潜力大，是调整经济结构和繁荣文化市场的着力点。

（一）鹤峰文化产业发展的局限性

从当前的情况看，由于历史，交通等原因。鹤峰的文化发展产业相对于发达地区而言还是有些滞后的，目前亟待解决的主要问题有：领导干部和群众对民族文化建设的重要性认识需要迅速提高，思想观念还需要进一步转变，文化产业发展的环境还需要更优化；文化产业的事业经费投入和基础设施建设严重不足，制约着文化产业的发展和产业后劲的形成；从事文化产业生产的专业技术和产业技术人才严重匮乏，新技术手段暂时没有形成；农村文化工作管理基础薄弱，无法形成农村文化产业带；老文化产业工艺技术又青黄不接，造成文化产业工艺流程技术的断代和失传；文化产业保护的法律地位和经济政策不确定，无法形成产业规模。

鹤峰州文化产业发展活力不足，分析其原因，可以概括为以下几点：

一是文化产业本体所占的区位优势和区间优势不足，在一定的区域内，不能形成独立的文化生产力。

鹤峰文化产业的直接受益群体应该是专业艺术团体、文化艺术博物馆、艺术站、艺术所以及学校，其次是新闻出版行业和其它门类。就新闻出版而言，因为地域，主要要是交通的劣势。恩施州获取不到强劲的区间和区位优势，自然难以形成文化产业区间气候，也就组织不了集团式的生产方式，无法形成文化产业规模。

二是体制改革落后，配套政策不完善。

县政府在财政支持、资产处置、授权经营、人员分流、社会保障、税收减免、工商登记等方面支持文化体制改革，促进文化产业发展的相关规定，但是，还没有制定出比较完善的促进文化体制改革的配套政策文件，关键的原因，在于财政支持、劳动人事、收入分配和社会保障机制方面迈不开大的步子。改革是对旧体制的涅槃，是要付出一定代价的，尤其是旧体制里将要退休和已不适应时代发展要求的人员的安置、改造，没有相当党员干部起带头示范作用，一定的政府买单是不可避免的。同时，政府对于文化行业改革的初期给予必要的优惠和扶持照顾是必不可少的。文化行业里的高级大锅饭制，如何打破？没有政治体制的深入改革，民主不充分而集中依然过分的民主政治环境，是不能够充分有效发挥广大群众的主人翁积极性、主动性和创造性的，竞争淘汰激励机制的建立仍然是一句空话。州政府指出，要抓好以经营性文化单位转企改制为重点，大力培育文化市场主体；以文化市场综合行政执法改革为重点，切实提高文化宏观管理能力；以创新公共文化服务机制为重点，全面加快公共文化服务体系建设；以项目建设为重点，带动文化产业快速发展；以创新投入机制为重点，加大对文化建设的投入力度。这对深化文化体制改革局推动性作用。总之，需要大力落实中央和省里的政策，切实保证为体制改革营造一个好的政策环境，用政策推动改革，以制度促进发展。

三是主产业文化产品建立目标尚待明确，文化产业发展的走势和方向尚不能定位。

由于地理环境的限制，恩施的文化产业发展受到一定影响。在我省高速公路发展“四横四纵一环”的主框架战略实施情况下，交通条件有了一定的改善，文化产业的发展走势和区位优势必定有全新的突破，向东向西发展甚至是向东向南发展都有了快车道优势，外部的文化元素很快就会随着高速公路和火车传递进来，为鹤峰州文化产业的跨越式发展提供了机遇。

（二）恩施州文化产业发展前景分析

一是国家加大文化建设事业投入力度，文化建设前景可观。

“十二五”期间，公共文化服务体系建设将以满足人民群众日益增长的精神文化需求为出发点和落脚点，按照体现公益性、基础性、均等性、便利性的要求，坚持理论建设和实践推动并重，坚持软、硬件建设并重，突出软件建设，加大投入力度，以基层建设为重点，以基础设施建设为依托，以提高公共文化服务能力为核心，以改革创新为动力，以重点文化惠民工程为抓手，以机制体制建设为保障，切实提高服务能力，提升均等化水平，争取到2015年基本建成公共文化服务体系，努力实现广覆盖、高效能、可持续，充分发挥社会教育功能，弘扬社会主义核心价值观，保障广大人民群众的基本文化权益。文化相关政策的出台给恩施州文化产业发展带来了契机，目前，恩施州文化事业“十二五”发展纲要已按照国家的发展要求制定，国家、省、州各级政府按照实施国家工程建设计划，加大对文化事业和文化产业的投入，例如，国家已经开始实施的新农村电影放映工程、信息资源共享工程、全民健身工程、农家书屋工程、第三次全国文化普查工程等均是该州目前文化建设的主要工程，这些工程的实施是推动我州文化建设和文化产业发展的首要前提，也为文化产业发展提供了广阔的空间。

二是地方政府的文化事业和文化产业发展目标确定，部门的建设规划明确。

县文化体育局建立富有活力的运行机制，构建繁荣有序的文化市场，开发整合民族文化资源，打造独具特色的民族文化精品，建设功能完善的民族文化设施，培养结构优化的优秀文化人才，培育竞争力的文化企业，逐步形成体质优良、制度完善、机构健全、阵地巩固、管理规范、艺术繁荣，各项文化事业全面发展的新局面。建立适应社会主义市场经济体制、面向国内外的文化产业运行机制，加大文化事业政府投入，提高文化产业增加值，每年以20%左右的速度增长，使文化事业的比重占全州国民生产总值的15%以上，把文化产业培育成为全州新的经济增长点和重要支柱。

三是发展文化产业的具体措施明晰。

州文化部门制定了加快文化事业和文化产业发展的相关措施，这些措施保障了各种文化建设工程的有效实施。体现在哲学社会科学上的理论普及研究、文化艺术繁荣、城乡文化建设加强、城市文化建设塑造、地域特色文化开发、文体公共市场加强、信息资源、网络、全民健身、农家书屋、新闻出版产业基础建设壮大。

四是我省建立中部崛起战略支点的实施。

中国中西部结合地带的区域位置、西部大开发政策的实施、武汉城市圈、鄂西生态旅游圈、长江经济带的“两圈一带”战略的实施、长江沿线铁路、安常铁路、沪蓉高速公路的开通以及“空中走廊”的形成，使鹤峰文化产品的需求和输出有了便捷的通道。

（三）鹤峰文化产业发展战略

1. 注重城乡公共文化建设

按照州政府“13311”城镇建设目标做好城市文化建设规划，结合鹤峰县的功能和定位，高注重保护自然人文景观、历史文物古迹、处理好城市现代化建设与保护民族历史文化特色的关系，打造文物品牌．充分利用现有文化资源，着力在城乡文化旅游基地上大做文章，打造民族文化品牌，建设个性鲜明的恩施州历史文化与自然文化景观。结合农村文明新农村建设，发掘和利用民族民间文化资源，积极创建“特色文化之乡”、“民族民间艺术之乡”，发展集镇“商贸旅游文化”、乡村“度假文化”，举办形式多样的农村文化活动。开展创建“文化先进乡镇”“科技文化带”、实现文化、科技、卫生“三下乡”活动，抓好文化扶贫工作，满足农村群众基本文化需求。

2. 繁荣文化艺术创作

遵循文学艺术创作规律和市场规律，以精神文明建设为龙头，精心打造文学艺术品，充分发挥各级文联及其所属协会和广大艺术家门的积极性，创作出一批在国内外影响深远的文学艺术精品。挖掘民族文化艺术瑰宝，积极推动民族歌舞、民族音乐、民族戏剧和民间文化遗产等传统项目的保护和发展。抓好专业剧团品牌剧的打造和文化演出市场的培植，恢复文化艺术展览馆，加强文化艺术创作人才及文化艺术作品在国际国内的影响，提高土家文化元素在外的知名度。

3. 全力打造新闻出版产业

以连锁经营为主要形式的图书批发经营市场，大力发展出版物连锁经营，初步建立出版物连锁经营网络，建立武陵边区图书批发交易市场，建立一村一个“农家书屋”的政府文化工程，颁发“农家书屋”图书零售出租许可证，使农村图书市场达到自主管理、自主经营、自我繁荣的社会效果。在实施现有报刊精品名牌战略的同时，增加报刊、电子出版单位种类，争取成立具有中西部结合地带区域优势的民族出版社、影像传媒、动漫制作等出版相关产业。发展现代产业结构的印刷复制业，建立合适恩施州国民经济和社会发展的新闻出版全新印刷产业带。配置数字印刷、激光印刷等新型印刷生产线，提高彩印生产能力，扩大新技术含量。

4. 全面推进广播电视事业发展

建成全程全县、乡、村贯通的网络系统，建立较为完善的营运体制，促进广播电视发展。实施广播电视精品工程。按照精办节目、精办栏目、精办频道的要求，着力办好新闻综合节目，在办好现有品牌栏目的基础上，力争推出 1 到 3 个体现本地特色的新品牌栏目。推进院线制建设，实现人力、物力和财力的优化组合，逐步向发行、放映一条龙拓展。鼓励农村多元化投资，激活电影市场，重点解决农民看电影难的问题。

5. 发展壮大文艺演出业

以全县艺术表演团体为文艺演出主力队伍．形成良好的市场运行机制，通过举办大型节庆文化活动，推出一批展示时代风貌、体现鹤峰特色的文艺精品节目走向市场，积极发挥表演团体、艺术表演场所和演出中介机构的作用，拓展演出市场．重点扶持文化品位高、有特色、大众化的歌舞娱乐节目；积极发展面向全民、健康有益的文化娱乐活动；大胆引进思想健康、科技文化含量高的国外现代文化娱乐项目；开发新的民族文化体育娱乐项目，建立高品位、群众自娱自乐性强的文化娱乐活动场所。

四、鹤峰当前传统文化的发展状况

少数民族传统文化是指以中华文化为源头的、当地少数民族共同创造的、长期历史发展所积淀的文化，是指一个民族在长期的历史发展中共同创造并赖以生存的一切文明成果。它强调的是文化的本源和沿着这个本源传承下来的全部文化遗产，是迄今为止中华民族经过筛选、淘汰，不断丰富又不断发展的人文精神的总和。民族文化是一个不以时代划分的、动态的和发展的历史范畴。对于鹤峰地区而言，由于受到土家族和汉族的文化融合，其当地传统文化的特点也十分鲜明。

（一）当地少数民族传统文化发展现状

由于土家族是宗族高过民族，所以在鹤峰地区各姓宗室目前仍然聚合相保以确保其在社会中的优势地位，在家族的基础上组建传统社会。农业社区的权威是乡老，是有威望的各族长老。乡老配合政府，联合控制基层社区，维护现有的社会秩序和社区的稳定及安全。正是这种社区形式孕育了鹤峰文化的繁荣。由于世代承袭，形成了很多不成文的村规村约，比如吃团年饭时不能打破碗，如有发现便要注意人口损破。不能泡汤饭和喝汤，因为汤是水，如果渴了汤水除上来年种田下地怕碰到雨天。有些菜不上桌子，如腊月三十吃鸡蛋背果果儿时，三十吃挂面，背时不脱欠，三十吃圆子，背磨磨儿时。要说吉利话，不打小娃，如打小娃，叫封印……大家都自觉遵守，村寨用水有用水村约，本村人受到外来欺负，全村人要齐心协力捍卫本村利益，也有村约。在农事生产上，当地的村约还相当严格，山寨村民如果发生纠纷，大部分一般由族长进行调解、裁决。在这种传统的农业村落里，村民往往是同一个宗族的，紧密的血缘关系和宗族观念使村民的向心意识更强，和善于内而强横于外。土家人的生活大部分局限的两层社会之中，家庭是私人领域，社区是公共领域。对青少年族人的教育也是在社区中完成的，它包括家庭教育和社区教育两部分，它们衔接非常紧密。在集体的祭祀活动中，村民把自己纳入共同的文化角色中去把握本族传统文化的精神。摆手舞作为祭祀土王或先祖八神所跳的大型民族舞蹈就是在村寨这个层面上进行的，到每年农历暮春的摆手节和春节，当地村民就汇集到摆手堂跳起欢快的摆手舞。社区通过这种活动形式加强村民对传统文化、对家族历史的认同，由此可见这种结构有利于内生文化的发育和传统文化的濡化。同时土家传统农业承载的是回顾性文化，它非常注重家族历史，尊祖重道，传统气息浓重，它要求年轻一辈服从长辈的经验。这种保守的社会秩序造就的是淳朴温良的下一代，往往也是因循守旧的下一代。这种内聚力很强的村落往往仍整体的身份作为社会的基本组成单元，一方面它通过村约族规约束村民的行为，调节内部矛盾，保证在各种危机下顺利采取统一的行动渡过难关；一方面它作为一个外婚单元与周围村落联姻，并在集市上与周围村落交易产品，建立一定友好联系，这种由在婚姻、商贸关系联系的村落群就构成当地传统社会基本框架。

（二）传统文化发展问题原因分析

随着当地经济的发展以及电视、电脑的普及，鹤峰的信息水平也在不断提高，当地居民受汉族文化影响程度越来越大，特别是年轻人的观念在逐渐转变，对待传统习俗的重视和理解已经逐渐的淡化。比如在婚姻方面，原来土家族青年以歌择友，姑娘则用哭嫁的方式来表达对父母养育之恩的感激，对姐妹同床之情的怀念，对丈夫缠绵爱情的向往和寄托，姑娘唱个十天半月不在话下，其词优美到听者无不为之动情。随着现代文化，尤其是汉文化和西方宗教文化的入侵，越来越多的土家族人放弃学习土家文化，加之人口外流导致这种文化无人继承，现在偶尔听到几句肯定是天籁。更值得重视的现象是由于民族地区经济发展由于多种因素的制约长期处于相对落后状态，地方财力十分薄弱，基本上是吃饭财政，对少数民族文化的保护难以建立正常的投入机制和保障机制，导致许多保护规划和发展规划无法落实。同时，少数民族文化建设的专业人才、管理人才和经营人才严重缺乏，青黄不接，从事并热爱少数民族文化保护与开发利用工作的专业人才寥寥无几。而少数民族文化特别是非物质文化遗产传承人多数是老年人，年轻人对传承少数民族文化遗产不感兴趣，后起的传承人断层，导致许多种类的少数民族传统文化面临失传与灭绝的危险。

究其中断原因，第一，政府虽然重视这种文化，但没有出台具体的措施和对策来延续这种文化，导致文化传承前后脱节。虽然国家对少数民族文化制定和实施了相应的政策和措施。这些政策起到了部分作用，但落实到具体情况，政府并没有做出细致的规定来特殊保护土家族文化；第二，政府没有把这种文化跟教育相结合，进而青年人从小就淡化这种文化；第三，为抢救发掘和作为历史鉴证，大多把这种文化保留在图书馆、博物馆；第四，重视的时间较晚，在成立相关机构保护这种文化的时候，这种文化就已经中断。例如：为响应国家政策，满足市场需求，少数民族团才在 20 世纪末成立。文化大革命以后，1980 年鹤峰土家族自治县的城市才宣告成立。

五、鹤峰县乡村文化建设发展的对策和建议

人类社会发展的基本规律是经济基础决定上层建筑的辩证关系原理。但是，马克思主义的创始人又指出经济因素仅仅是社会发展变迁的一个方面，而不是全部。恩格斯指出："如果有人在这里加以歪曲，说经济因素是唯一决定性的因素，那么他就是把这个命题变成毫无内容的、抽象的、荒诞无稽的空话。"从这个方面来讲，当前中国进行现代化建设，不能仅仅抓住农村经济建设，而要农村社会全面发展，尤其是农村文化建设更是不可忽视的重要方面。鹤峰自古以来就是一个依靠农业和氏族维系的社会，几千年以来的小农经济生产方式对当地村民思想的影响是巨大的。封建主义影响也是很深刻的，腐朽的封建主义思想对农民的影响仍然存在。农村社会中相信迷信，不信科学的现象仍然存在，对于红白喜事大操大办，赌博之风盛行，这些都极大阻碍了农村社会的发展。所以，当前加强乡村文化建设，消除农村社会中的不良习俗和风气，提高农民素质具有客观必要性。

当前，乡村文化建设的重点是要摆脱以前进行文化建设的路径依赖，在新的时代背景下，重新思考乡村文化建设的路径。少数民族地区的乡村文化建设应融入到社会主义新农村建设之中，与当地的政治、经济、生态发展同步进行，把少数民族地区农村社会建设成为"生产发展、生活宽裕、乡风文明、村容整洁、管理民主"的社会主义新农村。

（一）提高农民的综合素质

农民是社会主义新农村建设的主体，农民科技文化素质的高低直接关系到乡村的经济发展水平，直接关系到我国的社会主义现代化建设能否顺利进行。农民科学文化素质的提高是决定农业和农村经济顺利发展的重要因素。提高农民的整体素质，培养有文化、懂技术、会经营的新型农民，可以为社会主义新农村建设提供强大的精神动力和智力支持，推动乡村社会的全面发展。

一是加强少数民族地区农民的思想道德素质教育。一般认为，少数民族地区农民较为传统、封闭，不愿意接受新事物。当前乡村文化建设的重点是提供给农民学习的环境和机会。要重视农民的实际需求，给农民提供学习科学技术的机会，促使农民由传统型向现代型转变。第一，加强少数

民族地区农民的思想理论教育。加强乡村文化建设，提高农民的整体素质，必须要加强农民的思想理论教育。乡村文化建设要坚持用马克思列宁主义、毛泽东思想、邓小平理论和“三个代表”重要思想教育农民，不断提高农民的马克思主义理论水平。在乡村社会加强图书、报刊、广播、电视、互联网等媒体对党的基本理论和重大理论创新成果的宣传，组织专业人员编写农民易于理解的通俗理论读物，回答乡村干部和农民群众关心的热点难点问题。加强宣传教育，注重提高农民的合作、互助精神，提高农民的主体意识。国家要首先对乡村社会的指导者进行培训，让乡村社会的指导者起到领导农民的带头人作用，以身作则引导农民提高自身的合作、互助精神。第二，加强农民的社会主义思想道德建设。要着眼于提升农民的思想道德素质、促进农民的全面发展。在少数民族地区乡村社会全面落实《公民道德建设实施纲要》，实施公民道德建设工程，把家庭教育、学校教育、单位教育和社会教育紧密结合起来，以社会公德、职业道德、家庭美德为着力点，大力倡导爱国守法、明礼诚信、团结友善、勤俭自强、敬业奉献的基本道德规范。对农民进行爱国主义、集体主义、社会主义教育，改革开放和现代化建设成就教育，引导农民群众树立正确观、人生观、价值观。积极探索新形势下少数民族地区乡村社会道德建设的特点和规律，创新乡村社会道德建设的形式、内容、手段，增强乡村道德建设工作的针对性、实效性和吸引力、感染力，不断增强农民的道德素质。坚持教育与实践相结合，在少数民族地区乡村社会践行社会主义荣辱观，开展多种形式的学习实践社会主义荣辱观的实践活动，切实解决农民文明习惯和乡村社会风气中存在的突出问题，推动形成知荣辱、讲正气、树新风、促和谐的社会主义新农村文明风尚。

二是加强乡村教育事业的发展。当前建设社会主义新农村，推动乡村社会经济的发展，不但要加强农民的思想道德建设，而且要加强乡村教育事业的发展，提高农民的科学文化素质。第一，要加强乡村社会的九年义务教育，保证乡村社会适龄儿童的入学率，保证乡村社会的孩子都有接受教育的机会。要进一步巩固和完善“以县为主”的农村义务教育管理新体制，建立健全农村义务教育经费投入机制，深化农村义务教育经费保障机制的改革。按照“明确分级责任、中央地方共担、加大财政投入、提高保障水平、分步组织实施”的基本原则，逐步建立中央和地方分项目、按比例分担的义务教育经费保障机制。在农村义务教育经费保障机制中，中央财政负责宏观政策的制定以及给予贫困地区资金支持；省级政府统筹确定省及省以下各级政府的经费分担责任，合理安排中央财政的转移支付资金；县级政府要按照省级政府确定的比例承担经费，在此基础上县级政府要多渠道融合资金，提高资金使用率，优化农村义务教育资源配置。第二，要加强乡村社会的职业技术教育，推动职业技术教育向乡村纵深延伸。当前乡村社会结构中分化出两个主要阶层：农民劳动者和外出务工农民。通过乡村职业教育，开发农村的人力资源。通过职业教育和技能培训，使走出去的农民劳动力有较强的务工技能，留下来的农村劳动力能掌握先进的农业技术，增强农民适应工业化、城镇化和农业现代化的能力。地方政府要构建符合乡村实际的职业教育体系，学历教育和职业培训相结合，学习形式灵活多样，多方面保证农民能够多渠道接受职业技术教育的机会。职业学校必须面向市场，以就业为导向，服务“三农”，提高教育教学质量，突出职业教育的办学特色，增强自身的吸引力。第三，加大乡村教师队伍的建设力度。一是国家应建立中央财政和地方财政的联动机制，确保农村中小学教师工资能够按照规定的标准及时、足额发放。二是县级政府应合理配置城乡教育资源，通过建立城乡学校对口支援等措施促使更多优质的教育资源流向农村，保证农村中小学教师能够及时了解外来信息；各级政府还应组织好农村教师的培训工作，通过多种途径提高农村教师的整体素质。三是国家应出台相关的优惠政策，吸引更多的师范毕业生和社会上具有教师资格的人才到乡村任教，提高乡村教师的整体水平。国家还应积极组织开展乡村文化服务活动，鼓励大学生深入到乡村从事教育工作，确保乡村文化服务活动的顺利开展。

（二）开展乡村社区文化建设

当前乡村文化建设的目的就是为了满足人民群众的精神文化需求，从而达到人的素质的全面提高。随着乡村社会中人民物质文化生活水平和受教育程度的不断提高，群众已不再满足于被动地接受文化，单纯地欣赏文化，而是要求主动参与各种文化形式的实践。为了满足群众这种文化参与需求，这就需要加强乡村文化建设的载体——乡村社区文化建设。社区文化建设是一项复杂的工程，它包括社区的休闲文化、体育文化、科教文化、道德文化、生态文化、网络文化等。精神文化是社区文化的核心，其主要表现为社区成员的道德观和价值观。

一是加快乡村文化基础设施建设通过加强乡少数民族地区村文化基础设

施建设，缩小城乡在基础设施方面的差距，形成乡村社区文化发展的长效机制。第一，加强少数民族地区乡村教育基础设施建设，改善乡村教育条件。一是要增加全国农村义务教育阶段中小学校舍维修改造资金，加快农村中小学校舍改造。二是国家要增加资金支持少数民族地区农村中小学现代远程教育基础设施建设。三是要加强少数民族地区农民培训基础设施建设。国家要加大对乡村职业教育的投资，帮助其改善办学条件，形成一批职业教育骨干基地和农民培训基地。第二，加强少数民族地区基层文化馆、图书馆的建设。国家要继续增加对乡村文化基础设施的投资，坚持以政府为主导，以乡镇为依托，以村为重点，以农户为对象，发展县、乡镇、村文化设施和文化活动场所，构建乡村公共文化服务网络。第三，加强少数民族地区乡村信息服务设施建设，提升乡村信息服务能力。要加快建设“三电合一”的农业综合信息服务平台。充分利用无线、卫星、有线、微波等多种手段，为广大农村地区提供套数更多、质量更好的广播电视节目，全面实现20户以上已通电自然村通广播电视。在加强乡村信息服务设施方面，一方面要考虑到少数民族地区农民的经济能力、文化程度和实际需求状况，实现农业信息服务方式的多元化发展，提供给农民能接受的信息服务方式；同时要协调各方农业信息服务资源，通过整合向农民提供高度实用的信息内容，充分发挥政府在农业信息化中的资源支持作用。另一方面，各级政府也要探索适合少数民族地区农业信息化发展的合理的商业模式。农业信息资源的开发，不仅能够产生巨大的社会效益，而且能够产生巨大的经济效益。以商业化的手段来运营农业信息服务，通过引入专业公司，建立完善的信息采集指标体系，开发通用的信息采集软件，推行统一的数据标准，全面提升农业系统信息资源开发水平，满足农民多方面的信息需求。

二是加强少数民族地区乡村文化软件建设。繁荣社会主义乡村文化事业，开展乡村社区文化建设，最主要的是要有一支素质较高的乡村文化工作队伍。当前，少数民族地区乡村文化工作队伍人才缺乏、队伍总体素质不高，已经影响了乡村文化建设事业的发展。所以，我们要根据新形势下乡村文化工作的新要求、新情况，采取措施保证少数民族地区乡村文化工作队伍人员的素质。第一，进行乡村文化事业单位人事制度改革，建立完善的文化事业单位人员的任用制度。乡村文化事业单位在机构改革中要逐步建立和完善能上能下、能进能出的用人机制和科学合理的人事管理制度。根据当前实际情况，乡村文化事业单位要逐步采取单位人员聘任制度和岗位管理制度，保证不同类型的优秀文化工作人员都能脱颖而出，提高乡村文化工作队伍的整体素质。第二，重视乡村文化艺术人才的规划、培训和开发工作。鼓励和支持优秀文艺人才通过竞争进入关键岗位。努力改善乡村文化艺术人才的工作和生活条件，为中青年优秀人才进修深造和参加各种地区间和国际间文化交流活动创造条件。采取必要措施，吸引、鼓励优秀文化艺术人才到基层文化机构工作。加快建设文化艺术人才社会化服务体系，积极培育乡村文化艺术人才市场，通过建立文化艺术人才库、推行文化艺术人才网络化管理等手段，促进人才资源合理配置和有序流动。乡村社会中有大量有独特手艺的民间文化艺人，要尽量吸收他们到乡村文化工作队伍中来。这样不仅能够保证民间文化的传承性，而且能够充分发挥民间优秀文化资源的作用。

三是开展丰富多彩的少数民族地区乡村社区文化活动。丰富多彩、形式多样的乡村社区文化活动是乡村文化繁荣的重要标志。乡村居民要利用现有的街道文化活动中心、文化活动室、文化广场等现有设施，组织开展丰富多彩的乡村社区文化活动。第一，开展多种形式的群众文化活动。群众文化活动要坚持文化大众化的方向，以满足少数民族地区乡村广大农民群众多样化的文化需求为目标，充分利用乡村的各种文化资源，为农民提供更多、更优质的文化产品和服务。乡村文化活动要贴近群众生产生活实际，坚持业余自愿、形式多样、健康有益、便捷长效的原则，丰富和活跃农民群众精神文化生活。乡村文化活动要广泛发动和组织农民群众参与到各项文化活动中来，把重大节庆文化和日常文化活动结合起来，组织花会、灯会、赛歌会、文艺演出、劳动技能比赛等农民喜闻乐见的文化活动，让农民在休闲娱乐中受到教育、受到启发。乡村文化建设还应紧密结合农民脱贫致富的需求，组织科技文化工作者下乡，服务“三农”，为农民送去先进实用的农业科技知识，宣传普及卫生保健常识。群众文化活动应积极引导广大农民群众学文化、学技能，提高农民的思想道德水平和科学文化素质，形成文明健康的生活方式和社会风尚。加强乡村文化建设，应积极创新新农村文化活动的新形式，从农民实际出发，构建社会主义新农村的文化基础。第二，充分利用乡村传统文化资源，发展乡村民俗文化。乡村文化建设要积极发展具有民族传统和地域特色的剪纸、绘画、雕刻、编织等民间工艺项目，摆手舞等民间艺术和民俗表演项目，逐步建立科学有效的民族民间文化遗产传承机制。这些优秀的民间文化对于繁荣乡村文化市场、丰富乡村文化内容，丰富农民的精神文化生活具有重要的意义。在传承文化资源的同时，充分利用民间艺术资源，实施特色文化品牌战略，建立具有地方特色的文化村落，发展、创新民间文化资源，推动乡村文化建设。

（三）加强政府领导和民众助推，深化文化体制改革，解放和发展文化生产力

发展新兴文化产业对地域的经济发展、人才储备、产业结构、资源的配置、民主政治建设以及政府机构改革都提出很高的要求，鹤峰目前产业结构中服务业所占的比例还不足以较快地满足发展新兴文化产业的需要。

一是要积极发挥当地政府牵头的合力作用，需要依靠政府的正确宏观领导、理念的开拓创新、激励政策的有力扶持。首先转变政府职能，整合政府文管机构，形成类似于发展改革委员会的文化产业局，使得政企分开、政事分开，依法管理，逐步实现由“办”向“管”，由管微观向管宏观，由主要管理直属单位向管理全社会的转变。其次大力发展公益性文化事业，树立公共文化服务观念，引入竞争和激励机制，深化内部改革，采用全员聘用、岗位工资、业绩考核、项目负责等办法，增强单位活力，提高服务质量。对博物馆、图书馆、文化馆等公益性文化事业单位，要按照增加投入、转换机制、增强活力、改善服务的要求，进一步深化内部制度改革，关键是解决用人机制和分配机制上的“大锅饭”形象，做到人员能进能出，职务能上能下，待遇能高能低。在人事制度改革上，全面推行聘用制度和岗位管理制度，对领导班子实行聘任制度，中层干部全部竞争上岗，工作人员实行双向选择。在分配制度上，实行按岗位、任务和业绩定酬的分配方法，建立重实绩、重贡献的收入分配激励机制。一个良好的有利于权、责、利协调处理的体制改革，可以充分发挥人的主观积极能动性，自觉形成终身学习型社会。

二是要加快改革配套政策的制定，营造良好的政策环境。要尽快出台支持少数民族地区文化体制改革和文化事业文化产业发展的系列配套政策，保证人事、劳动、财政、国资、工商、税务、土地等各方面的政策落到实处。在财政方面。要进一步加大财政对改革成本的支付力度，设立文化体制改革专项资金，拿出必要资金用于改革中人员分流安置，确保改革中人员平稳过渡。在税收政策方面。继续贯彻落实中央、国务院关于文化

体制改革中经营性文化事业单位转制后的有关财税、税收等优惠政策，尽快出台相关细则。在土地处置方面。文化单位改制中，对土地处置的方式要以有利于单位改制出发，土地处置所得收益应用于单位改革和改制后企业的发展。在工商登记方面。凡国家没有明令禁止外商投资企业进入的文化产业，一律对境外客商开放。同时，放宽注册登记条件。加大改革政策的宣传力度，让每一位参与改革的职工都了解、掌握改革政策，让每一家企业都了解、掌握支持发展的扶持政策，使政府的推动变为文化企业和广大文化工作者的自觉行动。

三是要坚持以质优价廉的大众消费为主，发展多层次文化产业，繁荣文化市场。今天的恩施正处在实现跨越发展的关键时刻，要想做好历史文化与经济发展结合大文章，就需要依据郑州的现实将文化与经济、科技发展更好地融合起来。前期以政府扶持和引导为主，后期宏观调控，政策指导，建立文化产业企业的现代企业制度为主。首先，依据国情民力，适度发展休闲娱乐文化，用以调节现代人们工作过程中的枯燥单调，缓解人们工作过程中的紧张压力。其次，重点关注积极健康、助人全面发展、有力推动社会共同进步的社会主义现代文化。文化活动和人们的生活方式、生产方式及生活环境有密切联系。坚持以质优价廉的大众消费为主，发展多层次文化产业，灵活对待不同消费群体，积极提升鹤峰县居民的文化品位。目前市民的文化消费主要集中在能力培养、学历考试、才艺培训、能力拓展等方面，带有明显的实用性、目的性和功利性，即“以教育为中心，以就业为目的”；其次更加关注自身及家人的健康问题，医疗改革问题，养老社会保障问题，尤其是中老年人，对健康的投资在文化消费中占有相当的比重，对子女的才艺教育投资在文化消费中占据较大的份额。因此，我们必须关注文化市场多层次、多样化的发展态势，把文化消费市场划分为高端、大众两个层次，以满足不同群体的不同需要。针对居民在本省等范围内的文化旅游活动，继续扩大办年证的力度，采取一票通的方式，降低文化消费门槛，满足居民文化消费需求，普及大众历史文化知识，提高群众整体文化素质，促进文化惠民政策落实。

四是要大力推进文化领域所有制结构调整，着力培育具有核心竞争力的市场主体。一是整合文化资源，培育一批骨干龙头企业和综合性文化市场主体。以资本为纽带，以体制创新为动力，打破地区、行业、部门的界限，通过联合、兼并、重组和股份制改造等方式，培育发展一批核心竞争力强的跨行业、跨区域的大型文化企业，提高文化产业规模化、集约化经营水平。同时，对国有文化企业单位要尽快完善公司治理结构，建立现代企业制度，促进经营机制创新。二是鼓励、支持和引导非公有资本以多种形式进步文化产业领域，形成以公有制为主体、多种所有制共同发展的文化产业格局。鼓励民营文化企业提升核心竞争力，形成品牌特色，扩大我市文化产品对外影响力。三是进一步培育和完善文化市场体系。要在培育和发展文化产品市场、文化要素市场、文化人才市场、文化资本市场和文化中介组织上下功夫，形成完善的文化市场体系，形成文化商品的大流通，引导文化产品的生产，促进文化消费市场的发展。

（张　燚　李宏博　符　俊　李夏涵）

报告九

现代化进程中土家族青年女性婚姻观念转变的影响因素[1]

——以湖南省永顺县为例

婚姻是最基本的社会关系，是社会为维持正常的社会生活所作出的关于男女匹配的制度化安排，因而婚姻制度集中体现了民族文化，土家族独特的婚姻观念和模式正是鲜明的民族特征的表现。同时，婚姻的核心是以男女两性的爱与性为纽带，集中体现了两性的关系，因而婚姻之于女性，也只有从婚姻能够最大限度地反映女性整个生活面貌。当代土家族女性婚姻的变迁，既能细致展现土家族社会的当代变化，又能充分反映土家族女性对这一变化的适应状态。

永顺县隶属湖南省湘西土家族苗族自治州，是土家族的发源地及历史上土家王朝——老司城的所在地。人口绝大部分是土家族后裔，有着其独特的“巴人文化”。永顺县位于湘西州北部偏西。东邻张家界市永定区，西接龙山、保靖，北近桑植，南连古丈，东南与怀化沅陵相依。东经109°35′～110° 23′、北纬28° 42′～29° 27′。从东沿的锅姥峰至西沿的万云山顶，宽78公里，南面自罗依溪酉水大桥头至北面喇叭界，长81公里。总面积3,808.1平方公里。其中耕地面积27.57千公顷（1995年末），含水田20.87千公顷，旱地6.70千公顷。1995年末总人口11.69万户、461,650人，其中农业户10.06万户、414,046人。总人口中土家族274,634人，苗族54,510人，回族1,169人，瑶族318人，白族156人，其他民族193人。土家族占总人口的59%. 1949年中华人民共和国成立以后，各族人民自力更生，

[1] 本报告为2010年中南民族大学中央高校基本业务费专项基金研究生资助项目结题成果。

艰苦奋斗，努力建设，逐步改变了一穷二白的落后面貌，经济和社会各项事业都得到了较快的发展。因此，永顺县的地理位置、经济情况以及少数民族人数多的特点，决定了这里对于少数民族地区土家族青年女性婚姻观念转变的影响因素的研究具有代表意义。

现代化就是自工业革命以来，人类由传统农业社会向现代工业社会转变的过程，表现为在工业化及其所创造的现代生产力的巨大推动下，人类政治、经济、思想、文化等领域发生了深刻的变革。“中国土家族社会也发生了结构性变迁或转型，这已由所有制结构、行业结构、职业结构、地域结构、性别结构、收入分层结构、权力分层结构、年龄分层结构、教育分层结构、声望分层结构等一系列结构参数的变动得到说明 。”[1] 随着土家族现代化的不断推进，土家族青年女性婚姻观念发生了一些变化，逐渐发生了偏离民族传统、趋向现代化的巨大转变。

一、现代化进程中土家族青年女性婚姻观念转变的具体表现

本次调查我们在永顺县选取几个土家族聚集的地方为调查对象，共发下调查问卷 300 份，收回问卷 268 份，回收占比 89%，其中有效问卷 254 份，占下发问卷 84.6%，占回收问卷 94.7%. 其中，未婚 124 人，已婚 131 人。通过这些调查报告，分析出现代化进程中土家族青年女性婚姻观念发生以下具体变化：

（一）土家族青年女性婚姻自主权利的上升

在清雍正“改土归流”之前，土家族青年男女的婚姻是比较自由的，《永顺县志》中有“土民以歌声为奸淫之媒”之说，正好反映了土家族青年男女以唱山歌、吹木叶自由恋爱的情景。[2]“以歌为媒”是土家族婚姻习俗的鲜明特征，并在很长的时间内发挥着主导作用，这种恋爱习俗甚至渗透到了改土归流以后青年男女的择偶行为。此外，还经历了集体化年代的“父母做主，本人同意”、改革开放初期“本人做主，父母同意”和市场经济时期“自由恋爱”的择偶模式。经历了一个漫长的变化过程，选择权由父母转至结婚当事人。在这个过程中，女性自主选择权的确定，更是代表了女性地位的变化。由此可见，

[1] 柏贵喜：《当代土家族社会结构的变迁》[J].《民族研究》，2001，6.

[2] 永顺县志编纂委员会编：《永顺县志》[M].长沙：湖南出版社1995年版。

现代土家族人的婚姻自由不是简单的婚俗的回归，而是现代的转变。

在我们访谈中，发现多数青年女性选择自由恋爱，反对父母干预婚姻自由甚至包办婚姻。从择偶方式未来趋势看，自由恋爱无疑是大多数土家族年轻人的首选方式，我们对未恋爱对象者的择偶期望进行调查，78 % 的人回答期望通过“自由恋爱”选择配偶，而很少人选择“媒人介绍，父母决定”。其中，有一些“80 后”、“90 后”的土家族青年女性却是完全自主，她们敢想敢做，结婚对她们来说是“私事”，与父母无关，甚至有些人在结婚时双方父母都完全不知情，这种态度常常令父母无法接受，但是她们自己却觉得很坦然。此外，在外出打工者和留守乡村的青年女性在择偶观念及模式上表现出一个明显的区别：外出打工者大多推崇自由恋爱，留守者倾向于选择型婚姻，但其中也增加了自由恋爱的因子。从中可以看出这两类人群的区别反映出土家族青年女性接受现代化的程度受到了不同场景的影响。

表 1　土家族青年女性择偶方式

	父母做主	自由恋爱	经人介绍	其他
回答人数	10	198	41	5
百分比	4%	78%	16%	2%

（二）择偶标准：多元化的形成

择偶标准是结婚当事人选择结婚对象的条件和要求。在集体化年代，家庭成分是女性择偶的重要因素之一。在那种特殊的政治气氛中，很多地主家的子女无法找到与自己条件相当的配偶。她们择偶还非常重视对方是否“忠厚老实”，由于山区农业需要体力的投入，她们提出了“身体好”的要求。改革开放初期，家庭成分已不再是衡量人的重要标准；对家庭经济条件提出了一定的要求，这主要是随着联产承包责任制的推行，一些人抓着改革开放的机遇，从而拉开了贫富差距；对知识能力的看重，可以说，她们把上学时间的长短、能力高低、有无手艺作为择偶的重要标准；对地理环境有了新的要求，在同类自然资源中寻求具有比较优势的地理条件。市场经济体制时期，伴随着婚姻自主性的增加，女性择偶的自由度越来越高，其择偶标准呈现出多元化的趋势。

表 2 择偶主要是因为对方什么时 （可多选）（N=628）

	情感	外貌	家庭经济条件	才华能力	孝顺	地理
回答人数	220	13	157	157	31	50
百分比	35%	2%	25%	25%	5%	8%

一是土家族青年女性侧重情感的35%，感情因素被提到了很重要的位置。二是对学历、能力提出了新的要求。备受她们长辈青睐的“忠厚老实”、“靠得住”等品行，已不再被她们提及，她们更多地将关注投入到对能力的考察上，而对能力的理解有了新的内容。（详见个案一）三是家庭经济条件受到强调。在市场经济时代，对家庭经济条件提出了具体的要求。如新修的房子、存款、没人分家产、父母能干是这一时期女性对男方家庭条件的要求。四是现代家庭一般都是独生子女，老年人问题再次被提升为人们婚姻生活的重要位置，因而“孝顺父母”成为大多数人的择偶标准，这说明传统美德仍是她们择偶的重要条件。五是对地理环境有了明确的要求。在调查中，有一部分人明确表示通过婚姻选择更好的地理环境的期望，即选择比本地好的地理环境成为择偶的要件。可见她们在社会上独立之后，追求个人幸福时根本上不再受金钱的左右，更强调对恋人的那种特殊感觉，并按照理想方式来处理自己的爱情，安排自己的人生的道路，以期达到完美人性的实现。

（三）生育观和离婚观、再婚观的现代化

生育观。就土家族青年女性而言，生育依然被看作是一种传宗接代的重要责任，是对长辈尽孝道的一种道德行为。在社会现代化进程中，土家族青年女性的生育观念也发生了变化：已由过去的早生、多生的生育观演变为如今的提高生育质量、少生、优生优育，生男生女都一样，提高人口素质的现代型生育观。在调查中，有一些明确表示选择不生孩子，她们当中不少人与传统女性持有迥然不同的生育观，在认为自己生活得还不够好时，她们决不会要孩子。生育行为的变迁给家庭带来的最大变化就是家庭子女数的急剧下降。反映在家庭子女构成上，则是独子家庭增多，这可能会影响到今后家庭结构及家庭养老功能的变化。

表 3 对生养孩子的看法

家庭中几个孩子才算理想?	1 个	2 个	3 个以上	不要孩子
	80%	13%	2%	5%

离婚、再婚观念。当代土家族婚姻变化的一个重要特点是离婚率的提高。“2000 年土家族 15 岁以上人口离婚率比 1990 年提高 0.24 个百分点，但低于全国总人口 0.17 个百分点。土家族人口离婚率增幅，性别差异较大。1990—2000 年，男性增 0.33 个百分点，女性增 0.16 个百分点，男性是女性的两倍多。离婚比例增大，但低于全国总人口的比例。”[1]

表 4 你离婚的主要原因是 （N=25 人）

	情感不合	家庭暴力	婚外恋	其它
回答人数	11	4	5	5
百分比	44%	15%	22%	19%

市场经济激发出来的主体意识和自主精神，使人们越来越注重个人在婚姻中的感受以及婚姻对个人的价值，使得在现代化进程中，土家族青年女性的离婚观念发生了重要变化，离婚率呈逐年上升的趋势。在传统观念中夫妻离婚被认为是可耻的、不道德、不光彩的事。但是随着社会价值观的多元化，以及法律对离婚条件限制的减少以及社会宽容度的增加，道德价值不再是评价婚姻质量的重要标准，离婚的女性不会被认为是有污点的人，爱情如果已经死亡，那么家庭也会随之解体，离婚已经逐渐被看成是个人的“私事”。与离婚对应的是再婚，这是保持社会和谐与稳定的必然趋势。在现代社会中，由于离婚自由度的增加，再婚也被认为是理所当然的事情。特别是“80 后”的女性对于婚姻质量的高标准要求，决定了她们对于再婚也会持有更加宽容的态度，如个案四。

表 5 对离婚的看法统计表

	是件很不光彩的事情	不是件光彩的事情	是个人私事	不是件好事	对孩子负责，不应离婚	未回答
回答人数	76	25	140	5	5	3
百分比	30%	10%	55%	2%	2%	1%

[1] 《中国1990 年人口普查资料》和《中国2000 年人口普查资料》编制。

（四）婚仪由繁琐走向简约化新潮化

土家族婚仪是汉族婚仪土家化的产物。土家族传统的婚姻仪礼相当繁褥，虽无“六礼”之名，必备“六礼”之仪。萧洪恩将土家族婚仪概括为83个环节，其中某些环节还包括了若干子程序，主要包括三个阶段：即订婚前的媒探礼仪、订婚后的促婚备婚礼仪及成婚时的礼仪。[1] 从中看出，土家族传统婚仪十分繁琐，这套繁琐的婚仪耗时、耗钱、耗办，办一次婚嫁，要消费一个家庭若干年的积累，严重影响扩大再生产。有些贫穷人家，常因无钱而娶不上妻子，造成了很多社会问题。20 世纪 50 至 90 年代前期，婚仪程序由繁到简。导致土家族婚仪变革的主要是当时的政治和社会境遇。毛泽东曾发出“移风易俗”号召，并为克服物质产品匮乏的局面，提倡用较少的钱办较多的事。在文革后，土家族婚姻程序并没有大幅度的删减，但是很多程序只是为达到一桩婚事进行必要的前期准备，而不再具有仪式特征。此外，一个重要变化就是增加了婚姻登记程序及相应的礼仪。婚姻登记是新《婚姻法》规定的一个必要法定程序。在土家族地区，这一成文婚姻法律制度很快得到了习俗的依傍，在婚期前添加了一个“扯结婚证”的程序。

20 世纪 90 年代中期以来，土家族女性的婚仪发生了前所未有的变化，总的趋势是除了传统婚仪程序进一步减少外，还增加了一些现代新潮的要素，表现出城市化趋向。在具体程序上，在此之前，当地的婚仪程序具有从众性和单一性，同一时段的人几乎套用同样的婚仪模式；在此之后，每个人根据各自的情况，选择最适宜的婚仪，对婚礼仪式的传统程序也不再像过去一样重视，从而表现出一些变化。①城市化趋向。很多人选择了现代婚礼，她们认为婚车、新郎的西装领带、新娘的头发、面部化妆、礼服是婚礼中必不可少的，这些都是土家族传统婚仪中不具有、现代城市婚仪中必备，而今被大多数土家族新娘所青睐的婚仪要素。我认为这种现象还在于土家族女性对城市生活方式的向往和追求。②彩礼和嫁妆现代化。彩礼的现金化和现金数额的一路飙升是 20 世纪 90 年代以来土家族地区彩礼变化的两大特点。彩礼的膨胀并未必然带来仪式的繁琐，相反，许多年轻人更注重婚后生活的物质基础的建立，为减少婚前花费，进而简化了许多婚前的程序。嫁妆表现出的是由简至繁、由寒酸到豪华、现代的变化。这种变化是土家族社会经济发

[1] 萧洪恩：《土家族仪典文化哲学研究》[M].北京：中央民族大学出版社2002年版。

展的必然结果。

在繁杂冗长的土家族婚仪中，最具土家族民族特色、流传最久远的仪式是哭嫁。改革开放之前，哭嫁仍是新娘的“必修课”，它也是衡量女性才德的标准，婚礼仪式中如果不哭嫁，会被整个村庄的人笑话。有位土家诗人彭秋潭描绘土家族女性的哭嫁场景道：“十姊妹歌歌太悲，别娘顿足泪沾衣。宁山地近巫山峡，尤是巴娘唱竹枝。”[1] 在现代化的浪潮下，土家族女性在认知能力、文化水平等方面有了明显提升，哭嫁文化生长的环境发生了巨大的变化。当我问年轻女性出嫁时是否哭了，她们的反应几乎都是：“结婚是人生的大喜事，怎么要哭呢？”她们一些并不认同哭嫁是对新娘的考验价值，还认为现在的新娘哭有损于女性的现代形象，让新娘长时间的哭泣是“把女的不当人”显然，“哭”在她们那里是一种悲伤的符号，是与结婚的“喜”的性质格格不入的，即使有些人哭认为也是对父母的不舍，也不是按照传统意义上的哭嫁。可见，哭嫁的巫祝文化功能已经完全丧失。

（五）婚嫁圈：从内婚到外婚

土家族传统社会是相对封闭的山地村落社会， 民族内婚与亲族内婚相当盛行。目前，通过对土家族女性婚嫁中民族取向的研究，得出如下几点结论：

第一，族际通婚依然普遍存在。在很长的历史时期内，土家族女性形成了在本村或者邻村婚嫁的传统。在以土家族为主体的村落里，女性主要在族群圈内婚嫁，表现出明显的民族取向，即大多数会选择土家族男性共同生活。访谈中，我们发现，男方的土家族身份未增加被选择的砝码，而非土家族身份也并未构成明显的障碍，但出于对婚姻生活现实化的考量，她们大多选择了土家族配偶。即使是选择汉族或苗族配偶的女性，也都是以遵循土家族的生活习俗和民间信仰为前提的。目前，一些青年女性依然选择族际通婚。原因有以下几点：①家庭养老体制下，父母希望女儿就近结婚。②有助于在经济、事务上相互照顾。③关系圈小限制了婚姻圈。当代以来，尽管土家族地区在现代化进程中发生了巨大的变迁，但仍然恪守着“有女不远嫁”的观念，形成了较狭小的婚嫁圈。[2]

第二，择偶范围扩大。随着城乡壁垒的逐渐拆除，土家族女性投身到浩

[1] 彭荣德：《土家女儿做新娘》[M].北京：文化艺术出版社1989年版。

[2] 尹旦萍：《有女不远嫁:当代土家族女性婚嫁圈研究》[J].中共青岛市委党校青岛行政学院学报，2010，(2).

浩荡荡的打工流中，融入了开放的市场体系中，扩大了社会交往的边界。外出务工创造了直接与外地异性交往的机会，远离了村庄文化的“窥视”，又有着城市现代生活方式的诱惑，于是促成了一些跨地区，跨民族的姻缘。一些人认为愿意接受土家族以外的民族，这也是她们接触外界文明，融入现代社会的必然结果。比如个案二。

第三，特殊婚姻习俗的消减。①同姓间不通婚，严禁同一家族内通婚，民谚称“乱亲不乱族”。另外，在几个特定的姓氏中也存在通婚禁律，如覃田、彭王、向李、向田杨姓之间不得开亲。相传这些姓氏从前曾是结拜兄弟或皆从一地迁来，有相互不得婚配之约。这个习俗在当代发生了一些变化，宗族内婚姻仍未牢不可破的禁忌，但同姓不同宗的婚姻却得到老人们的认可和宽容。②姑舅表婚基本绝迹。土家族旧时盛行姑表亲。据乾隆《永顺府制》载，“凡姑家之女，必嫁舅氏之子”，名曰“还骨种”。土家民谚有“姑妈女，伸手娶；舅家要，隔河叫”的说法。可以说这一婚俗限制了土家族的择偶观，造成了近亲结婚和繁衍的恶果。近亲结婚现象骤然减少，这主要归功于法律的调整。当代土家人的价值观念中仍有“娘亲舅大”的传统观念，民谚中说“敬父不忘叔，敬母不忘舅”；“天大地大，舅爷最大”，在一般的婚俗礼仪中，女方的叔伯可以忽视，但是女方的舅爷却是万万不能忽视的。[1]在访谈中，一些现代的年轻人认为：与亲表兄弟姐妹相爱是一件很不体面、被人笑话的事。

（六）初婚年龄呈上升趋势，早婚习俗消失

过去土家族还尚早婚，民谚说：“早种包谷早的吃，早养儿女早得力”，“养儿不养老，不是填房旧时小”。在这种观念支配下，过去土家族姑娘一般十六、七岁结婚，有的甚至十二、三岁就结婚。姑娘到十九、二十岁仍未嫁就被称为老姑娘，老姑娘因为嫁不出去，所以只好给人“填房”当后妈，或者委曲求全给人当妾做“小”。改革开放以来，随着科技的发展和社会生产力的提高以及对子女教育的重视，人们越来越意识到早婚对青年人婚姻的危害。当地的早婚习俗也在逐渐消失，当地初婚年龄越来越大。

---

[1]　田茂军：《土家族民谚中的婚姻观》[J].吉首大学学报（社会科学版），1997年第3期。

二、现代化进程中土家族青年女性婚姻观念转变的影响因素

从以上的叙述和分析中不难看出，现代化进程中的土家族青年女性婚姻观念发生了深刻的变化，这些观念的变化无论是有益的还是有害的，都已经并将继续发挥其影响。通过上述的探讨，我们不禁要问土家族青年女性在婚姻观念上发生这些变迁的根源何在，与我们所处的时代，所处的社会之间究竟有着什么样的关系，主要有哪些因素在影响着婚姻观念的变迁，要回答这些问题，我们还是要回到我们的社会，从社会的变迁中去寻找缘由。

（一）社会文化因素

“在恩施土家族的历史进程中，各个历史时期都有汉族人口经多种形式进入土家族地区。”[1] 汉族作为中国的主体民族，往往代表先进的生产力、生产方式和文化，这些对于促进土家族经济和文化的发展是不用否定的。改革开放前整个社会文化具有单一性、排异性、封闭性的特质。永顺县科学技术不发达，土家族受教育程度低，致使青年女性价值观念落后，她们的婚姻大多为“父母之命，媒妁之言”而结合，婚姻中的性行为主要是为了种族繁衍和传宗接代。20世纪70-80年代之交的改革开放本是为追求现代化而进行的一次发展战略的重大调整，但其影响已远远超越了社会发展范围，引发了政治、经济、文化的全方位革新。在文化领域，发生了现代对传统、舶来对本土的猛烈冲击与碰撞，其结果是传统、本土文化对现代、舶来文化的妥协和认可，现代、舶来文化对传统本土文化的改造和尊重。其中，最为典型的是哭嫁作为土家族的传统婚仪，也在这一背景下悄悄发生了变化。20世纪90年代后期，哭嫁逐渐淡出了婚仪过程。

随着改革开放的深入，思想变迁中她们个体意识的觉醒，个体独立和性自由的复苏，土家族青年女性也在慢慢地接受着西方浪漫爱情主义。在沿海开放发达城市的经济驱动下，大量的土家族青年女性涌入沿海经济、文化发达的城市，使得原本对异文化未完全取得认同的她们在那种文体圈中慢慢认同与接受，最后进入主流文化圈，形成一种时代潮流。因而，土家族青年女性把追求爱情、婚姻幸福作为人生最大的目标，使原本重视经济条件上升到

[1] 段超：《土家族文化史》[M].北京：民族出版社2000年版。

人文关怀的浪漫爱情和理性婚姻。

改革开放带来了西方的各种思潮，使土家族青年女性的婚姻观念更加多元化、时代化，也使得她们在很多方面颠覆了以往的传统观念。这主要表现在：一是婚姻家庭由“男大当婚，女大当嫁”，婚姻主权由父母手中已经转移到她们手中，她们根据自己的感觉选择心仪的对象；在结婚仪式中，不再遵守繁冗的规章，从个人情况考虑进行适当选择。二是婚姻缔结的原因由“经济共同体”、“生育合作社”到对情感、性、心理满足的要求。感情是否亲密、和谐，男女双方是否能从婚姻中得到快乐，已成为越来越重要的理由。三是女性更注重个人的幸福，“家庭是社会的细胞，家庭的稳定影响社会的稳定”这样的论调受到质疑，认为婚姻是个人的事，与社会的稳定无关，不愿勉强、压抑自己维持无爱的婚姻，绝大多数人认为离婚是当事人自己的事，已不再被社会舆论所歧视。四是婚姻道德观从“从一而终”、“男行女随”，发展为女性逐渐主体化，不再是丈夫的附庸和工具。今天“夫义妇听”之夫妻关系道德准则，亦是双方之道德义务，它所表达的儒家“夫妻生而偕老，死而同穴，互为顺从，忠贞不二”的婚姻伦理理想，应该是一种美满、完善的婚姻状态。女性有权要求夫妻共同担负起婚姻责任与义务，在婚姻中有了更多选择的自由和自主意识。不再认为没有爱情而勉强维持的婚姻是道德行为，部分女性对婚外情表示宽容乃至同情，同时传统的贞操观被认为是男权社会的产物而遭受到一定程度的批判。五是女性更注重于婚姻建设的重要性和学习维持婚姻的技巧，不再把婚姻的巩固与维系的希望寄托在一纸婚书和孩子身上，也懂得了爱情不是自然而然或“捆绑”而来的。这一切的变化都体现了现代的土家族青年女性能够以一种发展的眼光来看待婚姻，以一种理智的头脑对待婚姻。

（二）经济因素

马克思主义基本原理认为，经济基础决定上层建筑，上层建筑反映经济基础，并具有相对的独立性，对经济基础有反作用，二者有着辩证的关系。经济基础决定上层建筑主要表现在：首先，有什么样的经济基础就有什么样的上层建筑，经济基础决定上层建筑的基本内容和性质。其次，经济基础的变化决定上层建筑的变化和发展方向。由此看来，社会经济的发展水平，对文化的发展有着决定性的作用。社会文化的发展是随着社会经济的发展而发展的，婚姻圈的变化和发展亦是随着社会经济的发展而发展。

新中国成立前至20世纪60年代，永顺县社会经济发展水平相当落后。当地土家族村民一直靠一亩三分田，维持家庭的生计，极少有其他收入来源。缘于社会经济发展相当的滞后，为了繁衍子孙后代，延续祖宗香火，当地土家族在儿女婚姻大事上，只能采取就近完婚原则。这就是永顺县土家族从20世纪60年代以前，直至20世纪90年代初，通婚主体一直相当稳定不变，婚姻圈波及范围一直在行政村范围内，出村不跨乡，跨乡不出20公里的原因。80年代除土家族青年女性在择偶方式上出现的变化，是改革开放的时代产物。农村的改革以家庭联产承包责任制为标志，承包制任制以家庭为单位的生产方式提高了生产效率，可以说生产方式的转变反应在人们的思想观念上发生巨大变化，土家族青年女性的主体意识逐渐被唤醒，她们有了自己掌握自己婚姻的明确要求。于是产生了以“自己做主，父母满意”为主导的择偶模式。

20世纪90年代初社会主义市场经济体制的建立，是我国社会主义建设经历中的一个重大转折。永顺县地区经济水平也有了很大的提高。形成了以209国道、1801、1841、1828省道为骨架，县乡道纵横交错的运输网络，全县实现了乡乡通公路。2010年，全县实现生产总值30.88亿元，年均增长10.7%，人均GDP达6939元，财政收入完成1.76亿元。永顺县现代农业体系初步形成，以生猪、黄牛为主的养殖业，以柑橘、猕猴桃为主的林果业，以烤烟、蔬菜为主的经济作业，已成为农民增收致富的支柱产业。其中，烤烟产业再创新高，实现烟叶税2200万元，成为全国31个“整县推进现代烟草农业示范县”之一。此外，经过多年的建设和发展，基础设施建设取得重大突破，以高家坝防洪水库为重点的水利能源建设；以电力改制并网为重点的电力建设、以张花高速、桑永公路、永龙公路为重点的大交通建设全面推进。县乡公路建设进展顺利，累计完成通乡水泥路410公里、通村水泥路500公里，全县26个乡镇、75个行政村通水泥路。这一系列社会经济发展，惠及广大土家族人们，带动其社会经济由传统自给自足的小农经济，向多种经营方式并存的发展模式转型，使其步入又好又快发展的轨道。现代化进程中，土家族地区经济的发展达到一定的高度，人民生活水平在温饱线上大幅度提高，使得土家族青年女性有了追求浪漫爱情至婚姻的资本，经济条件不再是她们在择偶观中首选标准而是退居第二位。

在这一地方，市场经济最大的影响就是剩余劳动力外出打工，自1992年以来形成了一浪高过一浪的打工潮。一些年轻女性看到市场经济是大势所趋，传统的农业生产难以为继，便投入到打工潮中，导致了择偶方式、生育观、离婚观都发生了变化，之所以发生这些变化，可以说，经济的独立是一切独立的基础。在现代社会，随着土家族青年女性经济地位、社会地位的提高，她们逐渐开始享有独立的人格。特别是进入新世纪的她们，受过良好的教育，具备学识、能力与才华，在经济上、生活上能够完全独立，可以不依附于男性而生活得很好。她们对自己的角色定位便不会再局限于家庭这个小圈子，而是把目光投向了社会这片广阔的天地。她们的自我意识、自我需要的满足感已经觉醒起来了，她们渴望自己能够作为一个独立的、有能力的人被社会接受、承认并认可。因此，现代土家族青年女性较多地关注自己的社会地位、社会价值和社会评价，所以她们把自己的角色定位在职业上，以追求事业上的成功为自己的人生追求和最高荣誉。而在传统的封建社会里，家庭的存在、维系以及正常运转，在很大程度上是靠女性来实现和完成的。女性是依附于男性的，有时甚至受男性奴役，但却没有权力和能力解除这种依附性。

（三）大众传播媒体对土家族地区青年女性婚姻家庭观念的影响

随着社会经济的发展，生活水平的提高。在 80 年代初，流行音乐已经开始在土家族山寨悄然出现，并引领时代潮流，反映爱情、家庭等私人生活的影片也悄然出现，外国的电影、书籍、画报等译作零星出现。永顺县在 20 世纪 90 年代初告别了落后的历史。当地加快了宽带通信网、有线数字电视网和互联网等信息工程建设，有力推进了信息化、网络化建设，全县行政村区域电话和移动信号基本实现全覆盖，数字电视用户达到 1.8 万户，24 个乡镇实现了城乡光纤联网。可以说，这些改变了土家族地方青年女性的价值观念和生活方式，随着现代的传媒产品、技术逐步融入到永顺县土家族的日常生活之中，这对永顺县原有的文化体系造成了巨大的冲击。永顺县土家族原有的婚恋观念也随之逐步发展变化，转而渐渐接受现代的婚恋观念，以前族际婚，从此失去了他日的“荣耀”，族际婚，跨省市际的族际婚悄然而生。

由于大众传播媒体的发展，媒体成为影响社会和人们价值观的主要力量。但大众媒体仅仅是提供一个信息传播给大众的平台，它本身的信息来自于社会，所以，这个影响并非是单向。换言之，社会影响了媒体本身的形态、内容与传播方式，大众传播媒体影响、控制与改变社会。大众传播媒体对婚姻家庭观念的影响也是如此。大众传播媒体所传播的有关婚姻方面的信息虽然都来自社会，但是，大众传播媒体对其有一定的筛选，从而整合受社会上各种因素影响的不同婚姻观念，婉转地表达出自己的观念，对社会上所存在的各种婚姻观念做了一个价值导向。市场经济意识，西方女权运动，国家婚姻家庭政策法律，包括计划生育政策法律、婚姻法等，这些因素对婚姻观念的影响很多时候都是通过大众传播媒体来实现和普及的。可以这么说，大众传播媒体在传播包含了受各种因素影响的婚姻观念的信息的过程中对大众的婚姻观念起着潜移默化的作用。在我们调查中，一些村民们说，现在“风气变坏”都是跟电视学的，电视是风气变坏的罪魁祸首。从中可以看出，信息的渗透带来的价值观和生活方式的变化。的确，电视对乡村社会的影响比我们调查前想象的要大得多，现在村里几乎家家户户都有了电视机，西方的以及中国大城市的生活方式和价值观从来没有像现在这样迅速而直观地影响着村民们的生活。像“爱情”、“爱人”这样的过去使永顺县脸红心跳的新词现在人们已经常使用，就连男女拥抱、接吻，也已“见怪不怪”。个案三中，从网恋到现实中恋爱，都是市场网络在婚姻观念发展变化过程中发生作用的例证。

（四）受教育程度的提高

在转型前社会处于一种隐性动荡，经济极不发达，人民生活水平低下，没有足够的经济资源来大力发展教育，处于大山中的土家族地区教育更是落后。再者，当地的重男轻女观念使得在教育资源分配上也是重男轻女，土家族青年女性的文化素质固然低下。现代化进程中，由于经济高速发展，永顺县教育事业加快发展，全面实施城乡免费义务教育，国民素质不断提高，办学条件明显改善，加大了县城中小学校建设投入，实施了农村初中改造、农村教师公转房和农村合格学校建设等一批重大教育项目。加之土家族青年女性也得到了父母给予的相对平等的教育资源分配，从而提高她们的科学文化素质。这样她们提高了对婚姻的理性思考，追求浪漫爱情的欲望也与日俱增。

这些受过良好学校教育的土家族青年女性，知识面和眼界都要比那些没有上过学的人要宽得多．一旦出现新事物或新观念，很容易接受和认同。这一点，在课题组实地调查中也有所反映。在问及“你与配偶如何相识”、“你在选择配偶时，主要重视对方哪一方面”及“你如何看待离婚这件事”这几个问题的时候．选择“自由恋爱”、“两人的感情”及“离婚完全是个人私事，无所谓光彩不光彩”这三个代表现代婚姻观念选项的不同学历人群中，呈现出随着受教育程度的提高选择的比例上升的趋势。随着人们受教育程度的提高，学历越高的人越容易接受现代婚姻观念。而学历越低的人越不容易摆脱传统婚姻观念的影响。美国心理学家马斯洛提出了需要层次理论，他认为人的需要包括五个方面：生理需要；安全需要；社交需要；尊重需要；自我实现需要。[1]当人的某一级的需要得到最低限度满足后，会追求高一级的需要。在市场经济体制以来，土家族地区经济条件越来越提高，基本生存需要早已得到满足，再加上受教育程度的提高，势必会追求自我实现的需要。她们不仅仅满足有个幸福的家庭，还渴望自己能有一个实现自身价值的工作，这与传统土家女性有极大的区别。

另外，永顺县教育的发展，还为全国各大中城市的高等院校培养了大批人才。在我们调查中，现在家庭对小孩教育都很重视，希望孩子尽量考上大学。这些人走出家乡以后，不仅学到了知识，也学会了城市文明的生活方式，接受了城市文明中现代的抑或激进的婚姻观念。一旦她们回到家里，就会把这些观念带回到农村，首先影响到周围的亲戚好友，然后逐渐蔓延扩大至整个农村。由于她们受到的教育程度高，在家庭乃至在农村往往成为知识和真理的象征，农民们大都十分愿意听他们分析和阐述新的见解和新的观念。久而久之，这些听来的观念就会悄悄地在自己的头脑中生根发芽。这些走出去的莘莘学子们如同那些在城市的打工者和经商者一样，充当了城市文明向农村辐射的载体，加快了城乡文明互动，有力地推动了土家族地区婚姻观念的变化。

表 6　受教育程度

	小学以下	初中	高中	高中以上
回答人数	11	42	73	128
百分比	4%	17%	29%	50%

（五）人群流动

我们知道，自古以来，中国就是一个以农耕为主的国家。农耕社会缘于受到土地的束缚，因而民众安土重迁，在较大空间上的人员的流动极少发生。这就催生了中国乡村社会浓重的血缘关系和地缘关系。但是随着社会经济的发展，人们生活水平的提高，人群移动的增加和频繁，血缘和地缘关系对人

[1] 马斯洛：《动机与人格》[M].北京：华夏出版社1987年版。

的束缚作用，也将逐渐松动、弱化。这一现象也在永顺县地方得到体现。市场经济中，土家族青年女性也纷纷投入到打工潮中去，她们主要集中在工厂、服务业中等，以往隔千山万水陌生的乡村男女青年，集聚一地。他们由逐渐认识，到相知，再到碰撞出爱情的火花，最后步入婚姻的殿堂。永顺县的婚姻圈也得益于这场人群的移动、聚集和再整合，其波及的范围，由行政村范围扩大到乡镇行政区域的范围，从乡镇行政区域范围，扩大到县市行政区域范围，如个案2，突破省际范围。随着在大城市见识的增长，也导致了她们婚姻观念发生巨大变化。主要原因有：首先，对现代生活方式的追求导致了婚姻观念的变化。其次，为排解外出务工的艰辛和孤独、寻求生活和情感的现实需要，她们选择了自由恋爱。

社会流动的加速，对这一地区婚姻观念的变迁产生了深远的影响。一方面，外出务工经商增加了人们的收入，为她们婚姻观念的变迁提供了物质基础和前提。很多外出务工回家建了漂亮的新房，还有一些家里添置了汽车。物质的丰富，为婚姻观念这一精神层面的变革准备了坚实的基础。只有物质富足了以后，她们才有可能去追求爱情这一精神领域的享受；只有物质丰富了以后，她们才有可能去关注自己的婚姻生活是否幸福；也只有物质丰富了以后，她们才有心情去接触、消化和吸收新的婚姻观念。另一方面，社会流动更重要的是促进了她们的现代化。它把土家族青年女性从偏僻的、落后的、被历史遗忘的穷乡僻壤拉出来，卷入现代社会的旋涡中。它提升她们的文化程度及觉悟，使她们养成文明的习惯和需要。她们大都接受过初等教育，有的还读过大学，她们接受新事物的能力较强，能够很快地融入到新的生活环境中去。长时间的城市生活，不仅改变了她们的生活方式，而且观念的变革也悄悄地在她们的身上发生变化。这一点，在课题组的实地访谈中得到了证实。于晓燕说："年轻人外出打工。回来后不仅在打扮上有所改变，而且言谈举止也有所提高；一些人看问题的态度也有所转变；出去一趟也长了不少见识。"这是一种潜移默化的力量。这些到城市工作的人可以说是城市文明影响农村文明最直接也最便捷的载体。这些受过城市文明浸染的人回到农村，往往会对农村社会产生巨大的影响，他们往往扮演农村观念变革的前锋角色。婚姻观念的变革就是如此。因此可以这么说社会流动的加速，使得城市文明向农村辐射有了载体，加快了城乡文明的互动，是她们婚姻观念变化的重要影响因素。

（六）旅游业的发展

旅游业快速发展。永顺县毗邻张家界国家森林公园，被誉为张家界的“后花园”，拥有六大特色各异的景区，猛洞河风景名胜区是湖南省重点风景名胜区之一，猛洞河漂流被费孝通先生誉为“天下第一漂”；土司古都老司城是中国土家族的发祥地，为800年土司政权时期土家族政治、经济、文化中心，是中国西南少数民族地区保存最完好的典型民族文化遗存，属国家级重点文物保护单位；小溪国家级自然保护区是中南十三省免遭第四纪冰川侵袭唯一幸存的亚热带低海拔常绿阔叶原始次生林，是进行科普考察和休闲生态旅游的理想场所；塔卧是第二次国内革命战争时期中共湘鄂川黔省委、省革委会、省军区所在地，为全国爱国主义教育示范基地等旅游景点。旅游产业成为该县经济增长的新亮点，策应芙蓉镇景点圈建设有序推进，全面启动了老司城遗址保护开发，加快小溪、塔卧等景区建设，2010年全县接待游客185.2万人次，实现行业总收入达到7.3亿元，年均分别增长16.6%、37%.

旅游业的发展促进了当地商品经济的繁荣，加速了原有封闭的自然经济的解体，从而间接地影响到了家庭伦理关系。土家族人，在社交活动中，很重情义、礼行；讲友好、尚文明。这表明：土家族人们传统的人情观念是“重义轻利”的，崇尚的是“情义人品重千金”。从土家族人们“大碗喝酒”、“大块吃肉”的待客方式所表现出来的大方与豪爽就很好地说明了这一点。但是，自上世纪90年代以来，随着我国市场经济的不断发展，并向落后地区渗透，逐步建立起以乡镇为中心的农村集贸市场。土家族人们的思想在商品经济的冲击下，“个体意识”与“商品意识”大大提高。人们的人情观念也开始发生转变：由传统的“重义轻利”向“义利并重”转变，甚至还一度出现了“亲不亲，看‘人情’”等人情观念的异化。土家族的人情观念由传统的“重义轻利”向“义利并重”转变，表明了土家族人们的思想正逐步跟上新的时代发展的脚步，适应了市场经济发展的需要。旅游业的发展带来了外来文化，对当地家庭伦理思想观念都有一定的冲击。旅游者所带来的思想与文化给旅游地带来了潜移默化的影响。如社区居民通过对旅游者行为的观察及相互交流，逐渐在思想和行为上发生了变化，她们开始对自己的传统生活方式感到厌倦，故而先是在装束打扮和娱乐方面盲目仿效，继而在处理具体行为、家庭关系方面也逐渐反思，而后发展到有意识地追求。

三、当代土家族青年女性婚姻价值观嬗变的影响

女性婚姻价值观的嬗变无疑会对女性自身发展产生重大的影响。辩证法告诉我们看待任何事物都要用一分为二的观点。婚姻价值观的嬗变对女性自身发展会产生积极影响，这是最主要的影响。当然，不可避免的不良倾向也会相应地产生。

（一）积极影响

独立意识进一步强化。独立意识是指女性对自身作为独立的主体，不依赖于外在力量而存在的意识。在封建社会中三从四德、从一而终的传统观念牢牢束缚着中国妇女，中国妇女根本没有独立人格，是一种典型的依附型。“四自”即“自尊、自信、自立、自强”精神的提出既是时代的呼唤，也是女性自己的心声。从她们在婚姻观念的变化中可以更为鲜明地体现出对独立人格的追求。部分女性对婚外恋情某种程度的认同和追求，由女方主动提出的离婚案件的增多，女性单身一族的出现等在一定意义上也反映了她们对人格独立的强烈追求。

权利意识显著增强。权利意识是指女性对自身作为主体在现实生活中应具有的权利和所处地位的意识。在漫长的封建社会中，男尊女卑的传统观念占据着统治地位，女性处于从属、卑贱的地位。新中国成立后，妇女在政府保护、法律保障下在社会生活的许多方面取得了与男人同等的权利，男女平等在婚姻家庭中出现。在当代，女性对已有权利的极度珍视，对受到侵犯的权利的竭力维护和对权利要求的努力争取，体现了妇女权利意识开始真正成为女性发自内心的强烈意念。

发展意识更加强烈。发展意识是指女性作为一个独立的主体存在，对自身未来发展的强烈的追求和积极的态度。当代女性发展意识的确立可以说是自中国近代以来女性主体意识发展的巨大历史性进步，越来越多的女性尤其是年轻的知识女性竞争意识明显增强，她们凭借自己的智慧、才华、能力与男子公平竞争，并利用竞争机制维护、赢得自己的权利；她们一改传统女性的自卑、自弱心理，增强了自信心，敢想、敢干，勇于探索、大胆实践，以作为求地位、以创新求发展。

（二）不良倾向

个人利己主义倾向。随着女性转变为独立性人格价值观，有些女性在很多方面都无视他人，自己想怎么样就怎么样根本不顾及身边人的感受，以至于一些女性背叛丈夫、抛弃子女、离家出走的事例屡见不鲜，这种极端个人主义思想导致了离婚率的上升和婚姻家庭关系的破裂。

自我为中心倾向。虽然在婚姻家庭中由传统的男尊女卑型关系到了现代的男女平等型关系，但有些女性把男女平等理解得太狭隘，把男女平等贯彻、执行得过于以自我为中心。如有些女性把做饭、带小孩、服侍老人这些事情都要求跟男人平等，使得很多老人、小孩无人照顾；外出吃饭或应酬，都算得一清二楚，实行绝对平均主义，家庭成了名副其实的“经济合作社”主张在婚姻领域实行“女尊男卑”，让男性当“贤夫良父”，这样的现象严重影响家庭的和谐。

享乐主义倾向。随着婚姻价值在整个女性价值中地位的下降，出现了一些误入歧途的女性。如一些女性为了手头多一些可以自由享用的钱，愿意以身体作交易，毫无人格尊严之虑，甚至还有以此为业者，“老夫少妻”、“傍大款”、“三陪”、“一夜情”等现象层出不穷、屡见不鲜。婚姻被有的女性看成是女人成功的捷径，是女人的“第二次投胎”。尽管这是一种暗波逆流，但造成的危害是严重的。

结束语

实际上，“世界上没有任何唯一的神奇公式，可以去预测一切社会的进化。在特定的社会中文化的实际进化是一种适应的过程”。[1] 在当前中国社会变迁和经济迅速发展的社会大环境下，作为土家族文化重要组成部分的婚姻观念和行为也出现了适应性的演变。

从国家实现“现代化”以及适应“全球化”的角度来看，永顺县土家族青年女性婚姻观念和行为的变化无非就是适应这种“现代化”的大趋势。在这种大趋势的社会文化变迁中，土家族青年女性在婚姻中的独立自主意识开始觉醒并且发展起来，开始更多地关注自己。土家族青年女性的婚姻既受到我国传统文化的影响，又受到土家族传统婚仪文化的规范，是一种双重文

[1] E.R.塞维斯.黄宝玮译：《文化进化论》[M].北京:华夏出版社1991年版。

化制约下的婚姻模式。尽管她们的择偶方式和择偶标准发生了与现代化相趋同的改变，但是土家族文化仍然规范着当地土家族青年女性的婚姻观念，从文化学的角度讲，民族性恰好是土家族青年女性婚姻观念中表现出来的最明显的特征之一。土家族地区的婚姻变迁是在中国社会现代化的大背景中发生的，具有从传统化趋向现代化的意义。但是在社会现代化进程中，由于民族、地区之间存在着经济与文化发展的不平衡，土家族特殊的社会文化历史决定了土家族的婚姻变迁存在自身的特点，既呈现出程度的不同，也存在方向上的差异。对于土家族社会来说，如何在传承土家族传统优秀文化的基础上借鉴和吸收现代性的社会文化，使两种文化进行充分的整合，是引导土家族社会文化变迁的当务之急。

在中国社会由传统社会向现代化转型的特殊时期，土家族青年女性也在以一种发展的眼光来看待变化中的社会。在积极适应现代化的过程中，她们的婚姻观念与行为不可避免地出现一些消极因素，例如追求高消费、功利主义、拜金等庸俗的价值取向。其形式也从提倡正面的婚姻道德观到大胆追求超常的爱情边缘价值，从批判现实存在的家庭问题到大胆暴露和正视不同范式的婚姻形态。但从整体上看，这种负面因素的出现并不能代表土家族婚姻文化的主流，土家族传统文化中的婚姻道德价值仍在支持着整个土家族人的婚姻，并被普遍遵循和履行。

综上所述，现代化的进程对土家族青年女性婚姻观念的影响无所不在。女性作为不可或缺的组成部分，她们受教育的程度与思想解放的程度，直接与一个社会现代化的程度紧密相联。土家族青年女性的正确婚姻观念教育问题在现代化进程中，是不可回避的首要问题。诚如马克思所说的："每个了解一点历史的人也都知道，没有妇女的酵素就不可能有伟大的社会变革。社会的进步可以用女性（丑的也包括在内）的社会地位来精确地衡量。"

（张瑞敏　孔留杰　李宏博　王虎丹）

报告十

民族院校大学生思想政治教育状况调研报告[1]

引 言

大学生是祖国的未来，是一个非常重要的社会群体，而民族大学生则是大学生中更具特色的群体。民族院校的设立是中国共产党加快和推荐民族地区发展的具体体现，其办学宗旨是为少数民族和少数民族地区服务，其主要任务是培养政治坚定、思想先进、博学多才的少数民族人才。除具有普通高等院校思想政治教育的作用外，民族院校的思想政治教育还具有非常特殊的意义，即维护国家统一，确保少数民族地区的社会稳定，推进少数民族地区的繁荣和发展，创建和谐社会等重要作用和意义。与一般高等院校相比，民族院校因其自身的独特性而具有民族成分复杂、贫困学生比例大、民族意识较强等特点，这些特点对民族院校思想政治教育工作的开展具有非常重要的影响。

为了增强对思想政治教育研究的关注，拓展思想政治教育研究的空间，为民族院校和政府职能部门决策提供第一手资料，共同改进和提高民族院校办学质量，中南民族大学《民族院校思想政治教育状况调查研究》课题组，围绕民族院校思想政治教育进行分组调研，希望能够为民族高校和相关职能部门的决策提供参考资料，以改进和提高民族院校的办学质量。从 2009 年 9 月到 2010 年 12 月，课题组历时 1 年多，涉及全国 8 个省份，9 所民族高等院校，12 所非民族高等院校，先后发放问卷 9842 份，进行了 15 次实地访谈和调查。最终形成了 1 个《民族院校思想政治教育状况研究总体报告》和 4

[1] 本报告为2009年中南民族大学中央高校基本业务费专项基金本科生资助项目。

个分报告，即《民族院校大学生思想政治理论课学习状况调查》、《民族院校大学生心理状况调查》、《民族院校大学生学习生活状况调查》、《民族院校大学生就业状况调查》。

一、调查基本概况

（一）调查研究的对象、范围

由于本课题研究的对象是民族院校大学生思想政治教育状况，并结合非民族院校进行比较研究，本次调查所涉及的省份比较多，范围比较广，主要包括北京市、甘肃省、湖北省、云南省、四川省、贵州省、广西省、辽宁省等8个省份，（如图1）涉及中央民族大学、中南民族大学、西南民族大学、西北民族大学、贵州民族学院、云南民族大学、广西民族大学、湖北民族学院、大连民族学院等9所民族院校和武汉大学、华中师范大学、华中科技大学、湖北大学、中国地质大学、华中农业大学、武汉理工大学、中南财经政法大学、武汉纺织大学、武汉工程大学、武汉科技大学、武汉体育学院等12所非民族高等院校，共计21所高等院校的近万名全日制本科生。

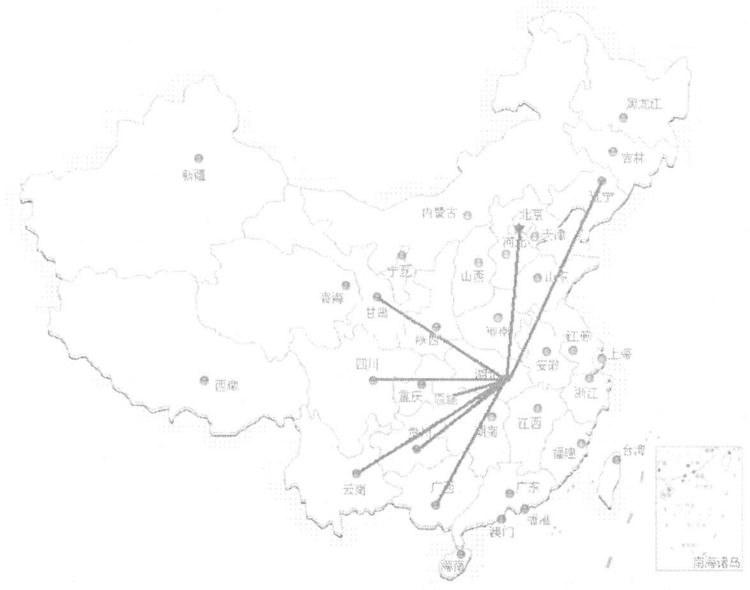

图1 调查范围图

（二）调研的基本思路、方法、步骤

1. 调研的基本思路

本次问卷调查采用分层抽样法，调查对象为9所民族院校的全日制本科生和12所普通高校的全日制本科生。课题组在9所民族院校和12所普通高校分别指派了调查员，按照分层抽样的方法，在每所民族院校随机抽取700～800名学生，在每所普通高校随机抽取200～250名学生，通过各校学院的辅导员向被调查的学生发放问卷，并要求被调查的学生能够尽量将自己真实的想法表达出来，以最大限度地确保调查问卷的真实性和有效性。在确保被调查者的性别和被调查学科保持平衡的前提下，本次调查也尽可能地保证其具有较强的代表性和广泛性。为了对调查资料进行有效的分析，调查组在问卷回收之后将通过计算机软件对相关数据进行统计和处理。

2. 调研的基本方法

鉴于本次调查所涉及的面比较大，对象比较多，本次调查在研究的过程中采用了多种调研方法，主要包括：(1) 问卷调查法。制定调查计划，查阅资料，确定调查主题、圈定调查内容，设计出篇幅适当、题量适中、内容充足的问卷。在确定调查范围之后，进行了1--2次试问卷调查，对初次回收情况进行分析，修改调整问卷之后，进行正式调查。(2) 文献分析法。查阅相关资料，总结前人调查成果，分析国内外对此问题的调查现状，结合实际情况，整理所需的资料，制定调查计划，预测调查结果。(3) 个人访谈法。确定调查对象，草拟调查问题，对特殊个案进行研究，对调查对象进行深度访谈。

3. 调研的步骤

（1）问卷设计和试行调查阶段。调查组于2009年7月至11月搜集了相关文献资料，围绕着四个子课题进行了问卷的初步设计，并在小范围内对调查问卷进行了先期测试。此次测试主要是在武汉市十所高校进行的，共计发放调查问卷800份，回收有效问卷728份，在对试行调查数据进行了分析的基础上，于2009年12月对原调查问卷进行了修改，由此形成了最终的调查问卷。

（2）正式调查阶段。正式调查阶段历时5个月，从2010年1月至5月，调查组对9所民族院校和湖北地区的12所非民族院校进行了问卷调查：民族院校共计发放问卷6442份，回收问卷5780份，有效问卷5279份；非民族院校发放问卷2600份，回收问卷2278份，有效问卷1983份。

（3）对调查数据的统计与分析阶段。调查组于2010年6月对9所民族院校和 12 所非民族院校的问卷进行了数据统计，并进行了数据对比分析，通过计算机软件对数据进行量化研究，并最终形成了数据统计报告。

（4）撰写调查报告阶段。在 2010 年 7 月至 10 月，调查组在对调查数据进行整理的基础上，形成了 1 个总体报告和 4 个子课题调查报告。

（三）问卷回收情况和基本信息分析

本次调查主要采用问卷调查的方法，问卷的回收情况和调查对象的基本信息如下：针对民族院校的调查，课题组共计发放问卷 6442 份，回收问卷 5780 份，有效问卷 5276 份，回收率为 89.7%，有效率为 91.3%. 针对非民族院校的调查，课题组共计发放问卷 2600 份，回收问卷 2278 份，有效问卷 1983 份，回收率为 87.6%，有效率为 87.1%.（如表 1）

表 1　问卷回收总量分析表

（民族 N=6442；非民族 N=2600）

	民族院校	非民族院校
发放问卷（份）	6442	2600
回收问卷（份）	5780	2278
有效问卷（份）	5276	1983
回收率	89.7%	87.6%
有效率	91.3%	87.1%

在从民族院校回收的有效问卷中，男生所占的比例为 39.8%，女生所占的比例为 60.2%；工科学生所占的比例为 51.3%，文科学生所占的比例为 48.7%；家住城市的学生所占的比例为 28.9%、家住郊区的学生所占的比例为 18.0%、家住乡村和山区的学生所占的比例为 53.1%；共青团员所占的比例为 89.4%，预备党员所占的比例为 3.7%，党员所占的比例为 3.6%，其他学生所占的比例为 3.4%；所在年级为大一的学生所占的比例为 27.5%，大二学生所占的比例为 51.5%，大三学生所占的比例为 15.2%，大四学生所占的比例为 5.8%.

在从非民族院校回收的有效问卷中，男生所占的比例为 48.5%，女生所占的比例为 51.5%；工科学生所占的比例为 43.3%，文科学生所占的比例为 56.7%；家住城市的学生所占的比例为 40.5%，家住郊区的学生所占的比例为 25.2%，家住乡村和山区的学生所占的比例为34.3%；共青团员所占的比例为83.6%，预备党员所占的比例为7.5%，党员所占的比例为5.5%，其他学生所占的比例为3.4%；大一学生所占的比例为34.3%，大二学生所占的比例为44.9%，大三学生所占的比例为13.8%，大四学生所占的比例为7.1%.（如表2）

表2　调查对象基本信息表

（民族N=6442；非民族N=2600）

		民族院校	非民族院校
性别	男生	39.8%	48.5%
	女生	60.2%	51.5%
专业	工科	51.3%	43.3%
	文科	48.7%	56.7%
居住地	城市	28.9%	40.5%
	城市郊区	18.0%	25.2%
	乡村、山区	53.1%	34.3%
政治面貌	团员	89.4%	83.6%
	预备党员	3.7%	7.5%
	党员	3.6%	5.5%
	其他	3.4%	3.4%
所在年级	大一	27.5%	34.3%
	大二	51.5%	44.9%
	大三	15.2%	13.8%
	大四	5.8%	7.1%

二、调查内容描述分析

作为一门学科，思想政治教育具有独特的研究对象和研究方法：在内容上，思想政治教育包括世界观教育、政治观教育、人生观教育、法制观教育、道德观教育；在形式上，思想政治教育既包括理论课学习，又包括各种讲座、宣传等方式。思想政治教育对大学生的生活观、消费观、婚恋观、就业观等都会产生影响，而这些人生观、价值观的形成与大学生的生活是分不开的，这些观念又会通过大学生的心理状况得到反映。因此，要进行有关思想政治教育的调查，就必须对大学生的生活、消费、婚恋、就业、心理状况以及思想政治理论课的学习状况等都有所了解。此次调查主要由四个部分组成，一是对民族院校大学生思想政治教育理论课的学习状况进行调查；二是对民族院校大学生的心理状况进行调查；三是对民族院校大学生的就业状况进行调查；四是对民族院校大学生的生活、消费、婚恋状况进行调查。

（一）民族院校大学生思想政治理论课课程学习状况分析

1. 民族院校大学生对思想政治教育理论课的认识

民族院校的大学生对思想政治理论课的认识，是决定其是否重视和自觉学习该课程的心理基础。在这个问题上，本课题组设计了对课程的肯定、认同态度等几个问题进行关联分析。

开设思想政治理论课的必要性。在调研中，回收的1483份民族院校调查问卷显示，对于“您认为民族院校开设思想政治理论课程是否必要”的回答，有22.6%的学生表示“非常有必要”，58.5%的学生表示“有必要”，13.4%的学生认为“不太有必要”和5.5%的学生表示“没有必要”。

开设思想政治理论课的意义和作用。课题组主要通过以下两个问题对上述指标进行调查。调查数据显示，对于“您认为开设思想政治理论课的意义是什么”的回答，有29.6%的学生认为其重要意义在于提供“必要的意识形态教育”，32.1%的学生认为其重要意义是“有益于大学生提高自身修养”，23.4%的学生认为其重要意义在于“提高大学生理论水平”，12.0%的学生认为其重要意义是“完成教学任务”，2.9%的学生则认为其“没有意义”。（如图2）

在被问及“您认为思想政治理论课对您今后发展是否有帮助”时，15.0%的学生表示“非常有帮助”，57.3%的学生表示“有帮助”，24.5%的学生表示“帮助不大”，3.2%的学生认为“没有帮助”。由此可见，民族院校多数大学生认为开设思想政治理论课对自身是有帮助的。

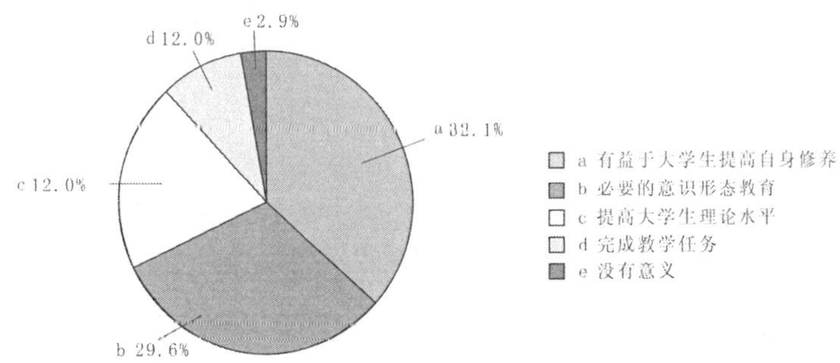

图2 大学生对开设思想政治理论课的认识图

对思想政治理论课的了解和接受程度。在被调查的对象中，大多数同学对该课程的认识是比较清晰和准确的。当被问及“您对思想政治理论课程了解程度”时，有 3.3% 的学生表示“非常了解”，38.9% 的学生表示“了解”，51.1% 的学生表示“不太了解”， 6.7% 的学生表示“不了解”；当被问及“假如思想政治理论课是选修课，您会选修吗”的时，有 16.9% 的学生表示“会，因为喜欢”，23.5% 的学生表示“会，好拿学分”，48.8% 的学生表示“看情况吧，不确定”，仅有 10.7% 的学生明确表示“不会”。

以上数据分析表明，在民族院校中学生对思想政治理论课的认识问题上，学生普遍认识到学习思想政治理论课的必要性，普遍认为思想政治理论课程对自身、对今后的发展都是有一定帮助的，但是对于这样“对自身有帮助”的课程，许多学生选择的是回避和犹豫。可见，民族院校大学生的思想觉悟是比较高的，对课程的认同度也比较高，但是思想认识还没有能够完全转化为学习自觉和实际行动。

2. 对民族院校思想政治教育理论课教材、课程设置的评价

作为知识的载体，教材既是实施教学的依据，又是教学评估的参考，它能够使教有所依，学有所据，对学生的全面发展起着重要作用。

民族院校部分大学生对思想政治理论课教材的关心程度不高，对课程内容的了解也不深。学生对国家统编教材的评价，一直是教材编写人员所关心的问题，据此我们对教材本身和教材内容进行了调查。本次调查显示，在被问及“您对于学校选用的思想政治理论课教材有什么看法”时，60.2% 的学生表示“一般般，是教材都一样”，9.9% 的学生表示“过时，老掉牙了”，15.2% 的学生表示“没感觉”，14.7% 的学生表示“很好，版本新，系统科学不乏味”。可见，有相当部分的大学生对思想政治理论课教材评价不高或表现出漠不关心的态度。

在思想政治理论课课程体系中，民族院校的大学偏爱时事政治类和历史文化类课程。目前，按照“05 计划”的要求，国家设置了“4+1”的课程体系，即《马克思主义基本原理概论》、《毛泽东思想和中国特色社会主义理论体系概论》、《思想道德修养与法律基础》、《中国近现代史纲要》和《形式与政策》。调查显示，民族院校的大学生习惯根据课程的名称和所涉及的知识领域，将这些课程划分为不同的类型，如哲学思想类《基本原理》、历史文化类《纲要》、“思想文化与实践教学类”《基础》、社会主义理论类和政治思想类《概论》、时事政治类《形势与政策》。

在调查中，当被问及“您喜欢何种类型的思想政治理论课”时，选择“哲学

思想类”的学生占17.6%，选择“政治思想类”的学生占13.2%，选择“社会主义理论类”的学生占7.9%，选择“课外实践教学类”的学生占15.1%，选择“中国历史文化类”的学生占22.3%，选择“时事政治类”的学生占23.9%．由此可见，在思想政治理论课的课程体系中，民族院校大学生更偏爱具有实践性、时事性、知识性的“时事政治类”和“历史文化类”课程。（如图3）

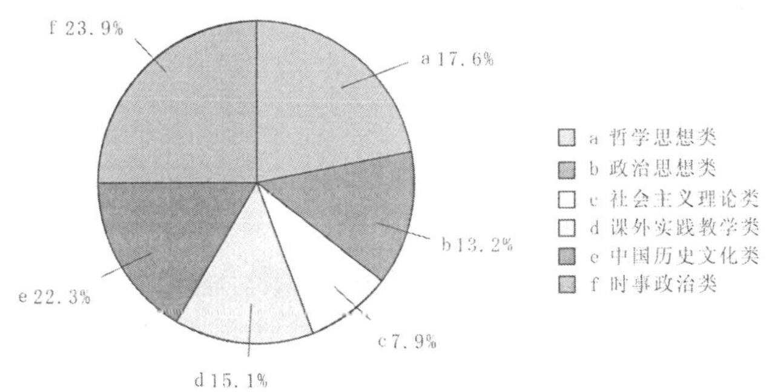

图3 大学生喜爱的课程类型对比图

3. 民族院校大学生思想政治教育理论课学习状况

大学生在思想政治理论课课堂上的学习状况不理想。众所周知，课堂学习时间十分宝贵。一堂课中，在好的老师的指引下，如金子般的时间不知不觉地流逝。知识也如泉水悄无声息地注入了学生的心田。民族院校大学生是如何利用课堂时间的呢？据调查显示，40.7%的学生表示课堂时间在“认真听讲”，33.9%的学生表示课堂时间在“看其他的书或打瞌睡”，20.4%的学生表示课堂时间在“开小差，不想听”，5.0%的学生表示课堂时间“经常逃课”。数据表明在思想政治理论课课堂上，有大约60%的学生没有认真听讲，课堂学习状况是堪为担忧。

多数大学生在课外学习思想政治理论知识的积极性并不理想。课外学习是课堂学习的有益补充，是学生学习非常重要的组成部分。鉴于课外学习的重要性，我们从读原著、课外温习两个方面对大学生在课外学习思想政治理论知识进行了调查。在调查中，在被问及“您是否看过相关的马克思主义原著”时，55.6%的学生表示“没有看过”，10.1%的学生表示“不想看，没兴趣”，6.1%的学生表示“看过，有感悟”，28.1%的学生表示“偶尔看过”；在被问及“您在平时的课后学习中会自觉学习和温习思想政治理论课的课程么”时，8.9%的学生表示“会”，53.3%的学生表示“不会”，

37.8% 的学生表示“偶尔”。（如图 4）可见，一些民族院校的大学生对马克思主义原著的阅读并不多，其课外自觉学习所花费的时间也比较少，这表明民族院校的多数大学生在课外学习思想政治理论课相关知识的积极性、主动性一般。

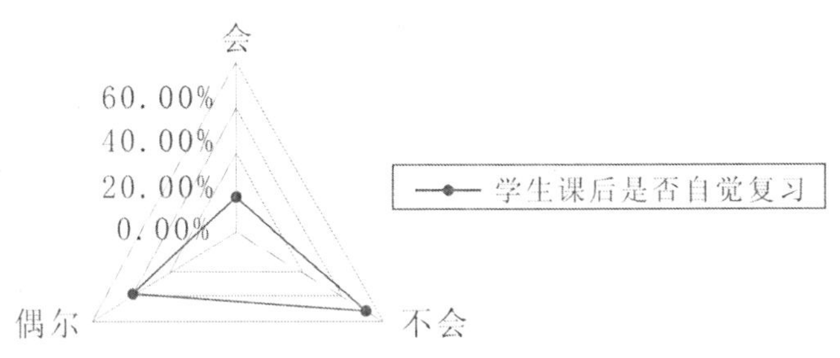

图 4 大学生课后自觉复习情况分析图

课程结束后，民族院校的多数大学生不会继续学习与思想政治理论相关的知识。“知识就是力量”，知识就是财富。通过课堂学习所获取的知识，对学生今后的学习、生活和发展都会产生有益的帮助，但与学生全面成长的需求相比还远远不够，因此，学生在课外所获取的知识就显得非常重要。在调查中，当问及“思想政治理论课程学完以后，您将会怎样”时，11.7% 的学生表示会“继续学习”，14.6% 的学生表示“再也不学了”，24.0% 的学生表示“为了考研而学习”，49.8% 的学生表示“感兴趣时，偶尔看看”。由此可见，无论是为了自身的发展，还是为了今后的继续深造，大多数学生都会在课程结束之后继续学习思想政治理论课的相关知识。

结合民族院校大学生在思想政治理论课课内、课外、课后等几个阶段的学习情况，我们不难发现，发挥民族院校大学生的学习主动性，对于思想政治理论课的教学效果有着直接的影响，思想政治理论课的教学效果又直接影响着民族院校思想政治教育的效果。因此，在对调查数据进行分析的基础上，本课题组认为在思想政治理论课的教学过程中，应当更加注重调动学生的积极性和主动性，引导学生更好地自主学习。

4. 民族院校思想政治课教师教学的调查

思想政治理论课教学的实效性，是整个思想政治理论课教育的目标。思想政治理论课的实效性，主要表现在思想政治理论课的知识内容能够对学生起到教育、启发、培养的作用，能够“入耳入脑”，使学生能够真正成为社会主义现代化建设所需要的建设者和接班人。要很好完成这项工作，教师是关键，教学方法和手段是条件。

民族院校大学生对思想政治理论课教师素质的要求是均衡与全面。思想政治理论课教师素质的高低，将直接影响教学质量的好坏，因而，提高教师素质是思想政治教育工作的一项重要内容，那么，具备何种素质的思想政治理论课教师才能满足学生的要求呢？在调查中，当被问及“您认为思想政治理论课教师需要具备的素质”时，23.1% 的学生认为思想政治理论课教师应该“有学术造诣”，21.1% 的学生认为思想政治理论课教师应该“有责任感”，31.8% 的学生认为思想政治理论课教师应该“有人格魅力”，23.9% 的学生认为思想政治理论课教师应该“有较强的实践能力”。（如图 5）

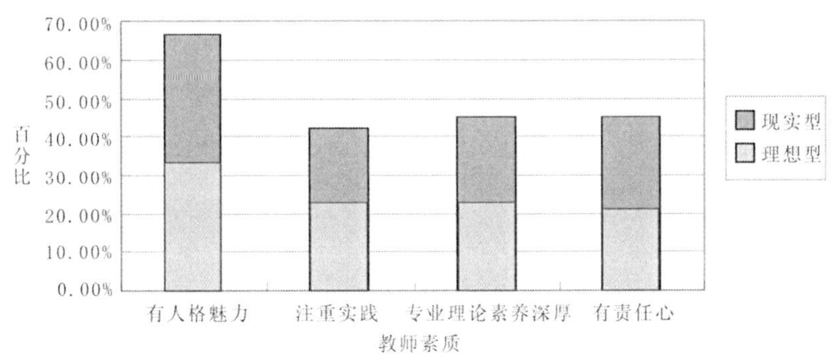

图 5　对思想政治理论课教师的期望图

在调查中，当被问及“您最喜欢的思想政治理论课教师是什么样的”时，33.4% 的学生选择“幽默风趣”，22.1% 的学生选择“专业理论素养深厚”，17.9% 的学生选择“重视实践”，15.0% 的学生选择“关心学生”，6.3% 的学生选择“严肃认真”，3.0% 的学生选择“中规中矩”，2.2% 的学生选择“注重考勤”。（如表 3）

表 3　大学生喜欢的思想政治理论课教师对比表　（N=1483）

理想	有人格魅力	有较强实践能力	有学术造诣	有责任感
百分比	31.8%	23.9%	23.1%	21.1%
现实	幽默风趣	重视实践	专业素养深厚	有责任感
百分比	33.4%	17.9%	22.1%	23.5%

由此可见，民族院校大学生对思想政治理论课教师素质要求较为均衡、全面。学生心中理想的思想政治理论课老师是同时具备较高的学术造诣、较强的责任感、较大的人格魅力和较强的实践能力。调查结果显示，在思想政治教育的实践中，专业理论素养深厚、关心学生、幽默风趣、重视实践的思想政治理论课教师最受学生的喜爱，这恰好与学生对思想政治理论课老师的要求一一对应。因此，为了能够让更多的学生对思想政治理论课感兴趣，思想政治理论课教老师也应在教学实践中不断提升自身素养。

民族大学生对思想政治理论课的教师和教学方式的要求。教学方式是为了实现教学目的而采取的方式与手段，与教学内容是形式与内容的关系，对教学内容具有能动的反作用。在调查中，民族院校大学生在被问及“老师讲课对学生缺乏吸引力的主要原因是”时，35.8% 的学生认为是“教学方式陈旧、单一，难一激发学生的学习兴趣”，28.9% 的学生认为是“语言表达缺乏感染力，导致课堂气氛沉闷”，15.4% 的学生认为是“教师的言谈举止、年龄、性别、个性以及对待学生的态度和教师的个人修养等”，12.7% 的学生认为是“理论功底欠缺，掌握本学科的知识缺乏必要的深度和广度”，7.1% 的学生认为是“教师对教学投入力度不够”；当民族院校大学生被问及“您认为除教师素质外，提高思想政治理论课教学实效亟待解决的问题”时，37.8% 和 29.1% 的学生分别表示是“理论联系实际，解决当前的热点和难点问题”、“加强社会实践环节”，19.0%、14.0% 的学生分别表示是“改革考试、评定成绩的方式”和“采用先进的教学手段”。由此可见，民族院校思想政治理论课对学生缺乏吸引力，教师的素质和教学方式方法是两个直接的因素，因而，必须从提高教师队伍素质和创新教学方法等方面下功夫。

（二）民族院校大学生心理状况分析

思想政治教育希望通过系统的理论学习使学生保持良好的心理状态，为在校大学生的健康成长与高效率学习奠定心理基础。目前，随着现代生活节奏的加快、学习任务的加重以及未来就业压力的增大，包括民族院校在内的学生心理健康问题日益突出，因此，研究民族院校大学生的心理状况，对培养合格的民族大学生有着积极的意义。心理状况是一个比较复杂的问题，受到诸多主观与客观因素的制约。在本次调查中，课题组选取了几个相对重要的心理评测指标，对 9 个民族院校的 1461 份有效问卷进行分析。

1. 民族院校大学生情绪变化状况

表 4 大学生情绪变化状况表 （N=1461）

	没有	偶尔有	经常有	严重
兴奋（开学初）	15.5%	47%	37.1%	6%
兴奋（现在）	29%	52.9	17.5%	5%
颓废（开学初）	46.6%	45.1%	7.7%	4.4%
颓废（现在）	27.6%	46.5%	21.4%	6%
压抑（开学初）	33.2%	52.9%	13.2%	4.6%
压抑（现在）	28.8%	41.5%	25.2%	6%
纠结（开学初）	35.9%	51.5%	10.2%	2.6%
纠结（现在）	29.2%	40.9%	25.4%	4.5%

从以上表格中，我们不难可以看出，民族院校的大学生在不同年级不同阶段，其情绪表现是存在差异的。开学初与进入正常教学之后，其情绪逐渐趋于平和状态，具体包括以下几种情况：

其一，开学时经常表现出兴奋情绪的学生占 37.1%，至调查结束时下降为 17.5%，其中大一学生下降为 32%，大二学生下降为 8%，大三学生下降为 10%，大四学生下降为 20%. 在整个调查样本中，在开学之初就表现出兴奋情绪的男生占总数的 45%，女生则为总数的 29.2%.

其二，开学时经常表现出颓废情绪的学生占 7.7%，至调查结束时上升为 21%，其中大一学生上升为 15%，大二学生上升为 31%，大三学生上升为 28%，大四学生上升为 10%. 在整个调查样本中，开学之初就有颓废情绪的男生占总数的 14%，女生则占总数的 10%.

其三，开学时经常有压抑情绪的学生占 13%，截止调查结束之时上升为 25.2%，其中大一学生上升为 15%，大二学生上升为 12%，大三学生上升为 19%，大四学生上升为 54%. 在整个调查样本中，开学之初就有压抑情绪的男生占总数的 22%，女生则占总数的 18%.

其四，开学时经常有纠结情绪的学生占 10.2%，截止调查结束之时上升为 25.4%，其中大一学生上升为 31%，大二学生上升为 18%，大三学生上升为 27%，大四学生上升为 25.6%. 在整个调查样本中，开学初就有压抑情绪的男生占总数的 31%，女生则占总数的 44%.

2. 民族院校大学生性格调查

关于孤独感的调查。在此次接受调查的民族院校学生中，63% 的学生表示偶尔会有一点孤独感，其中男生 379 人，女生 621 人；25.3% 的学生表示没有过孤独感，其中男生 202 人，女生 198 人；11% 的调查者表示很孤独，其中男生 54 人，女生 119 人。由此不难看出，女生的孤独倾向要比男生高一些。

关于公共活动的参与度和生活是否有规律的调查。在此次接受调查的民族院校学生中，54% 的学生表示只参加感兴趣的活动，其中男生 501 人，女生 351 人；23.1% 的学生表示只参加重要活动，20% 的学生表示很少参加活动。由此可以看出，男生参与公共活动的积极性要比女生稍低。(如图 6) 调查数据也显示，女学生要比男学生的生活更规律一些，高年级学生要比低年级学生的生活更规律一些。将两个变量结合在一起，我们不难发现，凡是参与公共活动的积极性比较高的同学，其生活的规律性就越不稳定。

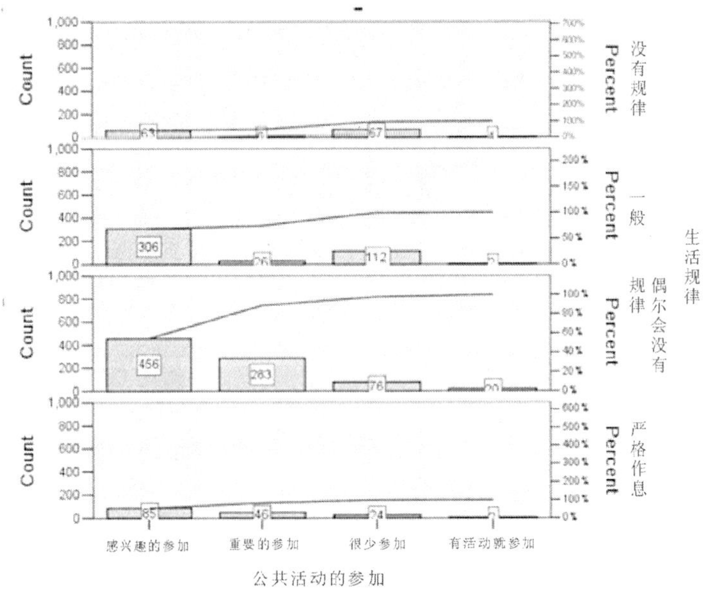

图 6 大学生公共活动参与度和生活规律分析图

关于自信度、改变因素和挫折的对比分析。在此次接受调查的学生当中，60% 的被调查者认为自己很自信，2% 的学生认为自己完全缺乏自信；45% 的学生认为知识可以改变命运，32% 的学生认为财富能够改变命运；对不自信或缺乏自信的原因，有 34% 的学生认为是学习成绩的不理想，31% 的认为是恋爱和交友的不成功。经过对比分析，课题组得出以下结论，即缺乏自信的的同学，其挫折感要大大高于有自信的同学。有自信的学生大多认为知识可以改变命运；交友和恋爱挫折的学生则认为财富可以改变命运；有自信的学生的就业压力比不自信的学生的就业压力要小。（如图 7）

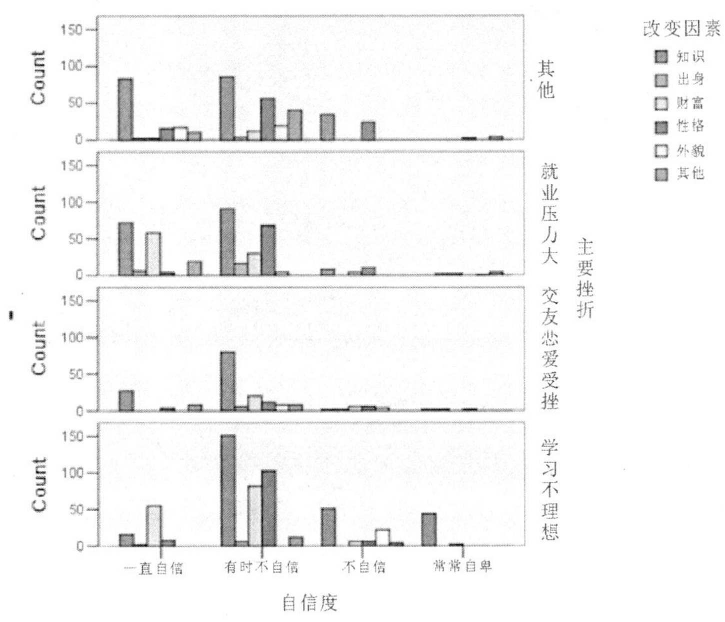

图 7 大学生自信度、改变因素和挫折交互分析图

3. 民族院校大学生心理变化调查

关于注意力集中度的调查。在此次接受调查的民族院校大学生中，有 64.3% 的学生认为自己可以根据事情的重要性来改变注意力的集中程度，22% 的学生认为自己能够非常集中注意力，14% 的学生认为自己很难集中注意力。

关于压力的应对和求助的调查。在此次接受调查的民族院校大学生中，有 43% 的学生应对压力的方式是运动、游戏、学习等；有 19% 的学生应对压力的方式是哭泣、对人倾诉、发怒等，有 6% 的学生会采用强行压抑的方式。经过调研分析，课题组发现，采取转移方式来应对压力的学生在遇到困难时，更愿意向恋人和校内的朋友求助；而采取哭泣、倾诉等方式应对压力的学生在遇到困难时，更愿意向远方的家人或亲友求助。（如图 8）

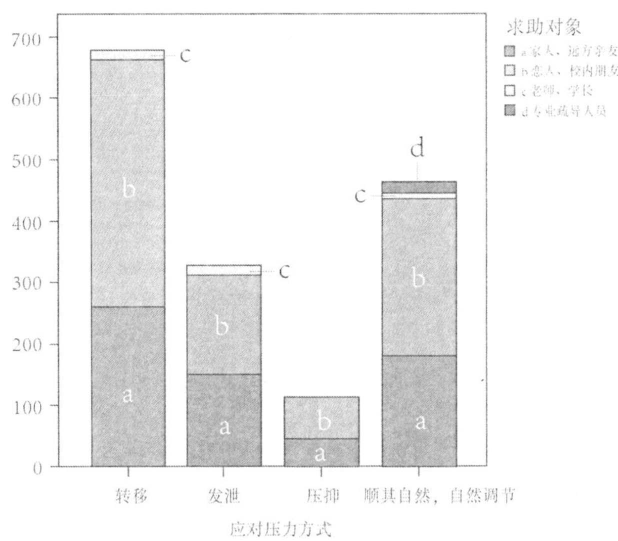

图 8　大学生压力应对方式和困难求助对象交互分析图

4. 民族院校大学生对环境适应和社会融合度分析

关于受环境影响程度的调查。在此次接受调查的民族院校大学生中，有 41% 的学生认为自己很容易受到环境的影响，38% 的学生认为自己受环境影响的程度一般，21% 的被调查者认为自己不容易受到环境的影响；对上大学以后的总体感受，63% 的人感觉一般，没有什么特别的，25% 的人感到非常失望，只有 12% 的人感觉如其所愿，非常好。

关于生活态度的调查。在此次接受调查的民族院校大学生中，有 10% 的学生表示更愿意过集体生活，其中男生 108 人，女生 49 人；有 41% 的学生表示更愿意拥有私人空间，其中男生 292 人，女生 354 人；有 49% 的调查者表示两种都可以，其中男生 555 人，女生 218 人。从不同年级的学生对私人空间和集体生活的选择上来看，年级越高的学生对私人空间的要求就越强，年级越低的学生对集体生活的要求就越强，例如，仅有 5% 的大一学生愿意要更多的私人空间，而大四学生的这一比例则高达 23%.

（三）民族院校大学生就业状况分析

就业是大学生本人、家长和社会共同关注的问题，在当前就业竞争加剧的背景下，能否找到理想的工作是大学生最为关心的问题。由于其自身所具有的独特性，民族院校学生的就业压力相对普通高校的学生要大一些。在本次调查中，课题组根据不同地区的调查对象，共发放问卷2200份，其中民族院校发放1200份，回收1000份，有效问卷894份；非民族院校发放1000份，回收830份，有效问卷750份。

1. 民族院校大学生对就业状况关注度的分析

对就业的关注从何时开始，这是了解大学生就业状况的起点。从调查问卷的分析可知，何时开始关注就业，尽管存在年级和性别等方面的差异，但依然是大学生们共同关心的一个问题。从图9中可以看出，在就该问题接受调查的民族院校学生中，男生共有300人，占33.6%，女生共有594人，占66.4%．其中，从大学一年级就开始关注就业的学生共有371人，占41.6%，从大学二年级开始关注就业的学生共有224人，占25.1%，选择从大学三年级开始关注就业的学生共有172人，占19.3%，选择从大学四年级开始关注就业的学生共有21人，占2.4%，选择在研究生阶段才开始关注就业的学生共有7人，占0.8%，选择尚未开始关注就业的学生共有97人，占10.9%.

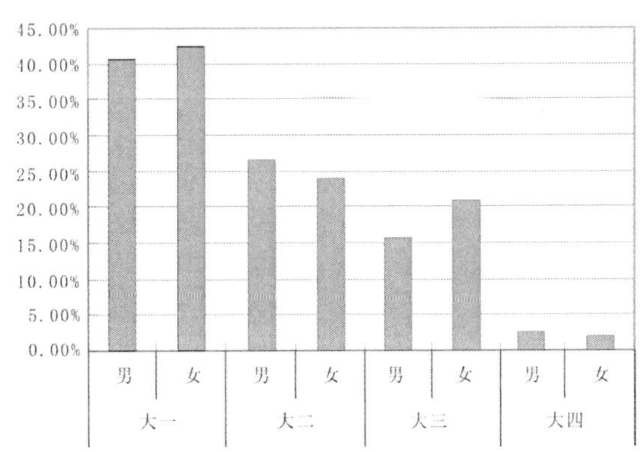

图9 大学生关注就业起始时间对比图

2. 民族院校大学生就业观的分析

所谓大学生就业观，就是大学生对就业的一种态度、认识和看法，主要包括对工作地点、工作单位、工作性质、工作条件、工作待遇等一系列的看法和要求。在被问及“是否要求工作与所学专业对口”时，有64人要求工作必须与所学专业对口，占总人数的7.2%；有542人要求工作与专业有一定的关联性，占总人数的60.8%；有117人认为工作与专业可以无关的，可以先就业再择业，占总人数的13.1%；有167人认为要根据自己的喜好选择自己的工作，占总人数的18.7%.

无论是老师还是学生都承认大学生的就业是比较困难的，但不同学生对为什么会出现就业难的解答并不相同。在此次被调查的对象中，认为当前就业难的男生共有300人，占33.6%，女生有594人，占66.4%，女生远远高于男生；在对工作难的原因所给的解释中，认为缺乏实际工作经验、自身能力不足的学生有471人，占总人数的53.6%，认为求职者期望太高的学生有145人，占总人数的16.5%，认为就业人数太多、压力太大的学生有263人，占29.9%.（如图10）

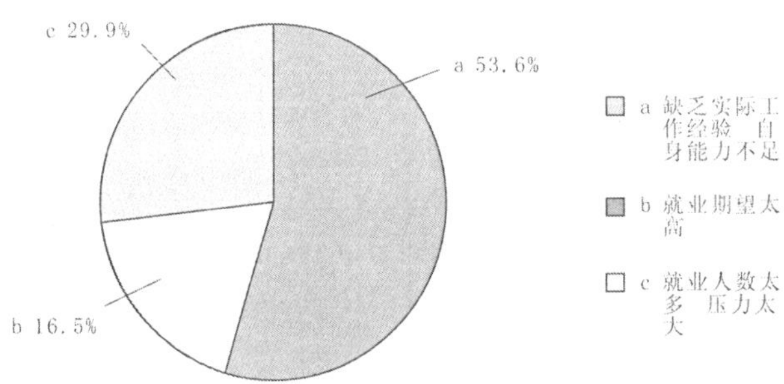

图10 大学生就业困难的原因分析图

大学生就业选择的偏向研究。大学生就业选择的偏向与就业率紧密联系在一起，是造成当前就业难的原因之一。从图11中可以看出，大学生对就业选择的偏向较之过去有很大改变，但所面临的问题依然比较突出。比如，在就业选择时，要求有较高收入的学生有125人，占13.5%；要求工作比较稳定的学生有222人，占24%；选择挑战性强和成长空间大的学生有336人，占36.3%；选择能够较好地锻炼自己的学生有203人，占21.9%，选择其他的学生共有39人，占4.2%.

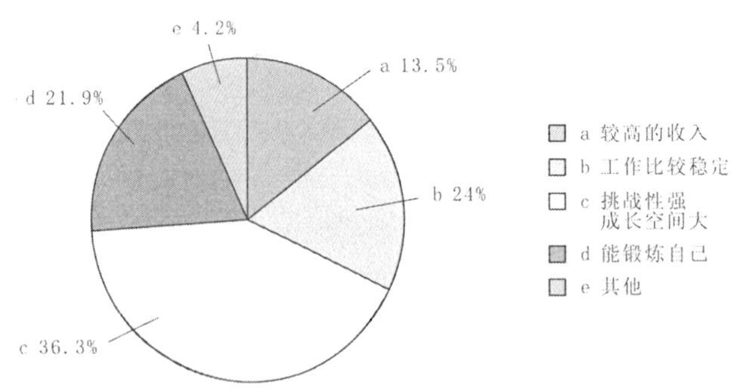

图11 大学生择业时考虑的因素对比图

3. 民族院校大学生就业走向选择调查分析

关于就业选择的态度。在此次接受调查的民族院校学生中，无论是男生还是女生对自己未来的就业都非常关注。其中，选择非常看重，应该精挑细选，不能委屈自己的学生共有120人，占13.5%；选择干什么都行，主要在于积累经验的共有的学生383人，占42.9%；选择在哪工作不重要，但干什么很重要，毕竟这是自己的职业生涯开始的学生共有328人，占36.8%；选择我并不着急赚钱，但很重视第一份工作的意义的学生共有59人，占样本总量的6.6%.

关于职业规划。在此次接受调查的民族院校学生中，男生共有300人，占样本总体的33.6%，女生共有594人，占样本总体的66.4%。其中，选择公务员的学生共有220人，占样本总体的24.7%；选择事业单位的学生共有281人，占样本总体的31.6%；选择外企的学生共有191人，占样本总体的21.5%；选择自主创业的学生共有71人，占样本总体的8%；选择自由职业的学生共有56人，占样本总体的6.3%；选择其他类的学生共有69人，占样本总体的7.8%.

对就业地区的选择。在此次接受调查的民族院校学生中，选择东部沿海地区的学生共有340人，占样本总体的37.4%；选择内地大城市的学生共有254人，占样本总体的28%；而选择西部地区的学生共有72人，占样本总体的8%；选择老区、边区的学生共有9人，占样本总量的1%；选择自己家乡的学生共有233人，占样本总量的25.7%.（如图12）

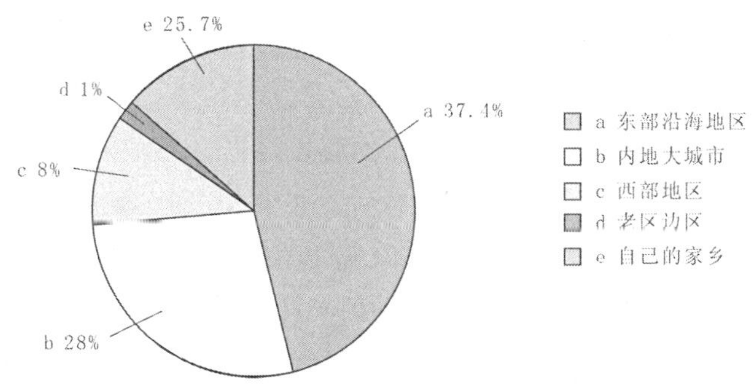

图12 大学生首选的就业地区对比图

（4）对自主创业的选择。在对是否会选择自主创业这一问题的回答中，选择会考虑自主创业的学生共有354人，占总人数的39.7%；选择不会，没有本钱和经验的学生共有 241 人，占总人数的 27%；选择暂时没有考虑过的学生共有 285 人，占总人数的 32%.

4. 民族院校大学生就业指导、培训情况

就业培训的意义。就业与培训是增强大学生就业能力，提高就业率的重要条件，加强就业培训也就成为民族院校大学生最为关切的问题。从实践的角度来看，许多高等院校都开设了就业指导课，但远远无法满足学生的需要。在对是否需要个人职业生涯规划和指导这一问题的回答中，认为其是今后求职的重要依据的学生有 167 人，占 16.1%；认为以前所做过的职业规划和指导比较空泛的学生有 542 人，占 52.4%；认为个人规划没有多大实际意义的学生有 126 人，占 12.2%；选择没有做过个人职业生涯规划的有 199 人，占 19.2%.（如图 13）

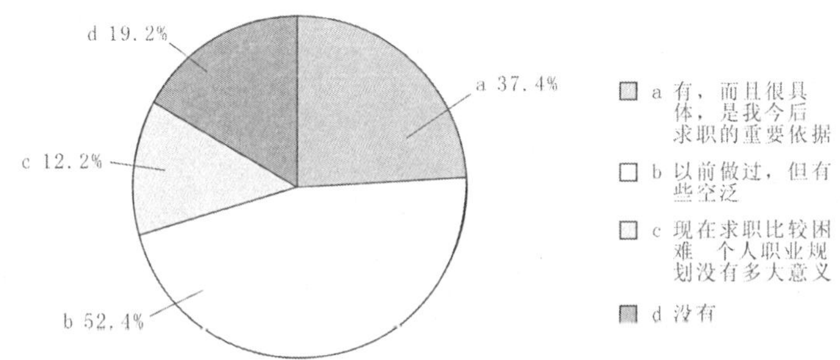

图 13 大学生个人职业生涯规划情况图

就业培训的投入。在对“花多少钱去做就业知识和技能培训”的回答中，选择 100--300 元的学生有 130 人，占 14.6%；选择 300--500 元的学生有 222 人，占 25%；选择 500 元以上的学生有 212 人，占 23.9%；选择不准备做职前培训的学生共有 324 人，占 36.5%.

求职困难时最需要的帮助。当求职面临困难时，学生所最需要的帮助是什么呢？在对这一问题的回答中，认为需要职业生涯规划指导的学生有 464 人，占 51.9%；认为直接介绍一个具体的工作机会或求职方向的学生共有 335 人，占 37.5%；认为需要协助分析和纠正就业准备过程中的误区的学生有 495 人，占 55.4%；认为需要提供就业信息的学生有 409 人，占 45.7%.

5. 民族院校大学生就业前准备和就业信心分析

增强就业竞争力的途径。由于当前的就业压力比较重，包括民族院校在内的大学生在就业前都很重视就业竞争力的提升，比如，加强知识的积累、积极参加社会实践、考取各种职业资格证书等。在对如何增强就业竞争力的回答中，选择通过知识积累的学生有 658 人，占 73.6%；选择通过考取多项技能证书，增加就业砝码的学生有 322 人，占 36%；选择通过增强社会实践经验的学生有 630 人，占 70.5%；选择名校毕业及高学历的学生有 225 人，占 25.2%；选择通过自己的意志与胆量的学生有 632 人，占 70.7%.

对今后就业的信心。在接受调查的 894 名学生中，选择很乐观的学生有 123 人，占 14%；选择有难度，但能够克服的学生有 640 人，占 72.6%；选择很悲观，不知如何是好的学生有 118 人，占 13.4%.（如图 14）

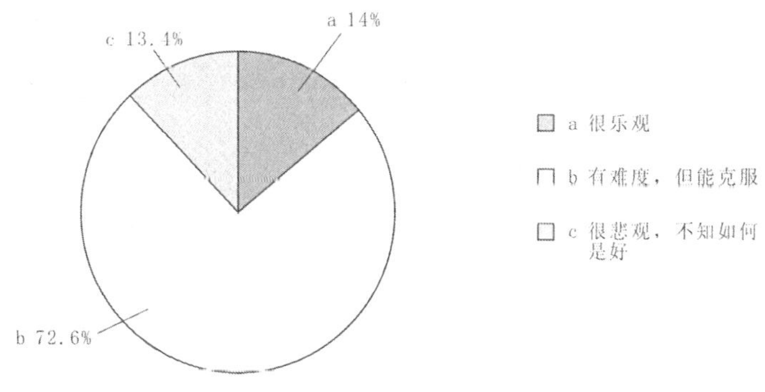

图 14　民族大学生就业信心分析图

（四）民族院校大学生学习生活消费状况调查

大学生既是一个受教育群体，又是一个消费群体，对大学生的学习、消费、业余生活方式、婚恋等方面的了解，对教育主管部门、学校、教育者，以及学生家长和学生本人来讲都是十分必要的，为此，课题组专门对这些问题进行了广泛而深入的调查研究。在此次调查中，课题组成员共发放问卷 1792 份，其中民族院校 1292 份，回收 1231 份，回收率为 95.2%，有效作答者 1135 份，有效率为 87.8%；非民族院校共发放 500 份，回收 487 份，回收率为 97.4%，有效作答者 454 份，有效率为 90.8%.

1. 民族院校大学生学习状况分析

大学生在学习中的需要。关于“大学中的需要”的问题，有 729 名接受调查的学生认为需要“思想独立，行动自由”，占调查总人数的 64.2%；有 342 名接受调查的同学选择“教师水平的提高”，占调查总人数的 30.1%；有 63 名接受调查的学生选择“改善学校的硬件设施”，占调查总人数的 5.5%.（如表 5）

表 5 大学生学习需求表 （N=1135）

项 目	频 次	百分比
思想独立，行动自由	729	64.2%
教师队伍水平的提高	342	30.1%
学校硬件设施的改善	63	5.7%

从数据中不难发现，民族院校学生虽然对自主学习有很高的期望，但是，由于其思想的活跃程度不高，自主性比较差，眼界不够开阔，因而，在平时的学习中常常感到自己的思维受到外在的限制，思想有一定的依赖性，不容易产生自己的思想或观点。此外，民族院校的师资水平，是满足学生学习需求的重要保障，因而，要提高学生的学习能力，就要从教师和学生两方面入手。

（2）关于学习的目的。绝大多数人选择了“实现自我价值”和“为提高就业竞争力”，只有不到 9% 的人选择了“为国家富强和民族振兴”。（如图 15）

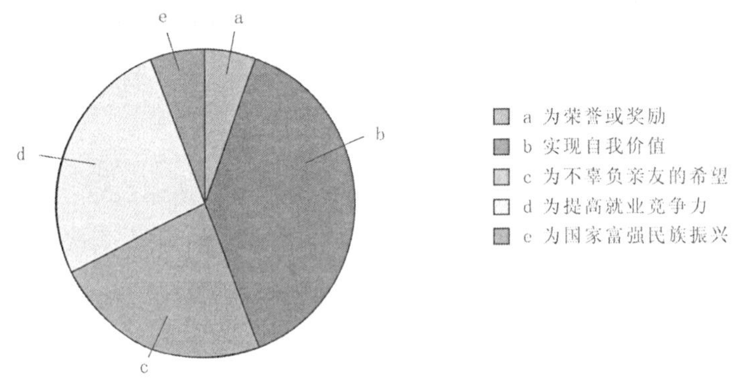

图 15 民族院校大学生学习目的对比图

（3）对待学习的态度。约 52.1% 的同学认为，学习是“不得不做的事”；在被问到“平时你是否对课程进行及时的预习和复习”时，选择“偶尔复习”和“不复习”的占全部比例的 86.6%；在被问及“面对考试您怎么办”时，74.1% 的学生选择“突击备考”和“只要及格”。由此可见，民族院校大学生的学习态度一般，学习压力较大。（如表 6）

表6 大学生学习态度分析表 （N=1135）

学习对你来说是一件怎样的事情？		
项目	频次	百分比
快乐的事	529	41.2%
不得不做的事	669	52.1%
厌倦的事	85	6.6%
平时你是否对课程进行及时的预习和复习？		
项目	频次	百分比
经常进行	171	13.2%
偶尔进行	889	69%
从不进行	227	17.6%
当面对考试时，您的态度是什么？		
项目	频次	百分比
平时用功，基础牢固不担心	430	33.7%
临阵磨枪，紧急备考	631	49.6%
只要及格就好	210	16.5%

（4）课余时间的分配和质量。大学生与中学生比，有充裕的课余时间和丰富的课余生活，大学生如何分配这些时间，也是课题组所关心的问题？通过调查得知，上网、读书与休息是民族院校学生的三大课余生活方式。其中，选择上网的同学占 74.9%，选择休息的占 62.3%，选择读书的占 60.7%，选择运动的占 40%．另外，男女生也存在着差别，男生以上网和运动为主，女生则以上网和学习为主。在 74.9% 的同学认为，自己上网的主要目的是为了看影视作品、网络购物和玩游戏等，32.9% 的学生认为，自己上网的主要目的是为了学习。由此可见，互联网在学生的业余生活中扮演着非常重要的角色，但其所发挥的娱乐功能远远大于其学习功能。（如图 16）

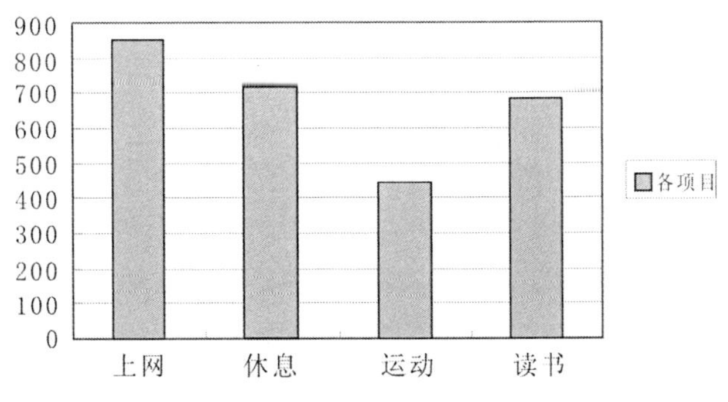

图16 大学生业余生活分配图

课余生活丰富多彩，其质量又如何呢？表7的数据显示，当被问及“您觉得课余生活过得怎么样”的时，选择“没什么感觉”和“很无聊”的同学占75.5%，显然尽管大学的课余生活内容很丰富但给学生带来的快乐和满足感却比较低。在被问及“业余生活的目的是什么”时，有67.2%的学生选择“全面发展自我”，也就是说，大学生都把业余生活视为拓展自己能力的平台，希望藉此能够展现自我，并使自己能够学到课堂之内无法学到的知识和技能，但是，课外活动的最终收效却不能满足学生的需求。由此可见，民族院校大学生的课外生活虽然丰富多彩，但并没有能够给学生带来预期的收益。

表7　大学生业余生活质量评价表（N=1135）

您觉得课余生活过得怎么样		
项目	频数	百分比
很丰富很精彩	312	24.3%
一般，没什么感受	798	62.1%
很无聊乏味	173	13.4%
您认为参加课余活动的目的是什么		
舒缓学习压力	271	21.1%
全面发展自我	863	67.2%
消磨时光	149	11.6%

（5）关于假期生活的安排。在此次接受调查的学生中，616名学生选择了参加社会实践工作（包括学校组织的相关实践活动，以及学生自己寻找到的工作机会），约占被调查者的45.5%；248名学生选择旅行的方式，约占被调查者的18.3%，需要指出的是，选择旅行的同学并不仅仅是为了娱乐，而是希望能够通过旅行的方式去了解各地的风俗，以达到增进社会了解的目的。

2. 民族院校大学生生活消费状况分析

（1）关于学生对自我消费水平的认知。55.2%以上的学生认为自己的消费水平一般，25.7%的学生认为自己的消费水平较高，19.1%的学生认为自己的消费水平较低。从消费心理上看，当被问及“您感觉和他人消费水平存在差距时您会有自卑和失落感吗”时，5.9%的学生认为自卑感与失落感“很强”，73.1%的学生认为“有一点”自卑感与失落感，20.9%的学生选择“没有，无所谓”。

（2）影响学生消费的因素。从调查数据中不难发现，民族院校的学生们都比较注重商品的价格（555 人）与实用性（765 人），选择这两项的学生所占的比例分别为 44% 和 57.65%。（如图 17）这说明，学生具有很强的消费理性，没有盲目地追求时尚商品。

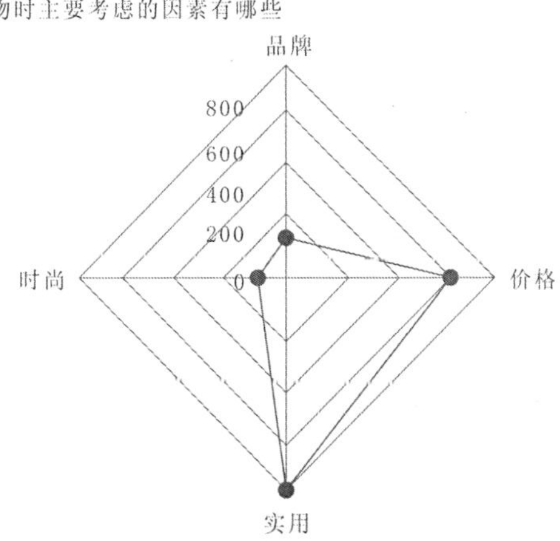

图 17 大学生购物时考虑的因素分析图

（3）关于学生的消费计划。超过 51% 的学生表示自己只会偶尔制定消费计划，约 37.5% 的学生表示自己会经常制定消费计划，11.3% 的学生表示自己从来不制定消费计划。当被问及“在需要购买一件价格较高但不急用的商品时，该如何去做”时，53.4% 的学生认为要“等攒够了钱再买”，有 22.6% 的学生选择了“预支生活费”，而 13% 的学生则表示会“借钱”。调查数据也反映了，一部分学生的消费在保持理性和计划性的同时，另一部分学生的消费则往往缺少计划性。较强的计划性使大部分学生能够合理使用自己的生活费，即使偶尔出现透支，也能够尽快恢复收支平衡；但少数学生则由于缺少消费的计划性，往往会采用信用卡透支的方式来消费，甚至有的学生为此成为卡奴，最后不得不由家长帮其还清债务。

3. 民族院校大学生婚恋状况

（1）关于恋爱。在恋爱观方面，49.4% 的学生表示自己在大学期间没有经历过恋爱，38.7% 的学生表示自己在大学期间经历过一次恋爱，而 11.9% 的学生则表示自己经历过两次或两次以上恋爱。（如图 18）

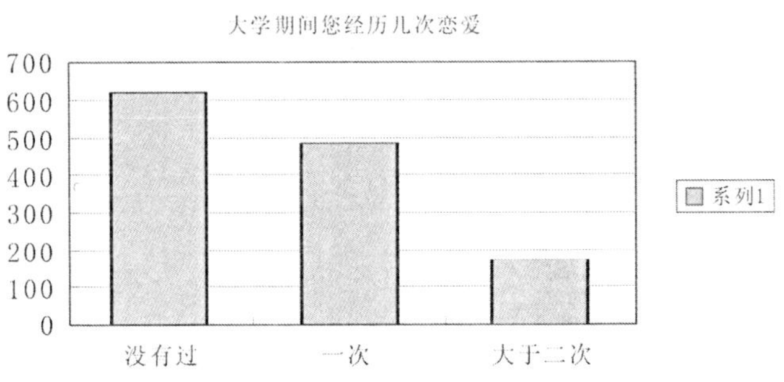

图 18 大学恋爱次数显示图

在对恋爱的认识上，14.7% 的学生把谈恋爱视为“游戏”，50.7% 的学生认为谈恋爱的目的是为了找能够一生相伴的人，34.6% 的学生认为谈恋爱是受到校园风气的影响。（如图 19）

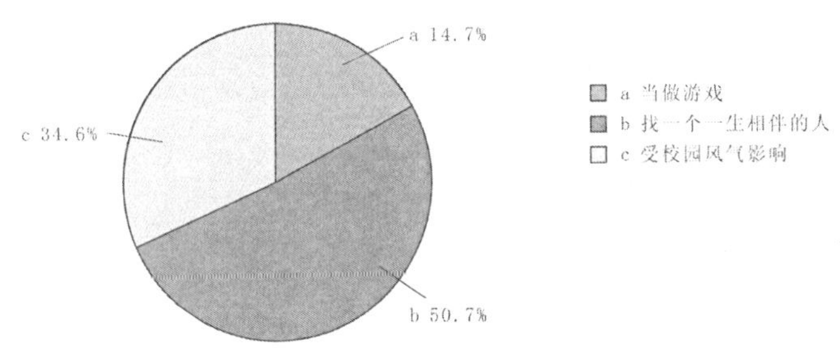

图 19 大学生恋爱目的饼状图

大学生谈恋爱必然就涉及到“失恋”的问题，在被问及“失恋是否会对学习、生活和心理造成影响”时，63.5% 的学生认为会有影响但不严重，22.4% 的学生认为会有很严重的影响，只有一小部分学生认为没有影响。（如图 20）

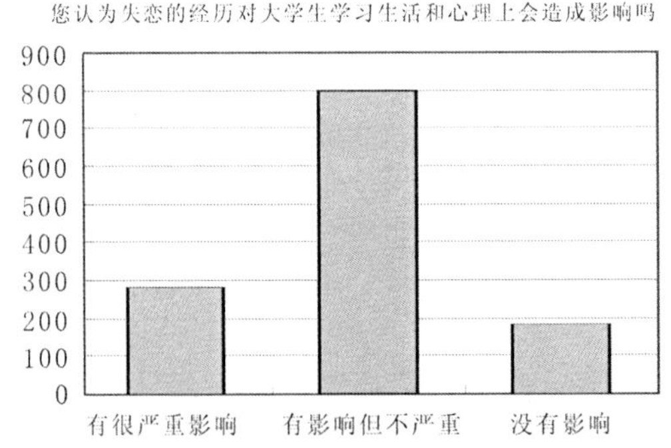

图 20 大学生失恋态度柱状表

在衡量恋爱与学习的重要性时，把学习放在首位的学生占55.4%，把恋爱放在首要的学生只占6.8%，把恋爱与学习放在同等重要的学生占36.2%，而认为恋爱与学习都不重要的学生占1.6%.（如图21）

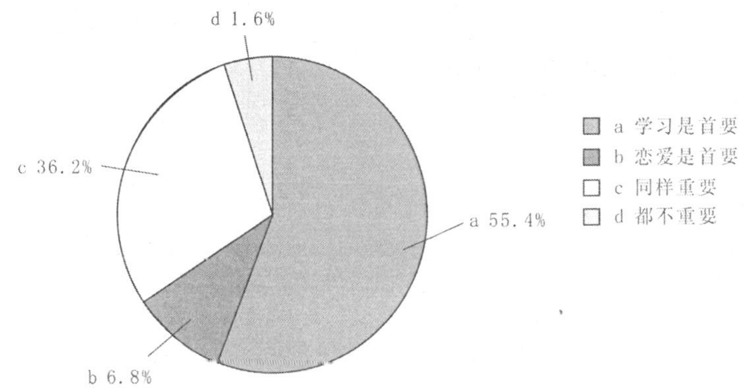

图21　大学生对恋爱和学习比重的衡量

（2）关于婚姻观。大学生傍大款的现象是当今社会最敏感的话题之一，也成为本课题组调查的内容之一。调查结果显示，在接受调查的1280名学生中，有683名学生反对这种行为，占总数的54.0%；有514名学生表示无所谓，占总数的39.5%；有83名学生表示赞同这种行为，占总数的6.5%。对于大学生能否结婚的问题，13.1%的学生认为自己会通过恋爱进而步入婚姻，16%的学生认为大学生的恋爱不会带来婚姻，70.7%的学生认为大学生的恋爱与今后的婚姻之间的关系并不确定。62.2%的学生认为自己一生只会有一次婚姻，32.9%的人认为只要合适就会结婚、不合适就会分手，4%的学生则对婚姻抱着无所谓的态度。

（3）关于“性”观念。根据调查的结果显示，认为婚前性行为在大学生中很普遍的学生占18.6%，认为比较普遍的占学生48.8%，认为不是很普遍的学生占11.1%，还有21.4%的学生表示对此并不清楚。对于婚前性行为的看法，23.5%的学生觉得这种现象很正常，47.7%的学生觉得这是个人隐私，18.2%的学生觉得这有违伦理道德，10.5%的学生持无所谓的态度。（如表8）

表 8　大学生性观念态度表（N=1135）

	项目	频次	百分比
您认为婚前性行为在如今大学生中	很普遍	241	18.6%
	比较普遍	632	48.8%
	不是很普遍	144	11.1%
	不清楚	278	21.4%
您对婚前性行为的看法？	很正常	302	23.5%
	个人隐私	613	47.7%
	有违伦理道德	234	18.2%
	无所谓	135	10.5%

三、民族院校和非民族院校大学生思想政治教育状况的对比分析

在此次调查中，课题组发现民族院校的大学生和非民族院校的大学生，无论是在学习和生活，还是在消费、就业与心理上，都表现出不尽相同的特征。从总体上来看，民族院校对思想政治教育的重视程度比较高，民族院校大学生的消费水平总体比较低，民族院校大学生的就业形势不容乐观，民族院校大学生对生活的期望值相对较低等情况，以下我们将对这些问题逐一进行对比。

（一）民族院校与非民族院校大学生的思想政治理论课学习状况

在对民族院校和非民族院校大学生的思想政治理论课学习状况进行对比分析的基础上，课题组发现了两者存在以下几个方面的不同：

一是在对思想政治理论课的认识上，无论是对高校开设思想政治理论课的必要性，还是对大学生竖立正确价值观的意义，民族院校大学生较之非民族院校大学生的认同度都相对高一些。对待思想政治理论课的态度，民族院校大学生比非民族院校大学生表现出更高的兴趣，通常情况下，高出 15.6 个百分点。

二是在对待思想政治理论课的学习态度上，民族院校大学生要比非民族

院校大学生表现得更为积极；在思想政治理论课的学习中，民族院校大学生比非民族院校大学生更具学习的自律性，课堂学习和课后学习都更为自觉。

三是非民族院校大学生比民族院校大学生受“现实主义”的影响程度更深，“实用至上，理论无用”的观念在非民族院校大学生中更为普遍。但非民族院校大学生比民族院校大学生具有更广的课外阅读范围。许多非民族院校的大学生，利用课余时间阅读了不少关于思想政治教育的理论著作，这一比例大大超过民族院校的大学生。

（二）民族院校与非民族院校大学生的心理状况

在对民族院校和非民族院校大学生的心理状况进行比较分析的基础上，课题组发现了两者存在以下几个方面的不同：

其一，民族院校大学生的情绪起伏较小，但负面情绪表现得较为明显的；非民族院校大学生的情绪起伏相对较大，但负面情绪表现得却不明显。

其二，民族院校大学生参与公共活动的积极性较低，更倾向于独处，有明显的孤独感；非民族院校大学生则相对积极地参与公共活动，群体倾向比较强。

其三，民族院校大学生对自己民族成分的关注度比较低，这与非民族院校的大学生没有太大差别。

其四，民族院校大学生在学习或参与集体活动时更容易集中自己的注意力，引发民族院校大学生挫折感的因素表现出多样化的特点；相比而言，非民族院校大学生的兴趣更为广泛，对某件事的注意力相对较低，引起其挫折感的因素呈现出不均衡的特点。

其五，民族院校的大学生更容易受到外部环境的影响，非民族院校大学生的自我控制能力比较强，受外部环境的影响较小，能够保持相对稳定的心态。

其六，在面对困难与压力时，民族院校大学生更倾向于向朋友或恋人寻求帮助，而普通高校大学生则更倾向于向父母寻求帮助。同时，与普通高校的大学生相比，民族院校大学生的情绪调节能力呈现两极分化的趋势。

其七，民族院校的大学生存在着显著的地域和民族差异，人际交往呈现出明显的同族化特征。非民族院校大学生的人际交往更多地建立在相同的爱好和兴趣，其同族化、小群体化的倾向并不明显。

其八，民族院校大学生的学习基础相对薄弱，学习压力和就业压力都比较大；非民族院校大学生的就业压力和学习压力相对来说要小一些。

（三）民族院校与非民族院校大学生的就业状况

在对民族院校和非民族院校大学生的就业状况进行比较分析的基础上，调查组发现，在面对日益严峻的就业形势，民族院校大学生与非民族院校大学生的表现大致相同；在对工作的态度、期望、就业地选择等方面，民族院校和非民族院校大学生之间的差别并不大，非民族院校的学生在就业地点、单位性质、专业、待遇等方面的要求比较高。

（四）民族院校与非民族院校大学生的学习生活状况

在对民族院校和非民族院校学生的学习和生活状况进行对比分析的基础上，课题组发现，民族院校中来自乡村的学生所占比例比较高，达到了49.49%，与之相比，非民族院校中来自乡村的学生所占比例则仅为33.33%.在生活费来源上，民族院校的学生与非民族院校的学生并没有太大差别，80%以上的同学是从父母处获得生活费，20%的学生则通过贷款、兼职、奖助学金获得生活费。

有20.96%的民族院校学生认为，自己的消费水平比较低；相比之下，非民族院校学生的这一比例为12.21%，这从一个侧面反映出，有一部分民族院校学生的消费水平比较低。有25.48%的民族院校学生认为自己有一点自卑感，相比之下，非民族院校学生的这一比例为19.29%，这说明了民族院校学生在消费方面并没有表现出很强的自信。

四、民族院校大学生思想政治状况变化原因分析

从以上对民族院校学生的思想政治教育、生活、就业与心理状况的分析中，课题组认为，民族院校思想政治教育的现状并不理想，其原因包括：

（一）理论课自身的原因

一是民族院校思想政治教育课程的设置仍存在缺陷。根据相关制度规定，我国的本科院校必须将《马克思主义基本原理概论》、《中国近现代史纲要》、《思想道德修养与法律基础》、《毛泽东思想与中国特色社会主义概论》设置为公共必修课。民族院校的大学生经历了初中、高中两个阶段，从初中、高中的思想政治课跨越到高校的思想政治理论课，虽然专业性更强，知识面

更广，层次更深入，但基本内容和框架结构基本一致，给学生造成了一定的审美疲劳。根据人的心理发展历程，大学生追求新知识的渴望是逐步提高的，对课程学习的期望也是越来越高。对于广大的民族院校学生而言，思想政治理论课程的内容过于陈旧，过于强调理论教学，忽视了社会实践，缺乏足够的吸引力。

二是教师授课方式陈旧，责任意识淡薄，对思想政治教育工作的重要性认识不足，对学生学习效果不够关注。不同的民族学生来自不一样的民族家庭，生活习惯、宗教信仰都有所不同，教师对于学生的了解，不能仅停留在在校学习状况，要从多方面入手，例如学生的生活条件，学生的实际家庭情况，了解学生不是“嘴上问，耳朵闻”那么简单，要通过不定期的走访来及时了解学生的学习生活情况，关心学生的思想及行为状况。教师与学生间的沟通交流，应建立在一个“良师益友”的平台之上，要努力打破高校以往“上课见一面，下课找不见”的师生关系，重课堂教学，轻课后教育的做法，要深入各民族学生当中，了解他们的学习、生活和思想动态，真正做到“教书育人”。因此，要全面了解少数民族和少数民族学生，在进行思想政治教育过程中，以“爱国主义、团结统一”教学为大前提，再逐步予以马克思主义其他理论的灌输，要特殊问题特殊对待，因材施教。

（二）大学生自身的原因

一是民族院校大学生价值观的偏差。随着我国经济的发展，产业更新换代速度加快以及高等教育的普及，人才稀缺的现象已基本消失，大学生就业难的现象严重，而许多大学生将就业视为上大学的主要目标，与就业有关的“硬知识”就努力学习，而对于提高个人素质、增强集体主义精神、关注国家发展变化等方面的“潜能力”、“软知识”并不是很注重，这样的思想导致了许多不良倾向在大学生中蔓延滋长。甚至有大学生提出“就业主义”的口号，认为只有先解决就业问题才能去谈个人价值、个人素质问题，却忽视了个人价值观和个人素质对就业的辅助作用。同时，拜金主义、个人主义、唯利主义思想在学生中滋长，导致很多学生对思想政治教育理论课产生排斥心理，认为“没有用”，对就业没有帮助，对个人没有益处。这样的思想致使民族院校大学生思想政治教育理论课学习效果不佳，出现高分低素质的现象。

二是民族院校大学生群体的特殊性原因。由于民族院校在招生时更多偏向招收少数民族学生，而我国少数民族多分布在西南、西北、南部、东北等地理边缘地带，生源面广且学生生活、文化差异大，学生所表现出来的综合素质也不尽相同。由于个人的追求、理想、性格的不同也带来的民族院校思想政治教育的复杂性。而由于不同的生源地也使得民族院校大学生的就业方向差别较大，对那些将就业作为读大学的首要目的的大学生们来说，回乡就业者对思想政治教育较为关注。而打算留在校区所在城市或者向东部地区发展的学生来说，认为就业能力远比个人素质更重要，他们更加关注对本专业的学习而忽略了对思想政治教育的学习和应用。日益严峻的就业压力，繁忙的学习生活，各种各样的社团活动使得许多大学生分身无术，从而导致了该现象的出现。

三是民族院校大学生对思想政治理论课的认识存在偏差。随着我国改革开放的发展，我国经济已经进入了经济和社会转型的关键时期，经济体制和社会结构的急剧变化，社会竞争激烈、就业压力明显增大，思想活动的独立性、选择性和变化性表现日益明显，这些都不可避免地会影响到学生。当代大学生价值观念多样化，受功利主义和现实主义影响严重，表现在重专业课、轻基础课、特别是轻思想政治理论课。此外，当代大学生并没有发自内心对思想政治理论课很高的期望值，即使有人认为有必要，无非也是停留在理性的理论阶段，名重实轻。一方面由于学生片面的认为思想政治理论课的效用值低，加上学习任务重，学生常常不愿意用过多时间在思想政治理论课学习上；另一方面由于青年学生独特年龄阶段的逆反心理，政府和学校越是重视，学生就越是轻视，政府和学校越是加大教学力度，学生就越产生排斥心理，思想政治理论课的教学也因此难以深入开展。

（三）外部社会环境的影响

一是各种外来思想潮流的侵袭加重了思想政治教育教学难度。近年来，随着改革开放的不断扩大，许多西方的道德观、价值观被引入到国内。在一些有益于大学生成长的观念被大学生吸收的同时，也有许多不符合我国思想政治教育理念，对大学生人生观、价值观形成往往产生不良影响的观念被大学生吸收学习。这些观念和理论的盛行，为民族院校大学生正确的人生观、价值观的树立带来了阻碍。受西方的拜金主义、个人主义、功利主义等不良思想的影响，部分大学生出现价值观错误，产生困惑和分歧，并从心理上抵制学习思想政治教育课程，认为这些课程“太古董”、是“形式主义”、“教条主义”，因而在学习中就应付、不重视。

二是物质条件的改善，社会环境的变化使得大学生的懒散心理、怀疑心理加重，加大了思想政治教育的难度。社会生产力水平的发展对人生观、价值观的形成有重要的影响作用。社会生产力水平的改善给不同的人带来的影响是不一样的。对部分大学生而言，社会的进步、物质条件的改善就意味着自己可以少奋斗多享受，少进取多占有。在社会发展过程中，日益优越的物质财富条件会导致人的懒惰心理，社会环境的变化会让部分大学生产生享乐主义，认为艰苦朴素的优良传统可以抛弃了；认为国家强大了，爱国主义提不提倡都无所谓；认为国家进行社会主义市场经济，就意味着原先的社会主义理论已经失效了。国家经济的发展也会给部分学生带来“只有经济建设才是最重要的”、“社会主义老传统可以抛弃”等思想，从而影响了部分大学生的社会主义价值观的形成，也致使部分大学生对社会主义的思想政治教育内容产生怀疑。这种种现象，是思想政治教育面临的现实挑战，是思想政治教育所要解决的问题。

五、改进民族院校大学生思想政治教育的对策和建议

（一）加强思想政治素质培养，重视世界观、人生观、价值观、婚恋观的教育

加强高校大学生的思想政治教育势在必行。如今在各种社会思潮泛滥的时代，大学生往往缺乏辨别和判断正确价值观的能力，这就需要对他们进行引导和教育，告诉他们正确的思想和错误的思想的划分标准，教导他们怎样去树立正确的婚恋观。每个学生的行为都是其思想状况的反应，对他们进行思想政治教育能够帮助他们改变原有不正确的思想，形成新的正确的客观的思想，了解他们的行为活动。要把婚恋观纳入到大学生思想政治教育课程体系中去，在学习的过程中形成正确的价值观大学生思想政治教育是从全方面对学生的思想观念起到教育作用，任何思想观念可以在学习过程中建立起来，把婚恋观的教育纳入到大学生思想政治教育课程体系中有利于对学生进行系统的、规范的教育。系统的课程教育使他们能够掌握更多的婚恋观方面的知识，且符合大学生思想形成的规律。在课程学习中开展一些丰富多样的

课程活动，例如案例分析、讨论、班会等，让学生融入其中，势必收到更好的教育效果。

（二）重视社会实践，提高大学生的创新和社会实践能力

学生认为思想政治理论课枯燥无味，原因之一，是多年来千篇一律的课程让他们产生了思想政治教育"走不出课室"的思想。通过与民族地区基层党政机关的联系，提供大学生"下基层、入政府"的见习、实习机会。学生进入基层党政机关实践，将面临如何正确处理个人与单位、个人与同事以及个人与群众之间的关系，提高理论与实践相结合的能力，从而改变对思想政治教育"只闻其说，不闻其所用"的想法，重燃对思想政治理论课的兴趣。学生在进一步实践、完善理论思想的同时，还将有利于对思想政治教育更深层次的理论创新。以理论指导实践，再以实践反哺理论，培养"既能说、又能干"的全方位人才。让学生提早适应社会，不做书呆子。古人云，读万卷书，不如行万里路。思想政治理论课帮助学生树立正确的世界观、人生观、价值观为目的，但要以适应社会能够生存为前提，因此，民族院校应与民族地区多联系多沟通，提供让学生认识社会、进入社会的机会，让学生通过处理社会中各种各样的关系，提早适应社会，在社会中践行思想政治教育的基本理论。

（三）树立正确的就业观，加强就业资本的积聚，提高就业能力

民族大学生要把握职业定位，改变就业观念，重视自身职业生涯规划教育及职前教育培训，积累就业资本。针对当下就业难的现实，高校应当积极引导大学生转变就业观念，根据市场实际状况更新观念，转换思路，到最适合自己的岗位上工作，而不应过分强调工资水平及地理位置等因素。民族大学生应该端正就业态度，树立"在哪里工作都是为了社会主义建设"的正确价值观，要抓住西部大开发、小城镇和城市社区建设、老工业基地改造、产业结构调整等契机，到西部就业，到中小城市和社区就业，到中小企业就业，到老工业基地就业，到基层就业，到农村就业。在确立个人职业生涯规划过程中，学生应发挥其主体性作用，在高校辅导员、职业规划师的指导下，首先，要树立正确的职业理想，并依据职业目标规划自己的学习和实践，并为从事未来职业积极准备。其次，要正确进行自我分析和职业分析。自我分析即是对自己的兴趣、气质、性格和能力等进行全面分析，认识自己的优势与

特长、劣势与不足。最后，构建合理的知识结构外，培养职业需要的实践能力。当然高校尤其是民族高校应将职业生涯规划教育作为学生必修课纳入正常的教学活动当中，充分发挥大学生职业规划教育对与学生个人职业生涯规划的指导性作用。

（四）高度重视民族院校思想政治理论课教学和整个思想政治教育工作

我国是一个多民族国家，民族院校具有一定的特殊性，是少数民族教育的重要基地，肩负着培养民族地区现代化人才的重任。思想政治理论课程是以马克思主义为指导，以塑造学生正确的世界观、人生观、价值观为目的的基础性教学课程，因此，国家各级各部门必须予以关注。特别对于以少数民族为主要教学对象的民族院校来说，民族学生的思想政治教育效果状况如何，关系到祖国未来的稳定与统一。各级相关部门，要时刻关注学校的教育动态，关注民族学生的思想动态，关注社会对学校教育效果的反映动态。支持民族院校思想政治教育教学工作，软件、硬件要两手抓，两不误。各级相关部门，要不断创新指导理论，创新教育理念，优化教育改革，改进教育模式；加大对民族院校的教育资金投入，改善教育设施，增加教育项目，创造良好的学校教育环境。针对民族院校的特殊性，加大力度研究思想政治理论课程的设置和教学改革，使教育过程既不丢“老祖宗”又具备一定的教育特色。使思想政治教育符合民族性、现代性、科学性。相关职能部门领导要经常走访民族院校，考察学校思想政治理论课程的教学效果，走进学生，走进教师，寻其所需，问其所要。要从根本上了解和关心老师与学生，让广大师生感受到上级对思想政治教育理论课程的重视的同时，充分认识思想政治教育的重要性。

（五）民族院校教学过程要重视民族学生的特殊性、思想的多样性，有针对性地实施教学

民族院校大多学生来自少数民族地区，少数民族地区与大城市相比，经济较为落后，思想较为封闭。少数民族学生大多存在物质和精神两个层面的问题。从物质方面来看，相对贫穷的物质环境，会对学生的学习条件造成一定的影响，学生在与别人比较之后易产生自卑心理；从精神方面来看，因为居住环境的封闭性，学生可能对接受新鲜事物、新鲜概念的能力较弱，对知

识的掌握能力较差，不利于跟上班级学习进度。因此，思想政治理论课教学必须结合民族院校的特点，要符合民族学生的心理状况和实际情况，注意处理好几个关系：

首先，要注意社会维度与个性维度相统一。思想政治理论课主要是马克思主义理论课和思想品德课，它是推动我国社会主义现代化建设的有力思想武器和精神动力。作为这样的学科，要更加注重与学生的实际相联系，要充分了解学生想要知道什么，想做什么，需要解决什么问题，只有从学生的实际问题出发，贴近实际、贴近生活、贴近学生，才能更好地指导学生树立正确的世界观、人生观、价值观，才能培养出中国特色社会主义的有力建设者和可靠接班人。

其次，课程要注重理论与实践相结合。民族学生大多有自己民族的信仰、风俗习惯以及人文活动。每个民族存在着自己固有的崇尚信念，这是因为他们接受这些信念的时候，不仅有口头的传播，更有一定的外在行为实践。高校的思想政治教育理论课程要达到一定的效果，就必须抛弃以往“注入式”、“填鸭式”的教学方法，把思想政治教育寓于少数民族文化之中，开设各种与优秀民族文化相联系的课程活动，既让学生为自己民族感到骄傲，又能深受思想教育，做到学以致用，培养浓厚的学习兴趣。

再次，要把传统的教学形式与现代教学形式结合起来。少数民族学生对自己民族拥有强烈的自豪感和认同感，相较于民族文化的灵活多样性以及趣味性，思想政治理论课“乏味”的灌输会使学生产生一定的排斥心理。所以，在课程设置和教学过程中，要改变“我言你听”、“我打你通”的纯理论说教模式，采用现代化的教学形式，例如观看专题片、民族英雄人物的讲座、参观考察实践基地，让学生充分了解思想政治理论课程的教学目的，实现真正意义上的思想政治教育。“求新、求变、求实”，促进教学改革的深化，增强趣味性和实效性，提高思想政治理论课程的吸引力和感染力。

（六）提高教师的素质和业务水平，加强教师对民族学生的理解

社会发展正逐步走进现代化，教育硬件设施正逐步完善。在外部条件不断完善的情况下，教师自身也需要跟上社会进步的步伐。提高教师的素质和业务水平，是所有高校加强思想政治教育的关键。不同的民族学生来自不一样的民族家庭，生活习惯、宗教信仰都有所不同，教师对于学生的了解，不能仅停留在校学习状况，要从多方面入手，例如学生的生活条件，学生的实

际家庭情况等。了解学生不是“嘴上问，耳朵闻”那么简单，要通过不定期的走访及时了解学生的学习生活情况，关心学生的思想及行为状况。教师与学生间的沟通交流，应建立在一个“良师益友”的平台之上，要努力打破高校以往“上课见一面，下课找不见”的师生关系。

民族院校的教师还必须尊重少数民族学生的民族习惯，要全面、深入了解少数民族和少数民族学生。在进行思想政治教育过程中，要以“爱国主义、团结统一” 教学为大前提，再逐步予以马克思主义其他理论的灌输，特殊问题特殊对待，不能急于求成。教师要与学生保持密切的联系，走进教育，走进学生，通过对少数民族学生的全面了解，探索出一条符合少数民族学生思想政治教育的规律和途径，

教师要加强自身修养，提高教学基本功。俗话说，“其身正，不令而行，其身不正，虽令不从”，作为教师，自身修养的高低将直接或间接地影响思想政治理论课程的教学效果。古往今来，学生在受教育过程中都有一定的“向师性”，老师的一言一行必将对学生个人素质及学习态度造成很大的影响。鉴于此，教师不仅要加强政治素质、道德素质的培养，还要有一定的身体素质和心理素质。以身体、心理为养之道，以政治、道德为修之道，全面提升教师的个人素养。思想政治理论课程是交叉性很强的基础性学科，因此，提高教学基本功，不但要掌握基本的马克思主义理论知识，还要不断学习其他学科为辅，例如伦理学、心理学、社会学、逻辑学、美学等等，拓展知识面，理论联系理论，使教学过程更具科学性、丰富性、全面性。

教师要加强学习，深刻理解教材，理论联系实际。高校的思想政治教育教材内容基本一致，咬文嚼字也不过是变换几种说法。老师教学生，首先必须知道教什么，这个教什么不是指书面的字段，而是教材中包含的思想。一些教师对于教材只知其然而不知其所以然，往往就会出现理论空谈、泛谈、浅谈的状况，理论无法联系实际，这就让学生觉得思想政治教育课程“不好听、不想听、不愿听”。教师教学前提是要吃透教材，避免出现只拿教材教人，不拿教材思想育人的尴尬情形。

教师要创新教学方法，重视课堂气氛。浓厚的兴趣是学习知识的前提，活跃的课堂气氛是提高学习兴趣的必要条件。对于思想政治理论课，要运用互动教学法，即打破“老师讲、学生听”的传统教育方法，而更加注重老师与学生的交流。互动可以以问题为中心，以“你问我答”为途径，学生或者老师提问的问题应该与生活实际紧密联系。这样通过灵活变通，举一反三，

充分发挥教师的主导性与学生的主体性，形成一种“教师乐教、学生乐学”的良好教学状态。

要加强少数民族专业教师及领导队伍的建设。近几年来，我国不断涌现出各种行业的少数民族人才，推动着社会的发展。思想政治教育事业，特别是民族院校的思想政治教育，急切需要这么一批专业性的少数民族教育人才。通过培养，使这些教师或者领导能成为我国思想政治教育界精英团队的一部分，这不仅能起到一定的带头作用，在民族院校中又能为学生起到榜样示范作用，提升少数民族学生对思想政治教育的认同感，提高少数民族学生学习思想政治理论课程的积极性。通过发挥少数民族精英教师的影响力和凝聚力，让思想政治教育在民族院校中形成一种氛围，进一步提升理论课程的教学效果。

（七）理论联系实际，利用民族院校的特色，加强与民族地区联系，提供师生参与社会实践的条件

毛泽东同志曾经说过，“一切真知都是从直接经验发源的”，理论来源于实践，最终回归于实践当中，符合马克思主义认识论和实践观的规律。民族院校聚集着来自全国各地的少数民族学生，成为培养民族栋梁的摇篮。

加强与少数民族地区联系，一是可以促进民族院校对少数民族地区发展变化趋势的了解，为培养优秀的少数民族人才指明正确的方向；二是民族地区可以利用民族院校这个人才储备基地，通过实践考核，挑选符合地区发展需要的人才，为地区发展作出贡献。

从学生层面来说，参与社会实践，是符合人的发展规律的。少数民族学生对“回到少数民族地区，建设少数民族地区”的家乡认同感较强，在民族地区参与社会实践将会带来更大的内在驱动力。理论联系实际是思想政治理论课程评价的重要参考标准，让学生更多地参与社会实践，将有利于学生进一步提高对思想政治教育的认识和感悟，有利于学生的进一步发展。

（八）建立完善的校园制度，形成良好的校园风气，让大学生在大学校园里健康地成长

如今，许多校园都存在着或多或少的恶俗风气，没有完善的校园制度，学生容易受影响，不约束自身行为，会走上歧途。完善的校园制度可以规范学生的一言一行，约束他们的所做作为，引导他们往正确的方向发展。正确健康的校园风气能营造积极向上的校园环境，影响学生形成正确的思想观念和行为准则。

用社会主义核心价值体系引导学生正确认识恋爱与学习的关系，社会主义核心价值体系是思想政治教育中的一个重要环节。对学生加强成才教育和爱国主义教育，使他们认识到大学的生活不仅仅有恋爱，还有更多值得奋斗的目标。引导他们正确认识恋爱和学习的关系，帮助他们树立正确的信念和理想，从而有助于他们思想上的提高和行为上的自律。另外，用社会主义核心价值体系来指导他们的行为，能够增进他们的科学知识，用科学的态度来解决恋爱和学习的冲突。

培养大学生的责任感，提高他们对恋爱、婚姻关系的认识，培养大学生的计划性，使之养成规划未来的习惯。大学生在大学时代的恋爱并没有未来规划，对未来走向婚姻的不确定反映他们没有充分认识到婚姻概念的实质，不清楚婚姻不仅需要感情，更需要责任。一个人有责任感不仅是社会的需要，家庭的需要，更是国家的需要。

鉴于大学里性观念的逐渐开放，学校要格外注重大学生性知识和性道德的教育，对大学生进行适当的心理辅导，帮助他们克服心理障碍，引导学生对性有正确的认识。性观念的开放化解放了人们的思想，但是也可能造成不正当性行为。学生对性知识的不了解会造成许多社会问题，这就需要教育者加强性知识的教育，用思想政治教育引导学生形成正确的性道德观，指导他们的思想，规范他们的性行为。处于恋爱中的学生，思想状况不稳定，因此有必要开设心理辅导中心和咨询中心，循序渐进地对他们进行恋爱、婚姻、性知识等方面的教育，帮助他们克服心理障碍，形成正确的婚恋观，健康地学习和生活。

结束语

民族院校大学生是祖国的未来，是少数民族地区建设的一支重要力量。加强民族院校大学生思想政治教育，培养新一代的有理想、有道德、有文化、有纪律的社会主义民族人才，是民族院校教学最基本的目标。加强思想政治教育，应当是民族院校教育的教育核心。哲学家康德曾经说过：“社会必然因为道德的坚守和思想的自由而兴盛。”坚持对民族院校大学生的思想政治教育，就是为建设社会主义和谐社会作出的重要贡献。

（作者：阎占定　赵继伟　赵泽林　张　媛　曹　智　邓嘉翔　吕英喆
赵尚超　李明毅　郭晓村　傅滢滢　文必海　田维英）

后　记

自2007年以来，中南民族大学马克思主义学院组织部分老师和学生，利用寒暑假对近年来民族地区社会发展中的热点问题进行了较为全面的考察，并把部分调研报告结集出版，已出版了《中国民族地区发展问题调研报告（I）》，本书所选录的10篇调研报告是2010至2011年来的部分调研成果。在调研过程中，本书的作者以实事求是的探索精神，不惧艰辛和劳累，深入湘、鄂、豫、粤等地的民族地区，在崎岖的山路上行走、跋涉，在少数民族村寨普通百姓家安营入住……正是凭着这一份执著和坚强，学者们终于走进了"他者"的生活现场，走进了"他者"的文化景域。在田野中，各位学者亲身体验少数民族的风土人情，虚心向少数民族群众学习，倾听他们的心声。在此期间，学者们不仅获取了大量珍贵的第一手资料，而且还增进了对少数民族的体认与感情。正是由于各位作者有了这样的田野经历，才有了报告中真实、精彩、生动的描述以及让人信服的结论。各位作者的描述与分析，为广大读者打开了一扇扇洞见民族地区的窗户，不仅让我们领略到了璀璨多姿的民族风情，还让我们更加深刻地了解到民族地区在发展过程中所面临的重重困境，催促我们不断思考和寻求民族地区实现科学发展的途径。

书中的许多重要信息和典型案例都来自于少数民族地区父老乡亲的生动讲述。对于学者们的来访，少数民族群众真诚相迎，热情招待各位学者，向各位学者详细叙述乡村历史、文化记忆、传说掌故以及地方性知识等。在友好亲切的氛围里，学者们不仅圆满地完成了调查任务，而且还让各位学者重识了那一份久违了的纯朴、善良的人性本色，与少数民族群众结下了深厚的友谊。在调查过程中，学者们还得到了少数民族地区各级政府、民宗委、文化局等单位的倾力相助。这些单位为学者们提供了丰富的文献资料，帮助学者们选择调查地点，共同商讨调查方案，积极做好协调、联系工作，在学者与被调查者之间"牵线搭桥"，为学者们进入"田野"提供了便捷通道。

本书的出版，得到了中南民族大学相关学校领导、马克思主义学院和研究生部的大力支持。在本书的编写过程中，他们为我们提供了许多宝贵的意见和建议，经常询问本书编辑、出版的进展，并及时为我们解决所遇到的种种困难。书中每一篇报告，校党委副书记徐伯才教授都进行了精心评阅；副校长段超教授还欣然为本书作序。中国出版集团世界图书出版公司编辑杨力军为本书付出了辛勤的劳动，在此一并致谢！

由于时间仓促，书中难免有错误或疏漏之处，敬请广大读者及专家学者们批评指正。

编　者

2012年2月22日于武昌南湖